USEDOM

Sabine Becht
Sven Talaron

INHALT

Allgemeines Reisepraktisches

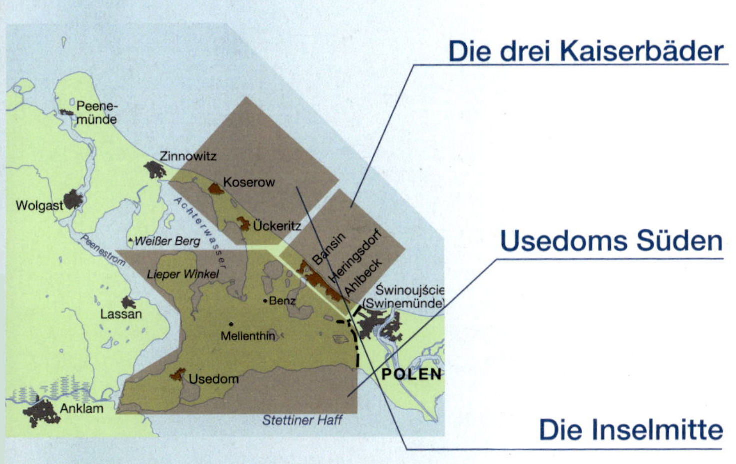

Die drei Kaiserbäder

Usedoms Süden

Die Inselmitte

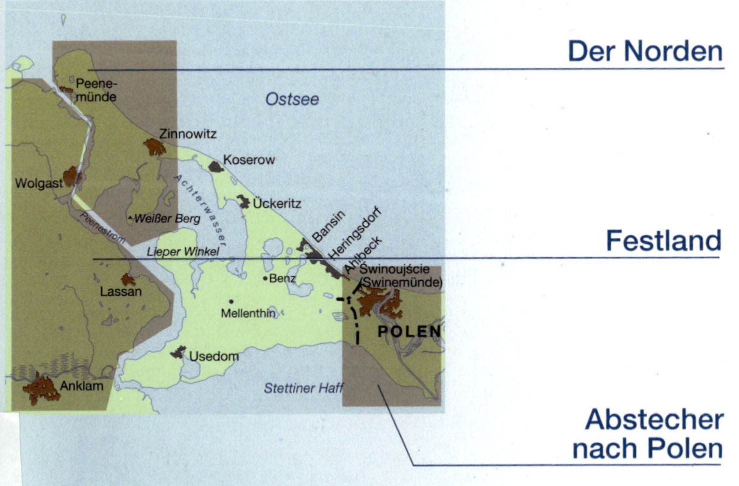

Der Norden

Festland

Abstecher nach Polen

Text und Recherche: Sabine Becht, Sven Talaron
Lektorat: Peter Ritter
Redaktion und Layout: Dirk Thomsen
Karten: Carlos Borell, Günther Grill, Judit Ladik, Gárbor Sztrecska, Kim Vanselow
Fotos: s. Fotoverzeichnis unten
Covergestaltung: Karl Serwotka
Covermotive: oben: Ostseestrand im Norden Usedoms (Sabine Becht)
unten: Hafen am Achterwasser (Sven Talaron)

Fotoverzeichnis
Sabine Becht: 7, 10, 11, 13, 25, 31, 36, 37, 38, 44, 48, 53, 55, 56, 59, 61, 64, 67, 69, 71, 73, 75, 83, 97, 98, 99, 100, 110, 115, 117, 123, 127, 128, 129, 139, 142, 151, 190, 192
Sven Talaron: 3, 9, 14, 21, 28, 35, 39, 42, 43, 45, 47, 63, 77, 78, 81, 86, 89, 90, 92, 95, 103, 105, 107, 108, 109, 122, 131, 133, 136, 140, 143, 145, 146, 148, 153, 155, 156, 158, 168, 172, 173, 174, 175, 176, 177, 178, 180, 182
Usedom Tourismus GmbH: 29 (Peter Günther); 120 und 167 (Christiane Radtke); 163 (Torsten Krüger); sowie 16, 33, 50

Herzlicher Dank geht an Evelyn Huhndorf und Elke Podhorská von der Usedom Tourismus GmbH für die wertvolle Unterstützung und die freundliche Bereitstellung von Fotomaterial. Ein Dankeschön auch an alle Mitarbeiter der Informationsbüros vor Ort.

Besten Dank auch an Dirk Thomsen für den Textbeitrag zu Philipp Otto Runge.

ISBN 3-89953-269-4

Aktuelle Infos zu unseren Titeln, Hintergrundgeschichten zu unseren Reisezielen sowie brandneue Tipps erhalten Sie in unserem regelmäßig erscheinenden Newsletter, den Sie im Internet unter **www.michael-mueller-verlag.de** kostenlos abonnieren können.

1. Auflage 2006

Verzeichnis der Karten und Wanderungen

Alles im Kasten

Was haben Sie entdeckt?

Welches Gasthaus hat Ihnen besonders gut gefallen? In welcher Unterkunft haben Sie sich wohl gefühlt? Haben Sie einen schönen Wanderweg oder einen idyllischen Strandabschnitt entdeckt?

Wenn Sie Anregungen, Empfehlungen oder auch Kritikpunkte haben, lassen Sie es uns bitte wissen. Schreiben Sie an:

Michael Müller Verlag
Stichwort „Usedom"
Gerberei 19
91054 Erlangen
usedom@michael-mueller-verlag.de

Usedom: Sand und Strand ...

Deutschlands Sonneninsel

Als Badeparadies ist die zweitgrößte Insel Deutschlands ein Begriff – dank eines 40 km langen Sandstrandes entlang der gesamten Außenküste, über dem so häufig wie sonst nirgends in Deutschland die Sonne scheint. Abseits der Ostseeküste aber zeigt Usedom seine stille, idyllische Seite.

Schneeweiße Holzbalkone, verspielte Fassaden mit filigranen Ornamenten, darunter eine ausladende Veranda zur Strandpromenade hin: Herausragendes Fotomotiv der Insel ist die im 19. Jh. entstandene Bäderarchitektur. Mondän ging es hier zu in den Anfängen des Ostseetourismus – und schick ist es heute noch, an den prächtigen Villen entlangzuflanieren oder dem Treiben von einem der Balkone zuzusehen. Die gestaltreichen Bauten sind das Markenzeichen der drei Kaiserbäder Ahlbeck, Heringsdorf und Bansin, wohin es heute noch immer die Mehrzahl der Usedombesucher zieht. Aber auch im Norden der Insel gibt es mit Zinnowitz ein Seebad, das sich hinter der Pracht der südöstlichen Nachbarorte nicht verstecken muss. Natürlich fehlt auch hier nicht die ausladende Strandpromenade und deren ins Meer hineinreichende Verlängerung, die für die Ostsee so typische Seebrücke. Das schönste Exemplar dieser „Flaniermeilen ins Meer“ findet sich übrigens in Ahlbeck.

Aber was wäre all die Seebad-Herrlichkeit ohne das dazugehörige Grundkapital: Sonne, Sand und Meer? Und davon gibt es reichlich auf Usedom. Nirgends im deutschsprachigen Raum scheint die Sonne öfter als auf der langgestreckten Insel, deren gesamte Außenküste sich als einziger feinsandiger und flach ins Meer abfallender Strand präsentiert. Hier dürfte nahezu jeder auf seine

... noble Bäderarchitektur ...

Kosten kommen: ob bequem in einem Strandkorb oder sportlich-aktiv beim Beachvolleyball, ob mit Freunden oder mit Familie und Kindern, ob in voller Bademode oder textilfrei, ob mit oder ohne Hund, ob hotelnah oder abseits der Seebäder – der Strand ist lang genug für alle Wünsche.

Hinter den Dünen, oft nur einen Steinwurf vom Badetrubel entfernt, beginnt ein anderes, ein ländliches Usedom. Parallel zum Strand erstreckt sich langgezogen ein Waldstreifen, der nur von den zehn Seebädern Usedoms unterbrochen wird. Im Rücken der Kaiserbäder erhebt sich die Usedomer Schweiz, ein sanftes Hügelland mit einer Handvoll hübscher Seen. Vielgliedrig gestaltet sich die schilfbestandene Binnenküste entlang des Peenestroms, der die Insel vom Festland trennt. Abgeschieden und ruhig ragen die Halbinseln Gnitz im Norden und Lieper Winkel im Süden in das Achterwasser, den großen „Brackwasser-Bauch" Usedoms.

Kleine, idyllische Dörfer verstecken sich in dieser ruhigen Landschaft, besonders sehenswert sind Mellenthin mit seinem Wasserschloss und Usedom, das so traditionsreiche wie beschauliche Städtchen im Süden, dem die Insel ihren Namen verdankt. Ganz im Norden befindet sich dagegen ein Ort von historischer Bedeutung: In Peenemünde erinnert eine vielfältige Museumslandschaft u. a. an die Zeit, als hier die Heeresversuchsanstalt stand, in der die nationalsozialistische Rüstungsindustrie Raketen für den Krieg schmiedete.

Sehenswertes gibt es aber auch auf dem Festland, allen voran die beiden Städte, die das Tor zu Usedom bilden: Wolgast und Anklam. Und schließlich bieten sich noch Abstecher an nach Świnoujście (Swinemünde) auf dem polnischen Teil Usedoms oder auf die Nachbarinsel Wollin mit ihrem weitläufigen Nationalpark.

Usedom in Kürze

Fläche: 445 km² (davon 91 km² auf polnischem Gebiet), damit die zweitgrößte Insel Deutschlands (nach der etwas mehr als doppelt so großen Insel Rügen).

Küstenlänge: 200 km, davon über 40 km Sandstrand an der Außenküste (vom Peenemünder Haken bis Swinemünde im polnischen Teil der Insel mehr als 45 km).

Höchste Erhebung: der Golm im Südosten mit 69 m und der Streckelsberg bei Koserow (Inselmitte) mit 56 m.

Binnenseen: insgesamt 13, der größte ist der Gothensee.

Größte Ortschaften: Świnoujście/Swinemünde (etwa 44.000 Einwohner) auf der polnischen Seite der Insel; auf deutscher Seite ist der größte Ort Heringsdorf (ca. 3600 Einwohner), einzige Stadt auf Usedom (deutscher Teil) ist Usedom/Stadt (ca. 2000 Einwohner).

Seebäder: zehn, fünf davon mit Seebrücke (Ahlbeck, Heringsdorf, Bansin, Zinnowitz und Koserow).

Geographie

Erdgeschichtlich betrachtet ist Usedom eine junge Insel. Nachdem sich die gewaltigen Gletscher, von denen Nordeuropa während der letzten Eiszeit bedeckt war, zurückgezogen hatten, ragte Usedom aus der jungen Ostsee, die sich vor allem aus dem Schmelzwasser der Gletscher gebildet hatte. Genauer gesagt war es eine Inselgruppe, die entstanden war, eine Art „Usedomer Archipel". Es waren nämlich nur die Inselkerne, die höher lagen als der Wasserspiegel, der wiederum zunächst ein wenig höher war als heute. Diese Inselkerne waren von den Gletschern gebildet worden, deren langsame, aber gewichtsintensive Bewegung Gesteinsmassen zusammengeschoben und so die für die Ostseeküste typischen *Moränenhügel* geschaffen hatte (bzw. umgekehrt tiefe Rillen gegraben hatte, sogenannte Gletscherzungenbecken wie beispielsweise das Achterwasser). Zu dieser Usedomer Inselgruppe gehörten die Hügel der Usedomer Schweiz im Süden, der Streckelsberg in der Mitte und der Weiße Berg auf dem Gnitz im Norden.

Im Laufe der Jahrhunderte entstanden zwischen den Inseln Landbrücken, teils dank der Absenkung des Meeresspiegels auf das heutige Niveau, teils durch strömungsbedingte Verlandung. Auch dieses Phänomen ist typisch für die Ostsee: Was die Gletscher vor Jahrtausenden aus tiefen Erdschichten gekratzt und hervorgehoben haben, wird seither von Wind, Wetter und Strömung umgeformt. Die geologische Dynamik entlang der Küstenlinien tritt dabei nicht nur bei schwerer See auf, sondern besteht stetig. Sturm aus Nordost und eventuell folgende Sturmfluten beschleunigen lediglich die Entwicklung. Regenerosion, Frostbrüche und Sturmfluten nagen an den *Steilufern* der Inselkerne und tragen Kalk, Lehm und Sand ab. Das Material wird von der Strömung mitgenommen und anderorts angelandet. An den „Rändern" der Strömung, im Strömungsschatten, bereichert das Material die Sandstrände oder bildet Bänke

... und stilles Hinterland

und *Sandhaken* (wie zum Beispiel den Peenemünder Haken). Festigt sich ein Sandhaken, vor allem durch genügsame Vegetation, bilden sich aus den Ablagerungen sogenannte *Nehrungen*, die Buchten vom Meer abschließen, Inseln verbinden und damit die vielgestaltige *Boddenküste* formen. Auf diese Art und Weise ist u. a. die junge Landbrücke zwischen dem Nord- und dem Südteil Usedoms entstanden, die das Achterwasser von der Ostsee abtrennt. Peenestrom, Krumminer Wiek, Achterwasser und Stettiner Haff bilden nun eine zusammenhängende Boddenlandschaft.

Da Bodden und offenes Meer nur durch schmale Wasserstraßen miteinander verbunden sind und die Gezeiten in der Ostsee ohnehin nur schwach ausgeprägt sind, gelangt kaum Meerwasser in die Bodden. Wegen der Regenwasserzufuhr bleibt der Salzgehalt konstant gering. Das alles wiederum hat zur Folge, dass eine Vegetation Fuß fassen kann, die an das *Brackwasser* angepasst ist und sich im Schutz der Nehrungen gut entfalten kann.

Flora und Fauna

Die Flora Usedoms wird von zwei gegensätzlichen Naturräumen geprägt: Da gibt es zum einen die genügsame Vegetation, die sich in karge Böden wie an der Steilküste krallt, in denen auch zahlreiche Orchideen wachsen, oder sich auf sandigem Boden zu Dünenheide entwickelt bzw. sich als sogenannter Trocken- oder Magerrasen über sanfte Hügel erstreckt. Zum anderen findet man auf Usedom weite Niedermoorgebiete sowie küstennah einen Naturraum, der weder Land noch Meer ist, die sogenannten *Salzwiesen*. Sie bilden sich in Sumpfgebieten nahe dem Meer, wobei Meerwasserüberschwemmungen für einen konstant hohen Salzgehalt sorgen.

Einsamer Schwan im Achterwasser

Die Feuchtgebiete im Landesinneren und entlang der Boddenküsten bieten zahlreichen Vogelarten, darunter sehr seltenen, ein ideales Rückzugs- und Brutgebiet. Man trifft auf diverse Möwen- und Schwalbenarten, Rohrammern oder Haubentaucher, und wer Glück hat, kann sogar einige Seeadlerpaare beobachten. Der Wildbestand auf Usedom umfasst vor allem Dam- und Rotwild. Die Tiere leben in den Waldgebieten östlich und nordöstlich von Usedom/Stadt im Süden der Insel (hauptsächlich Buchenwald, teilweise sehr alter Bestand). Acht geben sollte man beim Wandern auf die giftige Kreuzotter. Wahrscheinlich nicht zu Gesicht bekommen wird der Spaziergänger dagegen die hiesigen Fischotter: sie sind nicht nur selten und scheu, sondern auch überwiegend nachts aktiv.

Natur und Umwelt

Ostsee: Noch in den 1970er Jahren galt die Ostsee als das schmutzigste Meer der Welt. Um sie vor dem Kollaps zu bewahren, taten sich 1974 die Anrainerstaaten über alle ideologischen Grenzen hinweg in der Helsinki-Kommission zusammen und vereinbarten den Schutz der Ostsee. Seither ist viel geschehen: Städte, Mülldeponien, Raffinerien, Fabriken und Metallhütten leiten ihre Abwässer nicht mehr ungeklärt ins Baltische Meer, wie die Ostsee in den meisten Sprachen genannt wird. Ein Anzeichen für die Erholung des angeschlagenen Meeres (mit praktischem Nutzen) ist, dass das Wasser der meisten Küstenabschnitte zumindest Badequalität hat. Aber es ist längst nicht alles im Reinen, denn die Ostsee ist ein höchst sensibler Meeresraum. Grund dafür ist ihr Tiefenrelief. Das Becken der Ostsee fällt zwar auf etwa 250 m (Gotlandtief) und stellenweise bis auf 450 m ab, die Wasserstraßen aber, die die Nord- mit der Ostsee verbinden, sind verhältnismäßig flach (v. a. an der Darßer Schwelle), sodass kaum Wasseraustausch stattfinden kann. Das wird deutlich am durchschnittlichen Salzgehalt, 3,5 % in der Nordsee stehen 1,6–0,2 % in der Ostsee gegenüber. Das eigentliche Problem aber, das ebenfalls mit dem Salzgehalt zusammenhängt, ist der Mangel an Sauerstoffzufuhr aufgrund der unzureichenden Wasserbewegungen. Lediglich spezifische Wetterkonstellationen (starker Ostwind, der das Wasser aus der Ostsee bläst, gefolgt von einem Sturm aus West, der große Wassermassen zurückbefördert) bringen frisches, sauerstoff- und salzreiches Meerwasser in die Ostsee. So wichtig diese Wetterlage für die Ostsee ist, so gefährlich aber kann sie – in Form von Sturmhochwasser – für ihre Küsten werden.

Land unter! Die Sturmflut von 1872

Am 12. und 13. November 1872 schlug ein Sturmhochwasser auf die Ostseeküste ein, wie es kein Fischer je erlebt hatte. Und auch keine Schlechtwetter-Chronik – die älteste datiert immerhin von 1304 – weiß bis heute von einer ähnlichen Katastrophe zu berichten. Der Wasserstand lag zeitweilig bei 2,40 m über NN, während ein Orkan über die Reste der Insel tobte, die nicht unter Wasser standen. Bereits bei 1,50 m über NN spricht man von einem Sturmhochwasser oder, geläufiger, von einer Sturmflut. Sie entsteht, wenn bei anhaltend starken (Nord-)Westwinden Wassermassen durch das Skagerrak in die Ostsee gedrückt werden. 1872 richtete der Orkan schwere Schäden an, Usedom wurde an seiner engsten Stelle entzweigerissen, und das Fischerdorf Damerow versank in den Fluten.

Eine weitere Gefahr kann im Winter vom Meer ausgehen. Wenn bei anhaltenden Minusgraden die Ostsee gefriert, können sich Eisplatten meterhoch vor der Küste auftürmen. Was dem Eis im Weg ist, wie beispielsweise Seebrücken, nimmt dann zwangsläufig Schaden.

Naturschutzgebiete: Seit 1999 besteht der *Naturpark Usedom.* Zu dem geschützten Raum gehört nicht nur der deutsche Teil der Insel, sondern gehören auch die küstennahe Ostsee, die Insel Ruden im Norden, das Achterwasser sowie der Peenestrom samt einem Streifen Boddenküste am Festland. Innerhalb dieses Naturparks gibt es eine Reihe von ausgewiesenen Naturschutzgebieten sowie einige Vogelschutzgebiete. Naturschutzgebiete sind u. a. der Peenemünder Haken (genauer gesagt nur die Küstenlinie und das Meer zwischen dem Norden Usedoms und der Insel Ruden), die Südspitze der Halbinsel Gnitz, der Gothensee samt Thurbruchsenke, der kleine Krebssee und die Zerninsee-Senke im Süden.

Klima und Reisezeit

Klima: In keiner anderen Gegend in Deutschland scheint die Sonne öfter als auf Usedom, im Schnitt über 1900 Stunden im Jahr. Dabei fällt gleichmäßig über das Jahr verteilt vergleichsweise wenig Regen. Relativ hoch ist dagegen die Luftfeuchtigkeit, was zusammen mit dem hohen Salzgehalt der Luft und den stetigen Winden meist aus West ein gemäßigtes Reizklima ergibt. Im Sommer beträgt die mittlere Höchsttemperatur um 20 Grad Celsius, Temperaturen über 30 Grad stellen aber keine Seltenheit dar. Die Ostsee ist im Sommer im Schnitt 18 Grad warm, an geschützten, flachen Buchten auch bis 20 Grad und in den Bodden bis 22 Grad. Zum Inselklima gehört natürlich auch der plötzliche Wetterwechsel,

Auch im Winter eine Reise wert: die Seebrücke von Heringsdorf

der am Morgen verhangene Himmel kann mittags strahlend blau sein (leider auch umgekehrt). Verantwortlich dafür sind die oft launischen Ostseewinde. Abschließend noch eine griffige Bauernregel, die vor allem Badeurlauber interessieren wird: Schaltjahr ist Kaltjahr – selbstverständlich ohne Gewähr ...

Reisezeit: Die Insel ist zu jeder Jahreszeit eine Reise wert. Im Frühling wird es etwas langsamer warm als auf dem Festland, und mit der ersten Blüte schwankt das Wetter zwischen Frühjahrsstürmen und milden Tagen. Hauptsaison ist natürlich die Badezeit und damit der Sommer. Im Herbst fallen mit den Temperaturen auch die Zimmerpreise, die ideale Reisezeit für teils stürmische Strandspaziergänge. Im Winter wird es ruhig, viele Hotels haben geschlossen, die wenigen Urlauber suchen die Wellness-Angebote – oder ihre Ruhe. Aber Achtung: Zwischen Weihnachten und der ersten Januar-Woche kehrt die Hauptsaison (inklusive Andrang und Preissteigerung) zurück.

	Durchschnittliche Tagestemperatur in ° C	Durchschnittliche Wassertemperatur in ° C	Durchschnittliche Sonnenstunden pro Tag
Januar	1	3	2
Februar	2	4	2
März	4	4	4
April	7	6	6
Mai	12	11	8
Juni	16	13	9
Juli	19	18	9
August	18	18	8
September	15	16	6
Oktober	10	14	4
November	6	9	3
Dezember	2	4	2

Geschichte

Die pommersche Insel hielt sich im Laufe der Jahrhunderte meist im Windschatten der „großen" Geschichte. Schwerste Verwüstungen musste Usedom erleiden, als es im Dreißigjährigen Krieg zum Aufmarschgebiet wurde. Und als im Zweiten Weltkrieg die Raketenbauer nach Peenemünde kamen, rückte die Insel in den Fokus alliierter Bomberstaffeln.

um 8000 v. Chr. Mit dem Ende der letzten **Eiszeit** ziehen sich die gewaltigen Inlandgletscher langsam zurück. Durch den Anstieg des Meeresspiegels bilden sich die Küstenlinien der Ostsee und auch der Insel Usedom heraus: zunächst die Inselkerne, im Laufe der Jahrtausende durch Verlandung auch die „Brücken", die Usedom zu *einer* Insel machen. Erste Nomaden kommen aus dem Süden an die Ostsee. Auf Usedom zeugen nur wenige Funde von dieser Zeit.

ab 3000 v. Chr. In der **Jungsteinzeit** werden aus Jägern und Sammlern sesshafte Bauern, die Ackerbau und Viehzucht betreiben. Großsteingräber entstehen, von denen aber auf Usedom nur noch wenige erhalten sind.

ab 1600 v. Chr. Aus der **Bronzezeit** ist ein reger Handel im Ostseeraum nachweisbar. Die Toten werden nun in Hügelgräbern bestattet. Doch auch aus dieser Zeit sind die Funde von der Insel Usedom überschaubar.

ab 600 v. Chr. **Germanische Völker** siedeln sich im Ostseeraum an, auf Usedom vor allem im Süden der Insel. Die Handelsbeziehungen reichen schließlich bis ins Römische Reich, vor allem dank des Bernsteins.

um 400 n. Chr. Im Zuge der **Völkerwanderung** verlassen große Verbände der germanischen Stämme den Ostseeraum.

ab dem 7. Jh. In dem dünn besiedelten Gebiet lassen sich **slawische Stämme** nieder: im Westen die *Oboriten*, im Osten die *Liutizen*, beide auch *Wenden* genannt. Ob und wann genau die Neusiedler die verbliebenen Germanen vertrieben, unterwarfen oder sich mit ihnen vermischten, ist ungewiss. Spät siedelten die Liutizen auf Usedom, nachweisbar erst im 8. Jh.

ab dem 9. Jh. Skandinavische Händler befahren den Ostseeraum. Entgegen ihrem Ruf waren die **Wikinger** keineswegs nur brandschatzende Räuber, sondern zuallererst Händler, die auch um Usedom Handelsniederlassungen gründeten (wie beispielsweise auf Wollin) und die slawische mit ihrer eigenen Kultur bereicherten.

11. Jh. Blütezeit der slawischen Siedlungen auf Usedom. Die Siedlungsdichte hat sich im Vergleich zum vorangegangenen Jahrhundert nahezu verdreifacht. Burganlagen – hölzerne, von Palisaden umgebene Gebäude auf Erdwällen – entstehen

u. a. auf Usedoms Schlossberg und bei Mellenthin; erste über den eigenen Palisadenring hinausreichende politische Strukturen entwickeln sich. 1046 wird der Name *Pommern* erstmals erwähnt.

Versunken in der Ostsee: Vineta

Reicher als die reichste Stadt Europas, die Dächer waren mit Gold und Silber gedeckt, die Kinder spielten mit Perlen, und sogar die Schweine sollen aus goldenen Trögen gefressen haben. Vinetas Glanz strahlte weit über die Stadtgrenzen hinaus. Doch Pracht und Reichtum verleiteten zu Hochmut und Selbstherrlichkeit – und dazu, alle Warnungen vor dem drohenden Untergang in den Wind zu schlagen. So kam es, wie es kommen musste: Ein göttlicher Fluch traf die Stadt, und eine riesige Flutwelle versenkte sie mit all ihren Bewohnern im Meer. So jedenfalls will es die Legende.

Zuverlässigere Quellen wie die Schriften des Geschichtsschreibers *Adam von Bremen* (11. Jh.) lassen vermuten, dass es tatsächlich diese große Stadt an der Ostsee gegeben hat. Vineta war demnach eine mächtige Handelsstadt der Wenden, die (späteren Quellen zufolge) im 12. Jh. von den Dänen zerstört wurde. Gründlich zerstört, denn bis heute ist die Stadt verschwunden. Mehrere Theorien nehmen für sich in Anspruch, ihren ehemaligen Standort benennen zu können. Eine Theorie besagt, dass Vineta bei Koserow auf Usedom gelegen habe. Dort findet sich unterhalb des Streckelsbergs in der Ostsee das sogenannte Vineta-Riff, die vermeintlichen Ruinen der Stadt. Lange war Wollin der Favorit, denn hier hatte man tatsächlich Überreste einer reichen slawischen Siedlung ausgegraben. 1998 traten der Historiker *Klaus Goldmann* und der Sprachwissenschaftler *Günter Wermusch* mit der These an die Öffentlichkeit, dass Vineta sich weit entfernt von der Pommerschen Bucht beim heutigen Barther Bodden befunden habe (ein wenig zu ausführlich dargestellt in *Vineta. Die Wiederentdeckung einer versunkenen Stadt*, 3. Aufl. 2004). Schließlich befasst sich eine weitere Theorie mit der Art des Untergangs: Demnach waren es weder die Dänen noch eine Welle, die Vineta zerstörten, verantwortlich war vielmehr die Beschaffenheit des Untergrunds. Die Stadt habe auf Pfählen über sumpfigen Grund geruht und sei darin versunken: Vineta, eine Mischung aus einem Venedig und einem Atlantis der Ostsee.

Möglicherweise werden sich irgendwann stichhaltige Beweise für den Standort Vinetas finden, bis dahin schmücken sich Barth, Koserow und Wollin gemeinsam mit der sagenhaften Wendenstadt. Der Legende zufolge warten die Bewohner Vinetas bis heute darauf, von ihrem Fluch befreit zu werden. Nur am Ostermontag erhebe sich demnach die Stadt aus den Fluten und hoffe darauf, dass ein Montagskind sich in die Straßen Vinetas wage, um von einem Händler irgendetwas zu kaufen – erst dann sei die Stadt erlöst.

1124 **Erste Missionsreise** des Bischofs *Otto von Bamberg* nach Pommern.

1128 Seine **zweite Missionsreise** führt Otto auch nach Usedom. Auf Betreiben *Wartislaws I.*, des ersten nachweisbaren Pommernherrschers aus dem Haus der Greifen, treffen sich die Fürsten der Wenden in der slawischen Siedlung Uznam (Usedom), um im Beisein Ottos zum Christentum überzutreten. Bis sich aber der neue Glaube auch in der Bevölkerung durchsetzen kann, sollen noch Jahrzehnte vergehen.

1140 Papst *Innozenz II.* gründet das **Bistum Wollin.** Das Gebiet deckt sich mit dem Einflussbereich des Pommernherzogs. Das pommersche Bistum war direkt Rom unterstellt, die Einkünfte aber flossen nach Bamberg.

vor 1150 *Wartislaw I.* wird von einem wendischen Adligen bei Stolpe erschlagen, wahrscheinlich als unchristliche Reaktion auf das Engagement des Herzogs bei der Christianisierung.

um 1153 Im Gedenken an seinen Bruder Wartislaw stiftet *Ratibor I.* das Benediktinerkloster Stolpe bei Anklam.

1155 Prämonstratensermönche errichten das Kloster Grobe nahe Uznam. Die beiden Frauenklöster auf Usedom und Wollin werden über hundert Jahre später entstehen: 1288 das Zisterzienserkloster Wollin und 1302 die „Außenstelle" in Krummin im Norden Usedoms. Letzteres sollte sich bald vom Mutterkloster emanzipiert haben.

ab 1162 Die neue Großmacht an der Ostsee, **Dänemark** unter *Waldemar I.*, überfällt mehrere Male Pommern, auch mit Unterstützung *Heinrichs des Löwen*. Die herzogliche Residenz Usedom wird mehrmals zerstört, das Land verwüstet und geradezu entvölkert, was den Niedergang der slawischen Gesellschaft beschleunigt.

1176 Das pommersche Bistum wird von Wollin nach Kammin auf dem Festland verlegt.

1181 *Friedrich I.* gibt *Bogislaw I.*, dem Sohn Wartislaws, Pommern zum Lehen, was die Dänen aber nicht davon abhält, weiterhin in das Land einzufallen und es de facto zu unterwerfen.

1214 *Friedrich II.* tritt Pommern an die Dänen ab, die dänische Herrschaft aber endet bereits 1225.

ab ca. 1230 Vergleichsweise spät beginnt der verstärkte **Zuzug deutscher Siedler** nach Pommern, nach Usedom kommen vor allem Menschen aus Gebieten im heutigen Niedersachsen und Westfalen. Im Zuge der Kolonialisierung wachsen ehemals slawische Siedlungen an Einwohnerzahl und Bedeutung und erhalten nach und nach das Stadtrecht, im Bereich Usedoms sind das: Wolgast (vor 1259), Anklam (vor 1264), Lassan (1291) und Usedom (1298). Wolgast und Anklam erhalten 1282/83 sogar das lübische Recht, d. h. das Stadtrecht nach dem Vorbild Lübecks, und werden Mitglieder der Hanse.

1295 Dass sich Wolgast trotz lübischen Stadtrechts nicht zu einer selbstbewussten Hansestadt entwickeln kann wie die großen Vorbilder im Nordwesten, liegt indirekt an der **Teilung des Herzogtums Pommern:** Nach dem Tod *Barnims I.* werden seine Söhne *Bogislaw IV.* Herzog von Wolgast und *Otto I.* Herzog von Stettin. Usedom ist Teil des Herzogtums Wolgast. Die Stadt wird zur Residenz Bogislaws und seiner Nachfolger. Diese enge Bindung an den Herzog behindert die für Hansestädte typische Emanzipation der Bürgerschaft vom Landesherrn.

um 1307 Das Kloster Grobe wird nach Pudagla verlegt. Reich an Ländereien, entwickelt es sich zu einem bedeutenden Machtfaktor auf der Insel.

14. Jh. Während sich das Herzogtum Pommern-Stettin in lang anhaltende Händel vor allem mit den Brandenburgern ergeht und auch Pommern-Wolgast Territorien verliert, bleibt die Insel Usedom – noch immer das Kerngebiet von Pommern-Wolgast – von kriegerischen Auseinandersetzungen weitgehend verschont.

Es entstehen die beeindruckenden Bauten der Backsteingotik. Wenngleich Usedom selbst nicht gerade im Zentrum der Bautätigkeit steht, sind doch in Wolgast und Anklam noch heute die architektonischen Zeugnisse dieser Zeit zu sehen. Die Hanse befindet sich mit dem *Frieden von Stralsund* (1370) auf dem Höhepunkt ihrer Macht.

1456 Die Universität Greifswald wird gegründet.

1478 Nachdem diverse Seitenlinien ausgestorben sind oder sich im Erbrechtsstreit nicht haben durchsetzen können, vereint *Bogislaw X.* Pommern unter seiner Regentschaft und macht Stettin 1491 zu seiner Residenzstadt. Bogislaw führt weitreichende Reformen durch und Pommern damit aus dem Mittelalter in die **Frühe Neuzeit**.

1485 Am 24. Juni wird *Johannes Bugenhagen*, der bedeutende Reformator Norddeutschlands, in Wollin geboren.

1523 *Bogislaw X.*, der wohl bedeutendste Herzog aus dem Haus der Greifen, stirbt am 5. Oktober. Zunächst herrschen seine Söhne *Georg I.* und *Barnim XI.* gemeinsam über Pommern.

1532 Nach dem Tod Georgs kommt es zur **erneuten Teilung Pommerns.** Georgs Sohn *Philipp I.* erhält das Land Wolgast, sein Onkel *Barnim XI.* das Land Stettin. Die Zuteilung geschieht per Losverfahren. Die zunächst für acht Jahre geplante Teilung

Die Schrecken der Hölle, ein wenig verblasst: Freskenreste in der Mellenthiner Kirche

wird 1541 und nochmals 1569 bestätigt und fixiert. Usedom gehört wiederum zu Pommern-Wolgast. Beide Herzöge stehen reformatorischen Ideen positiv gegenüber, Barnim hat bereits die ersten Schritte der Reformation miterlebt, als er 1519, damals Student in Wittenberg, die Leipziger Disputation *Martin Luthers* mit *Johann Eck* verfolgte.

1534 Die Herzöge Philipp und Barnim berufen in Treptow einen Landtag ein. In Anwesenheit *Johannes Bugenhagens* wird beschlossen, die **Reformation** in Pommern einzuführen. Die Durchführung bezüglich theologischer und kirchenrechtlicher Fragen unterliegt weitgehend Bugenhagen. Die beiden Klöster Usedoms werden aufgelöst. Nach Pudagla zieht die Amtsverwaltung aus dem Usedomer Schloss, welches in der Folgezeit verfällt. Das Gleiche gilt für die Gebäude des Klosters Krummin, von denen heute nur noch die Kirche erhalten ist.

1536 Beide Herzogtümer Pommerns treten dem *Schmalkaldischen Bund* bei, dem Bündnis protestantischer Fürsten und Städte. Am gleichnamigen Krieg (1546/47), in dem der Kaiser gegen das Bündnis vorgeht, nimmt Pommern aber nicht aktiv teil.

ab 1575 In Mellenthin entsteht der bemerkenswerteste (noch erhaltene) Profanbau dieser Zeit: das von einem Wassergraben umgebene Renaissanceschloss.

ab 1600	Nach dem Tod des Herzogs *Johann Friedrich*, Sohn *Philipps I.*, sterben in rascher Folge zahlreiche nachfolgende Herzöge und Mitglieder des Greifengeschlechts. 1619 wird sogar ein Hexenprozess gegen eine Dame namens *Sidonia von Bork* geführt, die man für die vielen Todesfälle verantwortlich macht (die Achtzigjährige gesteht unter der Folter und wird 1620 in Stettin geköpft). Der letzte Greif wird *Bogislaw XIV.* sein (Herzog ab 1620).
1627	Der **Dreißigjährige Krieg** erreicht Pommern. *Bogislaw XIV.*, der sich lange um Neutralität bemüht hat, sieht sich genötigt, kaiserliche Truppen in das Land zu lassen und ihnen Quartier zu geben.
1628	Die Dänen besetzen für kurze Zeit die Insel Usedom und Wolgast, während Wallensteins Truppen Stralsund belagern.
1630/31	**Schwedische Truppen** (etwa 15.000 Soldaten) unter *Gustav II. Adolf* landen 1630 bei Peenemünde auf Usedom. Pommern wird zum Durchzugs- und Aufmarschgebiet. 1631 ist ganz Pommern von den Schweden besetzt.
1633	Der Leichnam Gustav Adolfs, der in der Schlacht von Lützen 1632 gefallen ist, wird in Wolgast mehrere Wochen aufgebahrt, bevor er nach Schweden überführt wird.
1637	Mit *Bogislaw XIV.*, der bereits seit 1633 wegen eines Schlaganfalls regierungsunfähig ist, stirbt der letzte Pommernfürst, die Linie der Greifen erlischt. Nach einer Übergangsregierung übernehmen die Schweden die Herrschaft. Den Ansprüchen Brandenburgs setzen sie die Macht des Faktischen entgegen – und bleiben in Pommern.
1648	Im Umfeld des Friedens von Osnabrück, Teil des **Westfälischen Friedens,** der den Dreißigjährigen Krieg beendet, wird zwischen Brandenburg und Schweden ein Kompromiss erzielt: Pommern wird geteilt. Brandenburg erhält Hinterpommern. Über Vorpommern (inklusive Rügen, Usedom, Stettin, der gesamten Odermündung und der mecklenburgischen Hansestadt Wismar) weht nun die Flagge der drei Kronen. Pommern und auch Usedom sind verwüstet. Zwar haben die großen Schlachten anderswo stattgefunden, aber die Einquartierungen der Truppen sind meist Plünderungen gleichgekommen, durchziehende Soldaten haben ein ausgeblutetes Land hinterlassen, Epidemien haben die geschwächten, vom Krieg traumatisierten Menschen heimgesucht. Die Bevölkerung Pommerns ist um zwei Drittel dezimiert worden. Pommernland ist abgebrannt. Mit dem Ende des Dreißigjährigen Krieges aber sind keine friedlicheren Zeiten angebrochen. Die schwedische Großmacht führt bis zu ihrem Niedergang mehrere Kriege, die auch Vorpommern betreffen:

1654–1660 **Schwedisch-polnischer Krieg,** Belagerung Stettins.

1675–1679 **Schwedisch-brandenburgischer Krieg.** Nach der schwedischen Niederlage bei Fehrbellin wird Usedom von brandenburgischen Truppen besetzt und Wolgast belagert (wobei das Schloss schwer beschädigt wird). Mit dem Frieden von St. Germain geht Vorpommern, mit Ausnahme der Ostküste der Odermündung, an Schweden zurück. Gleichzeitig befindet sich Schweden mit Dänemark im Krieg (Einfall dänischer Truppen auf Rügen).

1700–1721 **Großer Nordischer Krieg.** Im Ringen um die Vorherrschaft an der Ostsee erleidet der schwedische König *Karl XII.*, der „letzte Ritter Europas", 1709 bei Poltawa eine schwere Niederlage. 1711 marschieren alliierte Truppen (Sachsen, Russen und Polen) in Vorpommern ein. Mit der legendären Rückkehr des Schwedenkönigs aus dem türkischen Exil 1714 – für den Ritt aus der Türkei bis nach Stralsund benötigt er keine 14 Tage – flammen die Kampfhandlungen wieder auf. Daraufhin greift 1715 auch **Preußen** in das Kriegsgeschehen ein und besetzt Usedom. De facto endet damit die schwedische Herrschaft über die Insel. Mit dem Friedensvertrag von Stockholm (1720) wird bestätigt, dass Usedom nunmehr preußisch ist, während die Gebiete im nördlichen Vorpommern, darunter die Insel Rügen, die Hansestadt Stralsund und auch Wolgast, an Schweden zurückgegeben werden.

Die Pommern aus Sicht ihres Königs

In seinem politischen Testament schrieb der preußische König *Friedrich Wilhelm I.,* selbst von eher derbem Naturell und auch bekannt als der „Soldatenkönig", über die Pommern, kaum zwei Jahre, nachdem Usedom Teil des jungen Königreichs geworden war: *„Die Pommerschen Wasallen sind getreue wie Gold, sie Räsonnieren wohl bisweilen, aber wenn mein Successor* (das sollte Friedrich II. werden) *sagt, es soll sein ..., so wird keiner sich dawieder moviren (bewegen) gegen eure Befehle."* Auch der „Successor", Friedrich II., genannt der Große, äußerte sich in seinem politischen Testament nicht weniger zugeneigt über seine Untertanen an der Ostsee: *„Die Pommern haben einen geraden und schlichten Sinn. Unter den Untertanen aller Provinzen eignen sie sich am besten für den Kriegsdienst wie für alle anderen Ämter. Nur mit diplomatischen Verhandlungen möchte ich sie nicht betrauen, weil ihr Freimut nicht für Geschäfte passt, bei denen man der Schlauheit mit der Schläue begegnen muss."*

1740–1786 Unter **Friedrich dem Großen** werden diverse Maßnahmen eingeleitet, um auf der dünn besiedelten Insel die Landwirtschaft anzukurbeln. Der Thurbruch, das Feuchtgebiet südlich des Gothensees, wird trockengelegt und urbar gemacht, Land an Neusiedler vergeben, die Swine vertieft und schiffbar gemacht (was nötig ist, da der Peenestrom als Grenze zu schwedischem Territorium im Konfliktfall anfällig erscheint).

1756–1763 In den **Siebenjährigen Krieg** mischt sich auch Schweden ein und besetzt 1759 die preußisch-pommerschen Gebiete, gibt diese aber nach dem *Frieden von Hamburg* 1762 wieder zurück.

1763 *Friedrich II.* hebt die Leibeigenschaft auf.

1777 Am 23. Juli kommt der Maler *Philipp Otto Runge* (siehe Seite 164/165) in Wolgast zur Welt.

1806–1813 Nach der vernichtenden Niederlage Preußens bei der Doppelschlacht von Jena und Auerstedt im 4. Koalitionskrieg wird Usedom von napoleonischen Truppen besetzt. Die Insel leidet unter der Besatzung und nicht zuletzt unter der Kontinentalsperre.

1815 Während nach dem Zusammenbruch des napoleonischen Reiches beim **Wiener Kongress** die Karte Europas neu gezeichnet wird, tritt Dänemark das kurz zuvor erworbene Schwedisch-Pommern an Preußen ab. Der Peenestrom bildet nun keine Grenze mehr, ganz Pommern ist preußisch und bleibt es bis 1945. Die Hauptstadt der Provinz wird Stettin.

bis 1823 Ausbau des Swinemünder Hafens.

1824 Beginn des **Badetourismus:** Die ersten Badegäste verbringen den Sommer an der Ostseeküste, zunächst in der Stadt Swinemünde und dem kleinen Fischerdörfchen Heringsdorf. Für fast ein Vierteljahrhundert bleiben diese beiden die einzigen Badeorte auf Usedom.

1843 Es erscheint zunächst anonym die *Bernsteinhexe* (siehe Seite 118/119). Autor ist *Johann Wilhelm Meinhold,* der am 27. Februar 1797 in Netzelkow auf der Halbinsel Gnitz geboren wurde. Die Eisenbahn erreicht Pommern, die Linie von Berlin nach Stettin wird fertiggestellt.

1848 Am 23. Mai wird der Flugpionier *Otto Lilienthal* (siehe Seite 169) in Anklam geboren.

ab 1851 Weitere Orte auf Usedom erhalten die Erlaubnis zum Badebetrieb: 1851 Zinnowitz, 1852 Ahlbeck und 1858 Koserow.

bis 1876 Mit dem Bau der Eisenbahnbrücke bei Karnin ist Usedom erstmals an das Festland angebunden. Swinemünde und die Stadt Usedom erhalten Anschluss an das Eisenbahnnetz, was für die Insel einen enormen wirtschaftlichen Impuls darstellt.

1871 Nach der Reichseinigung beginnt das **Bäderwesen** zu boomen, und der wirtschaftliche Aufschwung erfasst den bis dahin ärmsten Teil Usedoms, den kargen meernahen Landstreifen. Es entsteht die verspielte Bäderarchitektur (siehe auch

Bäderarchitektur – die Jugendherberge von Ahlbeck

Seite 44). Bis 1900 richten fast alle ostseenahen Dörfer Badeanstalten ein.

1872 Hugo Delbrück gründet eine Aktiengesellschaft, die an der Entwicklung des Bäderwesens bedeutenden Anteil haben wird (siehe Seite 66). Am 12./13. November richtet ein Orkan schwerste Verwüstungen an, das damit einhergehende Sturmhochwasser erlangt Rekordhöhe und reißt die Insel in zwei Hälften.

1880 Die *Kaiserfahrt,* ein Kanal, der die Zufahrt aus dem Stettiner Haff nach Swinemünde und in die Ostsee verkürzt, wird fertiggestellt. Swinemünde wird zum preußischen Militärhafen.

1894 Die Eisenbahnlinie wird von Swinemünde aus nach Norden fortgesetzt, zunächst bis Heringsdorf, was einen erneuten Anstieg des Tourismus zur Folge hat.

nach 1918 Der Erste Weltkrieg und die Nachkriegsjahre bedeuten für den Badetourismus nur einen kurzfristigen Besuchereinbruch, in der Zwischenkriegszeit werden neue Gästerekorde aufgestellt.

1936 Aufbau der Heeresversuchsanstalt Peenemünde, in der unter der technischen Leitung *Wernher von Brauns* Raketentechnik erforscht und getestet wird.

1942 Am 3. Oktober gelingt der erste erfolgreiche Start der Großrakete Aggregat 4, später als V 2 berühmt-berüchtigt (siehe auch Seite 152/153).

Die Enden der Parabel – Wernher von Braun

Bis heute tun sich die Forschung und eine interessierte Öffentlichkeit schwer, Leben und Werk *Wernher von Brauns* in der Spannung zwischen technischer Leistung und historischer Schuld zu verorten. Die von ihm entwickelte Rakete *Aggregat 4* besiegte die Schwerkraft, flog eine perfekte Parabel und reichte als erste an den Weltraum heran. Doch nicht nur bei den Einschlägen, z. B. denen in London, starben Tausende von Menschen, sondern auch während der Produktion der „Wunderwaffe", die zuerst den Krieg zugunsten des Dritten Reiches entscheiden sollte und später dazu beitrug, den ersten Menschen auf den Mond zu transportieren.

Wernher Magnus Maximilian von Braun wurde am 23. März 1912 in Wirsitz (heute Wyrzysk, Polen) in der Nähe von Posen geboren. Schon früh war er mit dem Raketenfieber und der Suche nach einem Weg zum Mond infiziert. Bereits mit 13 bestückte er Spielzeugautos mit Feuerwerksraketen und mit etwa 15 entwarf er die detaillierte Skizze eines bemannten Raumschiffes.

Mit 20 schließlich wurde er ziviler Angestellter des Heereswaffenamtes. Als Hitler an die Macht gelangte, arbeitete von Braun gerade am *Aggregat 3*, dem Vorläufer des A 4. Um die Waffenproduktion effektiver gestalten zu können, wurde die hochmoderne *Heeresversuchsstelle Peenemünde* errichtet. Das Werk West unterstand der Luftwaffe, dem Werk Ost, seit 1938 *Heeresversuchsanstalt Peenemünde* genannt, stand von Braun, gerade einmal 25-jährig, als technischer Direktor vor. Im gleichen Jahr trat er in die NSDAP ein, ab 1940 war er SS-Offizier. 1942 gelang in Peenemünde der erste Start der A-4-Rakete, die als erste die Grenzen des Weltalls erreichte. Wenige Monate später war von Braun maßgeblich daran beteiligt, Hitler von der A-4, die bald V 2 („Vergeltungswaffe") heißen sollte, zu überzeugen. Das Forschungsprogramm erhielt höchste Priorität, die V 2 war auserkoren, die Kriegswende einzuleiten. Um die Arbeit voranzutreiben, wurde das *KZ Peenemünde* eingerichtet. 1943 wurde die Produktion in einen unterirdischen Stollen bei Nordhausen im Harz verlegt, wo das berüchtigte *KZ Dora*, später *Mittelbau*, entstand. Um die Massenvernichtungswaffen in Serie herstellen zu können, arbeiteten Tausende von KZ-Häftlingen, Zwangsarbeitern und Kriegsgefangenen unter unmenschlichen Bedingungen, viele verloren dabei ihr Leben. Dass von Braun von den barbarischen Praktiken während des Baus seiner Raketen nichts gewusst haben soll, ist nicht nur unglaubhaft, sondern nachweislich falsch. Dass er nicht zur Verantwortung gezogen wurde, verdankte er den Amerikanern.

Das Kriegsende erlebte von Braun im Allgäu. Als er sich den anrückenden Amerikanern stellte, verstand er sich selbst weniger als Kriegsgefangener denn als zukünftiger Partner. Von Braun war sich seines „Marktwertes“ durchaus bewusst. Die US-Armee hatte bereits mehrere V-2-Raketen erbeutet, nun wandten sie sich ihren Erbauern zu. Die Raketenexperten, darunter von Braun, nahmen das neue Arbeitsangebot dankend an. 120 Forscher, ein Großteil der wissenschaftlichen Mannschaft aus Peenemünde, gingen nach Amerika. Nach zwei verlorenen Kriegen, sollte von Braun später sagen, wolle er nun auf der Seite der Sieger stehen.

In Amerika hatte ein neuer Abschnitt in der Karriere von Brauns begonnen, der nahtlos an seine alte Karriere anknüpfte. Seit 1950 war er wieder technischer Direktor eines Raketenforschungszentrums, nun aber in Alabama und in Diensten der US-Armee. Seinen Traum von der Erforschung des Weltalls hingegen konnte er erst einen Schritt näher kommen, als ein etwas anders gearteter Krieg in die heiße Phase eintrat: der Kalte Krieg. 1957 war es den Sowjets gelungen, den ersten Satelliten ins All zu schießen. Denn nicht nur die Amerikaner hatten sich in Peenemünde an Mensch und Material bedient, sondern auch die Sowjets, die mit einer Weiterentwicklung der V 2 den Sputnik-Schock ausgelöst hatten. Damit war von Braun wieder im Rennen. Nach nur wenigen Monaten gelang es ihm und seiner Forschergruppe, den ersten amerikanischen Satelliten, den *Explorer 1,* ins All zu befördern. Für die kurz darauf gegründete NASA entwickelten der *missileman* und sein Team Trägerraketen für das forcierte Weltraumprogramm der Vereinigten Staaten. Die größte der von ihnen entwickelten Raketen sollte auch von Brauns größter Triumph werden: Die *Saturn-V-Rakete* beförderte das Raumschiff *Apollo 11* in den Weltraum und mit ihm die Astronauten *Neil Armstrong* und *Edwin Aldrin,* die ersten Menschen auf dem Mond. Von Braun hatte eines seiner Lebensziele erreicht. Sein darauf aufbauendes Projekt aber, der bemannte Flug zum Mars, wurde bis heute nicht in Angriff genommen. Am 16. Juni 1977 starb Wernher von Braun nach schwerer Krankheit.

Genialer Forscher oder gewissenloser Karrierist? Pionier der Raumfahrt oder Konstrukteur von Massenvernichtungswaffen? Brillanter „Beutedeutscher“ oder willfähriger Opportunist? Irgendwo dazwischen ist Wernher von Braun wohl zu verorten.

1943 In der Nacht zum 18. August werfen 600 Bomber der Royal Air Force 1800 Tonnen Bomben über den Norden Usedoms ab, Ziel ist die Heeresversuchsanstalt Peenemünde. 733 Menschen, vor allem Kriegsgefangene, Zwangsarbeiter und KZ-Häftlinge, fallen dem Angriff zum Opfer.

1945 Am 12. März fliegen alliierte Bomberstaffeln einen schweren Angriff gegen das mit Flüchtlingen überfüllte Swinemünde. Hafen und Stadt werden weiträumig zerstört, etwa 23.000 Menschen verlieren ihr Leben.

Die Rote Armee besetzt Usedom (Mai).

Aus Mecklenburg und dem westlichen Teil der Provinz Pommern wird das Land Mecklenburg-Vorpommern.

Mit dem **Potsdamer Abkommen** (August) wird Usedom geteilt. Wenngleich geographisch streng genommen westlich der Oder-Neiße-Linie wird Swinemünde polnisch und heißt von nun an Świnoujście.

1952 Im Zuge der Verwaltungsreform gehen Wolgast und Usedom in den Bezirk Rostock auf.

1953 Zahlreiche Hotels werden im Zuge der **Aktion Rose** enteignet, ihre ehemaligen Besitzer als vermeintliche Wirtschaftsverbrecher kriminalisiert. Die ferientauglichen Immobilien werden verstaatlicht.

1990 Mit der Wiedervereinigung wird das Bundesland Mecklenburg-Vorpommern geschaffen.

2004 EU-Beitritt Polens. Die Grenze zwischen Ahlbeck und Świnoujście aber bleibt für Kraftfahrzeuge geschlossen (siehe auch Seite 63).

Noch immer geteilt: der Strand zwischen Świnoujście und Ahlbeck

Anreise auf der Schiene – mit der Usedomer Bäderbahn (UBB)

Anreise

Mit Auto oder Motorrad

Trotz hoher Spritpreise bleibt das eigene Fahrzeug die gängige Anreisevariante, und seit Eröffnung des letzten Teilstückes der Ostseeautobahn A 20 im Dezember 2005 hat sich die Reise nochmal ein wenig vereinfacht.

Die Autobahn führt jetzt von Lübeck bis zum Autobahnkreuz Uckermark an der polnischen Grenze bei Stettin. Wer vom etwa 225 km entfernten Berlin (und somit auch vom Süden/Osten Deutschlands) auf der A 10/A 11 anreist, wechselt dort auf die A 20 Richtung Stralsund. Bei der Ausfahrt Pasewalk-Süd (Ueckermünde) verlässt man die Autobahn und fährt auf den bestens ausgebauten Bundesstraßen B 109 und B 110 über die **Zecheriner Brücke** weiter nach Usedom. Aber Achtung: Das letzte Stück Bundesstraße beträgt trotz des Autobahnausbaus immer noch rund 100 km!

Reisende aus dem Norden oder Westen Deutschlands kommen bei Lübeck oder Wismar auf die A 20 und fahren in östlicher Richtung bis zur Ausfahrt Gützkow/Wolgast; ab hier sind es auf der B 111 noch ca. 30 km bis Wolgast und zur **Wolgaster Brücke,** dann nochmal etwa 30 km bis nach Heringsdorf.

Achtung: Die deutsch-polnische Grenze von Ahlbeck nach Swinemünde ist für Autos und Motorräder gesperrt. Zur **Anreise nach Świnoujście/Swinemünde** im polnischen Teil Usedoms und auf die Insel **Wollin** siehe S. 176 und S. 183.

• *Brückenöffnungszeiten* Sowohl die Wolgaster Brücke im Norden als auch die Zecheriner Brücke im Süden sind Hebebrücken und werden täglich mehrmals für den Bootsverkehr geöffnet. Während der Öffnung sind die Brücken für 15 Minuten nicht passierbar.

Wolgaster Brücke (B 111): 5.40–5.55 Uhr, 7.40–7.55 Uhr (im Winter 8.40–8.55 Uhr), 12.40–12.55 Uhr, 16.40–16.55 Uhr und 20.40–20.55 Uhr sowie bei Bedarf auch 23.30–23.45 Uhr.

Zecheriner Brücke (B 110): 5.35–5.50 Uhr, 9–9.15 Uhr, 11–11.15 Uhr, 16–16.15 Uhr, 20–20.15 Uhr (im Winter nur 1-mal tägl. von 12 bis 12.15 Uhr).

Einreise nach Polen: Wer mit dem eigenen Fahrzeug nach Polen fahren möchte, sollte – neben dem obligatorischen Führerschein und Fahrzeugschein – auch die *Grüne Versicherungskarte* dabeihaben. Im Schadensfall kann sie sehr nützlich sein. Die *Promillegrenze* in Polen liegt bei 0,2; die *Höchstgeschwindigkeit* innerorts bei 50 km/h, außerorts bei 90 km/h, auf Schnellstraßen bei 100 km/h, auf der Autobahn bei 130 km/h (Wohnmobile über 3,5 t: außerorts 70 km/h, Schnellstraße/Autobahn 80 km/h). Von Oktober bis einschließlich Februar ist auf Polens Straßen auch tagsüber das *Abblendlicht* anzuschalten. Personen brauchen für die Einreise nach Polen einen gültigen *Personalausweis* oder *Reisepass* (bei einem Aufenthalt bis zu 90 Tagen), Kinder unter 16 Jahren brauchen ebenfalls einen *Lichtbildausweis* oder müssen im Pass der Eltern eingetragen sein.

Mit der Bahn

Eine echte Alternative zur Anreise mit dem Auto. Besonders attraktiv: im Schlaf anreisen und morgens entspannt ankommen. Wer früh bucht und flexibel ist, kann hier noch echte Schnäppchen machen.

Auf der Schiene ist die Insel fast ausschließlich mit der **Usedomer Bäderbahn (UBB)** zu erreichen. Die nächsten IC-Bahnhöfe sind Greifswald und Züssow, dort – und in Stralsund – kann man in die UBB umsteigen und erreicht die Insel in nicht mal einer Stunde. Die Verbindungen nach Stralsund, Greifswald und Züssow sind bestens, von Hamburg bzw. Berlin werden die Städte regelmäßig mit dem Intercity (IC) oder dem Regionalexpress (RE) angefahren (ab Hamburg teilweise mit Umsteigen in Rostock).

Interessanter Bestandteil des komplizierten Tarifsystems der Deutschen Bahn sind die Nachttarife (*SparNight*), mit denen man für wirklich wenig Geld z. B. von München nach Rostock fahren kann. Wie für sämtliche Sondertarife gilt auch hier: eine frühzeitige Buchung ist unbedingt ratsam!

> Einzige **Direktverbindung** der DB nach Usedom ist der *IC 1961* von Köln nach Heringsdorf: Er verkehrt nur von Anfang April bis Ende Oktober und startet in dieser Zeit immer samstags morgens am Kölner Hauptbahnhof. Via Düsseldorf, Essen, Dortmund, Bremen, Hamburg, Schwerin, Rostock, Stralsund und Greifswald kommt man nach 10 Std. und 45 Min. auf der Insel an. Der Normalpreis für die einfache Fahrt beträgt 104 €. Die Gegenrichtung Heringsdorf–Köln wird ebenfalls von April bis Oktober jeden Samstagmorgen bedient.

• *Verbindungs- und Preisbeispiele* Von **Berlin** ca. stündlich ohne Umsteigen nach Züssow (von dort weiter mit der UBB, siehe unten), mit dem IC ist man 2 Std. und 15 Min. unterwegs (34 €), mit dem RE 2 Std. und 30 Min. (27,50 €). Ebenfalls etwa stündlich von **Hamburg** nach Rostock, mit dem IC ca. 2 Std. (35 €), mit dem RE 2,5 Std. (28 €). In Rostock umsteigen nach Stralsund, Fahrtdauer ca. 1 Std. (11,70 €). Direktverbindungen von Hamburg nach Stralsund 5-mal tägl., Fahrtdauer 3 Std. (44 €/ICE). Ab Stralsund weiter mit der UBB (siehe unten).

Wer aus dem Süden Deutschlands kommt, muss schon etwas tiefer in die Tasche greifen: mehrmals täglich ab **München** nach Greifswald, 1- bis 2-mal umsteigen, Fahrtdauer ca. 10 Std. (ca. 115 € Normalpreis). Eine weitere Verbindung ab München führt mit 2-maligem Umsteigen nach Züssow, von dort dann weiter mit der Usedomer Bäderbahn (siehe unten). Weitere Infos (auch zu alternativen Zügen und Streckenführungen) bei den Reisezentren der Deutschen Bahn, unter ✆ 0800/1507090 und unter www.bahn.de.

• *Weiterfahrt mit der UBB* Die Usedomer Bäderbahn, kurz UBB, fährt von Mitte Mai bis Anfang Oktober (im Winter eingeschränkt) zwischen 6 und 22 Uhr alle zwei Stunden von Stralsund über Greifswald, Züssow und Wolgast nach Usedom bis Ahlbeck-Grenze. Ab **Stralsund** bis Ahlbeck einfach 14,20 € (Fahrtdauer knapp 2,5 Std.), ab **Greifswald** 10,30 € (2 Std.). Ab **Züssow** sind die Verbindungen nach Usedom stündlich (gut 1,5 Std. Fahrtdauer nach Ahlbeck), einfach 7 €. Fahrplanauskunft unter ✆ 038378/27132 und im Internet unter www.ubb-online.com.

• *Ermäßigungen* Neben den verschiedenen BahnCard-Typen, einem (nur in Kombination mit der BahnCard geltend zu machenden) Mitfahrertarif und den an bestimmte Bedingungen geknüpften Sparpreisen 25 bzw. 50 (25 % bzw. 50 % Rabatt bei Buchung mindestens drei Tage vor Fahrtantritt, feste Zugbindung) hat die Deutsche Bahn noch eine Reihe von z. T. saisonal begrenzten Sonderangeboten im Programm (z. B. 29-Euro-Fernverkehrs-Verbindungen für ausgewählte Strecken). Zumindest für Kurzentschlossene eine Überlegung wert sind auch die Surf-&-Rail-Angebote: ausschließlich übers Internet zu buchende Fahrten zum Preis von 39–59 € (hin und zurück). Da die angebotenen Verbindungen wöchentlich wechseln, ist es natürlich Glückssache, ob etwas Passendes dabei ist. Weitere Informationen zu Sondertarifen unter www.bahn.de.

Von Berlin und verschiedenen Städten Brandenburgs kann man Usedom auch mit dem **OstseeTicket** der Deutschen Bahn ansteuern. Das Ticket, das auch für ICs und die Züge der Usedomer Bäderbahn gilt, kostet für eine Person 39 € hin und zurück, ein bis vier Mitfahrer zahlen jeweils 25 €. Das Ganze eignet sich aber nur für relativ kurze Aufenthalte, denn Hin- und Rückfahrt müssen innerhalb von 9 Tagen erfolgen.

Geschafft: die letzten Meter zum Strand

• *DB-Nachtzug* Ab **München** mit dem *NZ 40482 Venus* (retour *NZ 41448 Venus*) über Nürnberg, Würzburg, Berlin und Rostock nach Stralsund; ab **Dortmund** mit dem *NZ 1449 Saturn* (retour *NZ 1448 Saturn*) über Köln, Berlin und Rostock nach Stralsund; für beide Züge gelten die Spezialtarife der SparNight, bei denen man für 29 € mit einem Sitzplatz, 39-49 € im Liegewagen oder ab 59 € im Schlafwagen zum Ziel kommt (Preise jeweils einfach).

Ab **Zürich** geht es allabendlich mit dem *CNL 50475 Vega* (retour *CNL 50472 Vega*) über Freiburg, Karlsruhe, Mannheim, Frankfurt/M. und Rostock nach Stralsund, im Schlafwagen für 69 €. Achtung: Diese Sparangebote sind kontingentiert, man sollte frühzeitig buchen! Infos unter www.nachtzugreise.de, Buchungen sind auch telefonisch unter ✆ 01805/141514 (0,12 €/Min.) möglich oder aber am Schalter.

• _DB-Autozug_ In den Sommermonaten je 1-mal wöchentlich (am Wochenende) über Nacht ab **Stuttgart-Kornwestheim** oder ab **Frankfurt/Neu-Isenburg** nach Rostock-Seehafen. Eine Person mit Auto zahlt in der Hochsaison auf der Strecke Neu-Isenburg – Rostock hin und zurück 369 € im 5er-Liegewagen (Liegewagenabteil für Familien bis 5 Personen 717 € hin und zurück); ab Kornwestheim 395 € bzw. 766 €. Ein kleines abgepacktes DB-Frühstück ist jeweils im Preis inbegriffen. Der ebenfalls im Sommer 1-mal wöchentlich ab **Dortmund** startende Autoreisezug fährt tagsüber. Eine Person mit Auto kostet in der Hochsaison hin und zurück 229 €. Auch bei den Autozügen sind die Plätze v. a. für die Hochsaison schnell ausgebucht, frühzeitige Buchung ist ratsam, tägl. 8–22 Uhr unter ✆ 01805/241224 (0,12 €/Min.) oder www.dbautozug.de.

• _Fahrradmitnahme_ Ist prinzipiell bei allen Tag-Verbindungen und auch im DB-Nachtzug möglich, kostet auf Fernstrecken allerdings 8 € pro einfache Fahrt, ein Platz für das Fahrrad muss reserviert werden: ✆ 01805/151415 (0,12 €/Min.).

Alle Preisangaben Stand: Mai 2006

Mit dem Flugzeug

Nur im Sommer (etwa Mitte/Ende April bis Mitte Oktober) wird der Flughafen Heringsdorf bei Zirchow (das ist etwa 13 km südlich von Heringsdorf) mehrmals wöchentlich von mehreren deutschen Städten per Linie angeflogen – kleine Maschinen, wenige Plätze und nicht gerade günstig. Man sollte rechtzeitig buchen. Am Flughafen auch Fallschirmsport- und Flugschule.

• _Flüge_ In der Sommersaison 2-mal wöchentlich Linienflüge mit _Cirrus Airlines_ oder _Globus_ von und nach **Berlin Tempelhof** (Flugdauer ca. 40 Min.). Ebenfalls 2-mal wöchentlich ab **Mannheim** und **Saarbrücken**, aber jeweils mit Umsteigen in Berlin Tempelhof. Außerdem jeweils 1-mal wöchentlich direkt ab **Münster/Osnabrück** (Flugdauer knapp 1,5 Std.) und ab **Dortmund** (ca. 1,5 Std.). Die genauen Flugpläne sind unter www.flughafen-heringsdorf.de zu finden, Preisauskünfte und Buchungen in den meisten Reisebüros und am Flughafen selbst unter ✆ 038376/20030 bzw. 📠 038376/20040.

• _Informationen_ Flughafen Heringsdorf GmbH, Am Flughafen 1, 17419 Zirchow, ✆ 038376/2500, 📠 038376/25033, www.flughafen-heringsdorf.de, atc@flughafen-heringsdorf.de.

• _Mietwagen_ Bei der Reiseagentur **Airport Touristik Center** (ATC) direkt am Flughafen, ✆ 038376/20030, 📠 038376/20040.

Mit dem Bus

Nur in den Sommermonaten verkehren zwischen Zwickau/Dresden, Hamburg und Berlin etwa ein- bis zweimal wöchentlich die Linienbusse privater Busreiseunternehmer. In der Regel sind die Busfahrten etwas günstiger als die Reise mit dem Zug, man muss sich für An- und Abreise jedoch meist auf einen bestimmten Wochentag festlegen.

• _Ab Zwickau_ Von ca. Ostern bis Ende Oktober 1-mal wöchentlich (in der Hochsaison 2-mal) via Chemnitz und Dresden auf die Insel, Abfahrt frühmorgens, Rückfahrt immer am frühen Nachmittag, Fahrtdauer ca. 10,5 Std. Einfache Fahrt 58 €, Kind 38 €, hin und zurück 99 € (Kind 62 €), Fahrradtransport hin und zurück 5 €. Autobus GmbH Sachsen, Zwickauer Str. 58, 09112 Chemnitz, ✆ 0371/38080, 📠 0371/3808113, www.autobus-sachsen.de.

• _Ab Hamburg_ Von Ende April bis Anfang Oktober 1-mal wöchentlich (immer dienstags) nach Usedom, hin und zurück 70 €. Globetrotter Reisen, Harburger Straße 20, 21224 Rosengarten, www.globetrotter-reisen.de.

• _Ab Berlin_ Mit dem _Berlin Linien Bus_ von ca. Mitte April bis Oktober immer Fr, Sa und Mo (gleiche Tage retour) vom ZOB am Funkturm nach Heringsdorf (und in alle größeren Orte der Insel), Fahrtdauer ca. 4 Std., einfach 27 €, hin und zurück 48 €, Kinder unter 12 J. frei. Bayern Express & P. Kühn Berlin GmbH, Mannheimer Str. 33, 10713 Berlin, ✆ 030/860960, 📠 030/86096299, www.berlinlinienbus.de.

Schattige Allee auf Usedom

Unterwegs auf Usedom

Mit Auto oder Motorrad

Die beiden pulsierenden Verkehrsadern, die sich über Usedom legen, sind die Bundesstraßen 111 und 110. Neben den beiden bekannten Seiten von Usedom – dem beliebten Strand und dem stillen Hinterland – findet sich hier in gewisser Weise eine dritte: weder ruhig noch herausgeputzt und wenig erholsam. Die **B 111** kommt bei Wolgast über die gleichnamige Brücke, führt nach Zinnowitz und verläuft von dort an parallel zur Küste bis hinunter nach Ahlbeck und weiter bis zur deutsch-polnischen Grenze. Hier endet sie, genau wie die **B 110,** die von Anklam kommend durch den Inselsüden verläuft: Die Grenze nämlich ist nur für Fußgänger und Fahrradfahrer geöffnet (siehe Seite 63). Die Verbindungsstraßen zwischen der B 111 und B 110 verlaufen zwischen Mellenthin und Pudagla bzw. zwischen Zirchow und Ahlbeck und sind, was Ausbau und Frequentierung betrifft, kaum von den Bundesstraßen zu unterscheiden. Da sich über B 111 und B 110 nicht nur der gesamte Inselverkehr, sondern auch 80 % der Touristenströme bewegen, verwundert es nicht, dass die Straßen nicht nur gut ausgelastet, sondern zuweilen auch überlastet sind. Vor allem an Samstagen der Hochsaison, dem An- und Abreisetag, kommt es immer wieder zu zäh fließendem Verkehr und Staus.

Tankstellen finden sich vor allem entlang der Bundesstraßen und natürlich an den Rändern der größeren Ostseebäder.

Wer das **Hinterland Usedoms** erkunden will, ohne aufs Fahrrad zu steigen, ist auf ein Auto angewiesen, da die Usedomer Bäderbahn nur die Seebäder verbindet und Busse lediglich in bescheidenem Maße verkehren.

Öffentliche Verkehrsmittel

Auf Usedom wird vor allem Bahn gefahren, weniger Bus, genauer gesagt: mit der **Usedomer Bäderbahn.** Die Hauptlinie der **UBB** verkehrt zwischen Ahlbeck und Wolgast (über Heringsdorf, Bansin, Ückeritz, Loddin-Kölpinsee, Koserow, Zempin, Zinnowitz und Trassenheide): im Sommer (Mitte Mai bis Anfang Oktober) von 5 bis 9.30 Uhr mindestens stündlich, von 9.30 bis 18 Uhr halbstündlich, dann bis 22 Uhr wieder stündlich; im Winter von 5 bis 9.30 Uhr etwa stündlich. Von Wolgast aus fährt die UBB etwa 9-mal täglich weiter nach Greifswald und Stralsund. Von Ahlbeck nach Wolgast ist man 1,5 Stunden unterwegs, bis nach Stralsund sind es 2,5 Stunden. Eine Seitenlinie der Bahn zweigt bei Zinnowitz ab und führt über Trassenheide und Karlshagen hinauf nach Peenemünde (etwa stündlich). (Wer dorthin will, sollte unbedingt bereits in Zinnowitz umsteigen und nicht bis Trassenheide weiterfahren, weil man dort nur Anschluss an die Peenemünde-Linie bekommt, wenn man den zweiten Ortsbahnhof ansteuert, was einen ausgedehnten Fußmarsch erfordert.)

Preisbeispiele Von Ahlbeck nach Heringsdorf 1 €, nach Zinnowitz und Wolgast je 5 €, nach Greifswald 10,30 €, nach Stralsund 14,20 € (jeweils einfach, Erw.), Fahrradtransport 3 €. Tagesticket für ganz Usedom 10 €, Familienticket 15 €. Fahrplanauskunft unter ✆ 038378/27132, www.ubb-online.com.

Das Usedomer **Busnetz** ist eher überschaubar. Ein paar Busse zuckeln zuweilen durch das Hinterland, im Reiseteil sind die jeweiligen Verbindungen notiert. Die wichtigste davon ist die Linie 201, welche die Kaiserbäder via Usedom/Stadt mit Anklam verbindet (Mo–Fr etwa alle 2 Stunden, Sa/So 5-mal täglich).

Mit dem Fahrrad

Usedom ist ein kleines Radlerparadies. Etwa 150 km Radwege stehen dem Urlauber zur Verfügung. So führt beispielsweise ein langer Radweg parallel zum Außenstrand: von Ahlbeck und Heringsdorf zunächst entlang der Strandpromenaden, dann durch den Wald bis hinauf nach Karlshagen. Die meisten ausgewiesenen Fahrradwege sind gut ausgebaut. Die Mitnahme von Fahrrädern in der UBB ist natürlich möglich, in den Bussen kann es aber eng werden.

Fahrradverleiher gibt es in jedem Seebad zumeist gleich mehrere; im Hinterland gestaltet sich die Suche nach einem Fahrrad schon schwieriger, dort muss man normalerweise auf das Angebot der Hotels zurückgreifen. Grundsätzlich kann die Qualität von Verleiher zu Verleiher stark differieren, verkehrstauglich sollte die Mehrheit der Räder sein. Auch Moutainbikes kann man leihen, was aber angesichts der reliefschwachen Insel Usedom kaum nötig ist: Nennenswerte Steigungen sind – allenfalls mit Ausnahme des Streckelsberges und des Golms – nicht zu überwinden. Wer keine Rundtour plant, kann auf den *Fahrradverleih Oberländer* zurückgreifen: Über die Insel verteilt gibt es in der Saison in 16 Orten Verleihstationen (meist zentral gelegen). Man kann an einem Stützpunkt das Rad entgegennehmen und andernorts wieder abgeben (Infos unter ✆ 038378/31684; auch Lieferservice).

Der Bootsverleih am idyllischen Wolgastsee

Unbedingt meiden sollten Fahrradfahrer die nicht nur stark, sondern oft auch mit hoher Geschwindigkeit frequentierten Bundesstraßen. Radfahren ist hier nicht nur kein Vergnügen, sondern gefährlich. Mehr und mehr aber werden auch parallel zur Bundesstraße verlaufende Radwege geschaffen, zuletzt zwischen Wolgast und Bannemin.

Bootsverleih und Ausflugsfahrten

Gerade die streckenweise unzugängliche Boddenküste lässt sich am besten vom Boot aus erkunden. Für größere Rundfahrten bieten sich Ausflüge mit Fahrgastschiffen an. Oder aber man klemmt sich selbst hinter das Ruder und gondelt mit einem geliehenen Boot die nahe Küstenlinie entlang.

Achterwasserrundfahrten werden beispielsweise von den Häfen Stagnies (Ückeritz) und Zinnowitz aus angeboten. Ausflugsfahrten zu den Inseln Ruden, Greifswalder Oie oder sogar Rügen kann man von Wolgast oder Peenemünde aus unternehmen, für Fahrten über das Stettiner Haff und/oder bis nach Ueckermünde oder Stettin startet man von Kamminke im Inselsüden.

Bootsverleihe befinden sich z. B. in den Achterwasserhäfen von Ückeritz, Loddin und Zinnowitz. Wer eine Paddeltour auf dem Usedomer See plant (genau genommen kein See, sondern eine Bucht mit engem Zufluss zum Stettiner Haff), kann sich am Usedomer Stadthafen ein Boot mieten. Und auch am Ufer zweier Usedomer Binnenseen, dem Wolgast- und dem Schloonsee, gibt es Bootsverleihe.

Noble Adresse: der Ahlbecker Hof

Übernachten

Das Angebot ist groß und vielfältig, schließlich spielt auf Usedom der Tourismus eine zentrale Rolle. Insgesamt verteilen sich etwa 56.000 Betten auf ca. 200 Hotels, Pensionen sowie unzählige Ferienwohnungen und -häuser. Hinzu kommen zwölf Campingplätze.

Die sehr noblen **Hotels** haben sich natürlich vor allem in den größeren Ostseebädern angesiedelt, allen voran in den Kaiserbädern. Die meisten von ihnen verfügen neben der schon fast obligatorischen Saunalandschaft auch über einen Wellness-Bereich mit entsprechendem Angebot. Alternativ zum Hotel kann man sich in den Ostseebädern auch stilvoll in alten **Bädervillen** einquartieren, die wieder oder noch immer als Appartementhäuser für Badegäste zur Verfügung stehen. Auf dem Land bietet der gute alte Dorfkrug meist Übernachtungsmöglichkeiten, zuweilen hat sich die einfache Gastwirtschaft in ein veritables **Landhotel** verwandelt. Schwieriger sieht es mit **Jugendherbergen** aus. Derzeit gibt es auf Usedom lediglich eine: an der Ortsgrenze zwischen Heringsdorf und Ahlbeck. Camper hingegen kommen voll auf ihre Kosten. In dem lang gestreckten Waldstreifen an der Außenküste finden sich zahlreiche meist traditionsreiche **Campingplätze,** die keine Wünsche offen lassen: viele Schattenplätze, frisch renovierte oder neu gebaute Anlagen, optimale Versorgung und vor allem: unmittelbare Strandnähe!

Wer auf der Suche nach einer **Ferienwohnung** oder einem **Ferienhaus** ist, bestellt sich am besten den Gastgeberkatalog bei der Tourismuszentrale Usedoms oder informiert sich direkt im Internet. Das Spektrum an Anbietern und Vermittlern ist allerdings recht unübersichtlich. Tipp: Die Websites der lokalen Touristen-Informationen (die jeweiligen Adressen sind im Reiseteil verzeichnet) verschaffen meist einen umfassenden Überblick über die Objekte vor Ort. Sie sind, soweit möglich, verlinkt und bieten oft auch einen Buchungs-Service an.

Eine gute Adresse zum Einstieg ist die offizielle Homepage der Touristenzentrale auf Usedom: www.usedom.de. Weiteres findet man z. B. unter: www.dreikaiserbaeder.de (für Ahlbeck, Heringsdorf und Bansin); www.insel-usedom.net (umfangreiche Seite, keine Online-Buchung); www.inselusedom.de (nicht flächendeckend, Schwerpunkt: Inselmitte, keine Online-Buchung); www.usedom-travel.net (etwas unübersichtlich, keine Online-Buchung).

Kurios: Pommersches Bettenmuseum in Peenemünde

Was die Frage betrifft, wann gerade welche Saison herrscht, gilt folgende Faustregel: Die **Hochsaison** orientiert sich natürlich an den deutschen Sommerschulferien, umfasst also etwa die Zeitspanne von Pfingsten bis Ende August. Hinzu kommen in vielen Fällen auch die Tage „zwischen den Jahren" (bis in die erste Januarwoche hinein) und die Zeit rund um Ostern. Die **Nebensaison** beginnt in der Regel im April (bzw. mit Ostern) und erstreckt sich dann nach der Sommerhochsaison über die Monate September und Oktober. **Nachsaison,** wenn nicht ohnehin geschlossen ist, ist der Winter (mit oben genannter Ausnahme).

In den allermeisten Hotels sowie Gaststätten mit Zimmerangebot wird auch **Halbpension** angeboten. In den Ferienhäusern und -wohnungen fällt nach Abreise noch die **Endreinigung** an, die im Normalfall aber in überschaubarem Rahmen bleibt.

Die in diesem **Reisehandbuch aufgeführten Preise** beziehen sich immer auf die Hochsaison und gelten, wenn nicht anders angegeben, für eine Übernachtung von einer Person im Einzelzimmer bzw. zwei Personen im Doppelzimmer. Die Preise, vor allem in Pensionen und kleineren Hotels, werden günstiger, wenn man länger als zwei Nächte bleibt. Der fällige Aufschlag für die „einnächtige" Belegung ist im Reiseteil gegebenenfalls auf den jeweiligen Preis bereits draufgerechnet. In vielen Fällen variieren die Preise zwischen Vor-, Neben- und Hauptsaison stark, teils muss man im November gerade einmal die Hälfte zahlen im Vergleich zu den besucherintensiven Monaten Juli oder August; starke Schwankungen, d. h. mehr als 20–30 %, sind bei den Unterkünften im Reiseteil angegeben.

Essen mit Strandblick

Essen und Trinken

Die vorpommersche Küche präsentiert sich überwiegend bodenständig, wenngleich nicht ohne Schnörkel und die eine oder andere Finesse. In vielen Landgasthöfen und den Restaurants der Seebäder wird mit Großmutters Rezepturen hantiert (und geworben). Die Speisekarten dominiert natürlich vor allem eines: Fisch.

Vom Aal bis zum Zander kommt alles auf den Tisch, was Meer, Peenestrom, Achterwasser und Binnenseen hergeben. Die Zubereitungsarten sind ebenfalls umfassend: gebraten, gegrillt oder gebacken, frittiert oder gedünstet, gekocht, geräuchert oder roh und in Essig eingelegt. Bemerkenswert für Binnenländer: Das Ostsee-Fastfood ist vom Feinsten. Die diversen Variationen des Fischbrötchens sind ganz sicher frisch (beides: Fisch und Brötchen) und ausgezeichnet. Hinzu kommt der meist auf traditionelle Weise zubereitete Räucherfisch. Fischbrötchen und Räucherfisch gibt es auf Usedom praktisch an jeder (strandnahen) Ecke.

Selbstverständlich bekommt man auch fischfreie Gerichte. Schnitzel mit Kartoffelsalat, Jäger- oder Schweinebraten, Kartoffelsuppe mit Würstchen und Speck fehlen beispielsweise auf fast keiner Karte. Außerdem gibt es nicht nur Fisch aus dem heimischen Bodden, sondern auch Wild aus den heimischen Wäldern. So finden neben den traditionsreichen Heringswochen im Frühjahr seit 2005 im Oktober die Usedomer Wildwochen statt; die teilnehmenden Restaurants servieren dann Hirschbraten oder Rehrücken, aber auch Kleinigkeiten wie Wildsalami oder Wildschinken. Präsent auf den Speisekarten, aber nicht jedermanns Sache sind diverse Kohlgerichte.

Zwar wird die pommersche Küche bei der Zubereitung mit verschiedenen kulinarischen Kunstgriffen variiert – z. B. der pommersche Wickelbraten mit Backpflaumenfüllung oder der in Salbei gebackene Aal –, aber die einheimischen Spezialitäten bleiben vor allem eines: deftig. Allerdings zieht es inzwischen auch den einen oder anderen Gourmet-Koch auf die Insel. In den Luxushotels der Kaiserbäder kann man herausragende kreative Küche genießen, aber auch abseits der Touristenströme – beispielsweise in Stolpe bei Anklam – wird man kulinarisch verwöhnt. Unnötig zu erwähnen, dass die dort angebotenen Menüs ihren Preis haben.

Was die Getränke betrifft, verhält es sich auf Usedom wie im Rest der Republik: Auf jeder Karte finden sich auch Wein und alkoholfreie Getränke, getrunken wird aber vor allem Bier. Eine empfehlenswerte Adresse ist das *Usedomer Brauhaus* in Heringsdorf, das dort gebraute Bier ist schmackhaft und süffig.

Räucherfisch

Was haben Sie entdeckt?

Welches Gasthaus hat Ihnen besonders gut gefallen? In welcher Unterkunft haben Sie sich wohl gefühlt? Haben Sie einen schönen Wanderweg oder einen idyllischen Strandabschnitt entdeckt?

Wenn Sie Anregungen, Empfehlungen oder auch Kritikpunkte haben, lassen Sie es uns bitte wissen. Schreiben Sie an:

Michael Müller Verlag
Stichwort „Usedom“
Gerberei 19
91054 Erlangen
usedom@michael-mueller-verlag.de

Wissenswertes von A bis Z

Achterwasser und Peenestrom

Die Wasserstraße, die Usedom vom Festland trennt, verbindet das weite Stettiner Haff mit der Ostsee. Nach Norden hin *Peenestrom* genannt, heißt der kürzere Abschnitt nach Süden, der in das Stettiner Haff mündet, nur „der Strom“. Achterwasser (= „hinteres Wasser“) dagegen wird der Bodden genannt, der als Teil des Peenestroms Usedom in zwei Hälften teilt. Wie Riegel schieben sich die beiden Halbinseln Gnitz (im Norden) und Lieper Winkel (im Süden) in das Achterwasser.

Da durch die vor allem im Norden sehr schmale Wasserstraße nur ein sehr beschränkter Wasseraustausch mit dem Meer stattfinden kann, haben Peenestrom und Achterwasser einen geringen Salzgehalt. Die Bodden mit ihren unregelmäßigen, oft mit Schilf bewachsenen Rändern sind typisch für die Ostseeküste Mecklenburg-Vorpommerns und prägen auch Usedoms Küstenlandschaft jenseits des langen Sandstrandes. Auch wenn das Achterwasser dementsprechend nicht gerade *der* Badespot Usedoms ist, gibt es zwischen den Schilffeldern die eine oder andere besuchte Badestelle, zumal die Wassertemperatur normalerweise ein bis zwei Grad höher ist als in der Ostsee. Das geschützte Gewässer ist aber vor allem beliebt bei Wassersportlern und Anglern. Surf- und Segelschulen befinden sich beispielsweise in Ückeritz und Zinnowitz. Das ruhige und flache Surfrevier eignet sich insbesondere für Anfänger.

Backsteingotik

Im Windschatten des rasanten Aufstiegs der Hanse im 13. und 14. Jh. erblühte vor allem in den deutschen Ostseehäfen die Bautätigkeit, denn das erstarkte Bürgertum wollte sich mit repräsentativen Gebäuden schmücken. Die stilprägenden Elemente der *Norddeutschen Backsteingotik* erklären sich dabei bereits aus dem Namen. Da Baumaterial aus Naturstein (etwa Sandstein) nicht zur Verfügung stand, musste notgedrungen auf „gebrannten Stein“ ausgewichen werden. Genau genommen handelte es sich um Tonerde, die bei gut 1000 Grad Celsius in handlicher Form gebrannt wurde und damit auch ihre charakteristische rote Farbe erhielt.

Norddeutsche Backsteingotik in der Stadt Usedom

30
ZONE

Statt den Mangel an Naturstein hinter dicker Tünche zu verbergen – wie das z. B. in Teilen des süddeutschen Raums geschah –, machte man aus der Not eine Tugend und verarbeitete die gleichförmigen gebrannten Steine im Kontrast mit den hellen Fugen zu streng strukturierten Fassaden. Gleichzeitig ließen sich die Gemäuer durch die einfache Formbarkeit des Backsteins mit Friesen, Blenden, Giebeln und anderen Schmuckelementen aufwendig verzieren. Doch trotz des Zierrats beeindrucken die Bauten vor allem durch erhabene, geradlinige Schlichtheit und karge Eleganz.

Usedom selbst ist allerdings nicht gerade gesegnet mit Bauwerken der Backsteingotik, auf der Insel hat es auch nie eine Steinbrennerei gegeben, sodass das Material vom Festland (zumeist aus Greifswald) geliefert werden musste. Erwähnenswert sind vor allem die Marienkirche und das erhalten gebliebene Stadttor (Anklamer Tor) in Usedom/Stadt. Hinzu kommen, verteilt über die Insel, die eine oder andere Dorfkirche, manche im Ursprung eine frühgotische Feldsteinkirche, viele in der Innenausstattung mit barockem Einschlag, aber alle backsteinrot; die sehenswertesten sind die ehemalige Klosterkirche in Krummin und die Dorfkirche von Benz. Wer sich mehr und Bedeutenderes anschauen will, wird in den nahe gelegenen Festlandsstädten Wolgast (Petrikirche) und Anklam (Marienkirche und Steintor) fündig.

Baden

Über vielen Abschnitten des langen Ostseestrandes an Usedoms Außenküste weht die *Blaue Flagge.* Sie wird nach alljährlicher, strenger Prüfung vergeben und ist ein weithin sichtbares Zeichen für die ausgezeichnete Qualität des Meerwassers, das sämtliche europäischen Normen problemlos erfüllt. Aber auch an den Achterwasserstränden kann man getrost baden gehen. Rund um Usedom ist die Wasserqualität nahezu unbelastet und badetauglich.

Der Ostseestrand Usedoms ist das große Kapital der Insel: Er erstreckt sich über mehr als 40 km von der deutsch-polnischen Grenze bis hinauf zum Peenemünder Haken. Bis zu 40 m breit ist der feinsandige, weitgehend steinfreie Strand, der zudem flach und gleichmäßig ins Meer abfällt – gerade für Familien mit Kindern ideal. Die Wassertemperatur der küstennahen Ostsee liegt im Sommer um die 18 bis 20 Grad, im flachen Achterwasser noch etwas darüber.

Am Rande: Auch wenn die Bademöglichkeiten hervorragend sind, zeitweilige oder dauerhafte Badeverbote sind dringend zu beachten!

Mit Badekarren gegen die Melancholie

Die Idee entstand im 18. Jh. in England: Um die in Adelskreisen verbreitete Gemütsschwere zu lindern, tauchte man Melancholiker jeden Alters ins Meerwasser. Salzig musste es sein und vor allem kalt. Die Schocktherapie helfe auch gegen Hysterie, hieß es, und gegen Rheumatismus und Rachitis, Fallsucht, Harnwegserkrankungen etc. – die Thalassotherapie, in der Antike gängige Behandlungsmethode, war wiederentdeckt worden.

Historische Badekarren in Bansin

Die ersten Badegäste Usedoms kamen bereits 1824, sie logierten in den Hotels in Swinemünde und badeten dort oder im kleinen Heringsdorf. Ab Mitte des 19. Jh. weitete sich der Badetourismus über den langen Strand aus. Gebadet wurde zunächst natürlich nicht im „offenen" Meer, sondern in einem blickdichten Badekarren, der ins Wasser gezogen wurde und aus dem der Patient/Urlauber ins Seewasser stieg. Auch als aus der ärztlich verordneten Therapie eine Mode geworden war, blieb der Badekarren in Gebrauch. Als seine Zeit abgelaufen war, wurden Badeanstalten mit fest installierten Kabinen eingerichtet. Der Strand blieb natürlich geteilt: in einen Herren- und einen Damenstrand sowie einen Abschnitt dazwischen, auf dem beide Geschlechter gesellig sein konnten – komplett bekleidet, versteht sich. Es wurde ohnehin kein Bad in der Sonne genommen, denn gebräunte Haut galt als das Schicksal derjenigen, die ihrer Arbeit im Freien nachgehen mussten, und war in guten Kreisen entsprechend verpönt. Die Geschlechtertrennung an den Stränden blieb bis ins 20. Jh. hinein bestehen. So verordnete noch 1909 das Amt Zinnowitz:

§ 1: Das Baden in der Ostsee im Freien außerhalb der Badeanstalten vom Strande aus ist im Bereich des Amtsbezirkes Zinnowitz ... im Interesse der öffentlichen Ordnung und Sicherheit verboten.

§ 2: Während der Badestunden von 6.00 Uhr morgens bis 12.00 Uhr mittags dürfen am Strande vor den Damenbadeanstalten zu beiden Seiten derselben bis auf eine Entfernung von 75 Metern ... männliche Personen sich nicht aufhalten.

§ 3: Übertretungen dieses Verbotes werden mit Geldstrafen bis zu neun Mark bestraft.

Am Strand bei Ahlbeck

Zuweilen ist noch zu hören oder zu lesen, dass die Ostseestrände noch immer so geteilt sind wie die Republik in den Köpfen ihrer Bürger: konservativ verhüllt (aber zahlungskräftig) auf der einen, schamlos entblößt (aber schon seit der Kindheit hier im Urlaub) auf der anderen Strandseite, dazwischen unversöhnliches Unverständnis ob der Prüderie respektive Freizügigkeit. Ganz so dramatisch ist es natürlich längst nicht mehr. An den Stränden Usedoms geht es weitgehend tolerant und vor allem entspannt zu. Zumal die Strände unterteilt sind: in FKK- und Textil-Abschnitte. Hinzu kommt eine dritte Strandausschreibung: für Hunde (und ihre Halter), die die unangenehme Angewohnheit haben, sich nach dem Bad zu schütteln, bevorzugt in der Nähe belegter Badetücher. Doch an den Grenzen dieser Abschnittszuteilungen in *Textil, textilfrei* und *Fell* kann es, vor allem in unmittelbarer Umgebung der Seebäder, vorkommen, dass die verschiedenen Seiten um jeden Zentimeter Sand erbittert ringen. Im Zweifelsfall hält man sich am besten an die Strandzuweisungen bzw. orientiert sich an den jeweiligen Gepflogenheiten. Abseits der Strandpromenaden interessiert sich aber zumeist kaum noch jemand dafür, was man trägt oder auch nicht.

Bäderarchitektur

Im Schatten der Veranda stehend, eine Hand auf dem reich verzierten, gusseisernen Geländer, den Blick auf das Meer und das mondäne Treiben entlang der Strandpromenade – so in etwa stellt man sich den Sommerfrischler vor, den es mit den Anfängen des Tourismus aus Berlin an die Ostsee zog (zuzüglich vielleicht einer Zigarre und eines Gläschens Port). Die Kulisse für diese am Ende des 19. Jh. aufkommende großbürgerliche Mode des Sommeraufenthalts am Meer wurde in den Ostseebädern geschaffen.

Der Begriff *Bäderarchitektur* bezeichnet keine exakt definierbare Stilrichtung oder gar eine architektonische Gattung. Was die Gebäude neben der touristischen Nutzung gemein haben, ist die Grundkomposition in klassischen Formen, die ganz frei miteinander kombiniert sind. Die Fassaden sind meist ornamentfreudig gestaltet, und nahezu überall zeigt sich eine Vorliebe für Balkone und Veranden, denn das Sonnenbaden war verpönt, schick oder vielmehr standesgemäß war die vornehme Blässe. Mit dem Aufkommen des Badetourismus im 19. Jh. entstanden dabei nicht nur noble Herbergen, die ein anspruchsvolles, v. a. städtisches Publikum zufriedenstellen mussten, sondern auch Kurhäuser, Veranstaltungspavillons, später Seebrücken und natürlich Badeanstalten.

Blendend weiß: Bäderarchitektur in Bansin

Ballungsraum der Bäderarchitektur sind natürlich die drei Kaiserbäder Ahlbeck, Heringsdorf und Bansin. Mondän sind die strandnahen Straßenzüge und Promenaden gestaltet. Den krönenden Abschluss bilden natürlich die Seebrücken, wobei die bebaute Ahlbecker Seebrücke eine der schönsten der ganzen Ostseeküste ist. Eine Art „Bäderarchitekturaußenstelle" findet sich in Zinnowitz. Der größte Ort des Inselnordens muss sich bezüglich prächtiger Villen und schicker Fassadengestaltung nicht hinter den Kaiserbädern verstecken.

Bernstein und anderes „Strandgut"

Zu einem Ostseeurlaub gehört der Strandspaziergang. Mit etwas Glück und dem richtigen Blick lässt sich dabei die eine oder andere Entdeckung im Sand oder zwischen den Kieseln machen. Das beliebteste Fundstück ist ohne Zweifel der **Bernstein,** das „Gold der Ostsee". Der Bernstein stammt aus urzeitlichen subtropischen Wäldern, die vor ca. 50 Mio. Jahren hier standen; genauer gesagt entstand er aus Baumharz, das aus den Stämmen quoll, sich verfestigte und in Jahrmillionen zu einem honiggelben bis dunkelbraunen Stein gepresst wurde. Bereits seit der Bronzezeit wurde Bernstein zu Schmuck verarbeitet. Auch heute noch gibt es kaum einen Souvenirladen auf Usedom, der nicht

Bernsteinschmuck im Sortiment hat. Besonders gefragt und wertvoll sind Steine mit Einschlüssen, sog. Inklusen: kleine Luftbläschen, subtropische Pflanzenstücke oder urzeitliche Insekten, die vom noch zähflüssigen Harz umschlossen worden waren und so über Millionen Jahre konserviert wurden. Wer sich ernsthaft auf die Suche nach Bernstein machen will, geht am besten nach schwerer See an den Strand.

Aber Achtung: Manche Bernsteinsammler wurden in den letzten Jahren Opfer schmerzhafter Verwechslungen. An einigen Strandabschnitten Usedoms wurden nämlich Phosphorstücke angespült, die Bernstein ähneln, aber bei Berührung Verbrennungen hervorrufen können. Bei dem Phosphor handelt es sich um Reste von chemischen Waffen aus dem Zweiten Weltkrieg, die gegen Ende des Krieges in der Ostsee versenkt wurden.

Weitere beliebte Fundstücke auf Usedom können die **Donnerkeile** sein. Das sind Fossilien von Belemniten, urzeitlichen Kopffüßern. Der Name der länglichen, kegelförmigen Fossilien geht auf Thor, den germanischen Donnergott, zurück. Wo die von ihm geschleuderten Blitze einschlugen, blieben die Donnerkeile zurück, so der alte Volksglaube. Traditionelle Glücksbringer sind die **Hühnergötter,** Feuersteine mit oft kreisrunden Löchern. Die Löcher sind die Überbleibsel von Einschlüssen, die sich im Laufe der Jahrhunderte auflösten, während der Feuerstein überdauerte. Früher wurden die Steine mit einer Schnur zusammengebunden und an Hühnerställe gehängt, damit das Federvieh gesund blieb.

Fossiliensammler sollten sich übrigens keinesfalls der Versuchung hingeben, auf jüngst abgegangenen Küstenabbrüchen herumzuklettern. Auch wenn sie reiche Beute versprechen, auf einen Kreide- oder Lehmrutsch kann ohne Vorwarnung ein zweiter folgen, und dann besteht Lebensgefahr.

Behindertengerecht („barrierefrei“)

Die meisten Orte auf Usedom sind auf Rollstuhlfahrer eingestellt und bieten barrierefreie Zugänge, z. B. zu den Seebrücken, zu den meisten Museen und teilweise auch zu den Stränden, wobei hier das Problem dann eher der weiche Sand ist. Behindertenparkplätze sind ausreichend und zentral zu finden, Kurkliniken und Rehazentren (wie z. B. in Heringsdorf) sind ohnehin barrierefrei. Auch die Anreise mit Auto oder Bahn stellt bei entsprechender Vorbereitung kein Problem dar, darüber hinaus gibt es speziell ausgestattete Taxis auf Usedom. Rollstuhlverleiher findet man in Heringsdorf und Wolgast (Infos bei den Kurverwaltungen/Touristenbüros).

Wer sich vorab im Internet informieren möchte, bekommt unter www.usedom.de (Suchbegriff „barrierefrei“) eine Liste behindertengerecht ausgestatteter Unterkünfte, darüber hinaus kann unter ✆ 038375/23410 ein Prospekt angefordert werden. Auskünfte erteilen selbstverständlich auch die Kurverwaltungen vor Ort.

Feste und Veranstaltungen

Das Angebot an Festen und Veranstaltungen auf Usedom ist groß und breit gefächert. Für praktisch jede Altersgruppe ist etwas dabei. Das Spektrum reicht vom klassischen Kurkonzert über moderne Musikevents, Beachvolleyball-Turniere, den Usedom-Marathon (September), Kabarett und Theater bis hin zu Hafen-, Ernte- oder Seebrückenfesten (Letztere meistens im Juli). Ein monatlich erscheinender **Veranstaltungskalender** informiert ausführlich über sämtliche Events in den Kaiserbädern Ahlbeck, Heringsdorf und Bansin. Außerdem kann man sich natürlich auch an die örtlichen Kurverwaltungen/Infobüros wenden.

Eine lockere Trainingseinheit für das nächste Beachvolleyball-Turnier?

Zu den kulturellen Highlights zählen vor allem die drei von der Vorpommerschen Landesbühne bespielten Aufführungsorte: das Theaterzelt *Chapeau Rouge* in Heringsdorf sowie die *Blechbüchse* (auch bekannt als *Gelbes Theater*) und die *Ostseebühne*, beide in Zinnowitz. Auf Letzterer, einer Freilichtbühne, finden alljährlich von Ende Juni bis Ende August (bzw. Anfang Juli bis Anfang September) die **Vineta-Festspiele** statt, ein aufwendig inszeniertes Spektakel rund um die sagenhafte versunkene Stadt (zu Vineta siehe auch S. 18). Ebenfalls Open-Air-Theater findet immer Anfang September am Anklamer Peeneufer statt; unter dem Titel **„Die Peene brennt“** gibt die Vorpommersche Landesbühne Anklam hier großes Theater, Thema auch hier Vineta (weitere Infos: www.diepeenebrennt.de).

Ein Spektakel der anderen Art ist die Modenschau **„Heringsdorf goes Fashion“,** die das Ostseebad zweimal im Jahr (im April und Oktober) in einen Laufsteg verwandelt. Eine zusätzliche Summernight-Show findet alljährlich Anfang Juli statt (Termine unter www.heringsdorf-goes-fashion.de).

Auch musikalisch wird auf Usedom einiges geboten, allen voran das **Usedomer Musikfestival,** das – mit namhafter Sponsoren-Unterstützung – zu einem der bedeutendsten Festivals Norddeutschlands avanciert ist. Seit 1994 bietet es jungen Künstlern eines Gastlandes aus dem Ostseeraum (2006 Schweden) eine Plattform in den verschiedensten Musikrichtungen – vom Klavierabend über Orgelkonzert und Liederabend bis hin zum Jazzkonzert, umrahmt wird das Ganze von Vorträgen, Workshops etc., und selbstverständlich werden am Ende auch ein paar Preise vergeben. Veranstaltungsorte sind diverse Kirchen und Hotels auf der Insel (in Swinemünde das Kulturhaus), größere Veranstaltungen finden im Kursaal des Maritim-Hotels in Heringsdorf statt. Immer im Zeitraum zwischen ca. 20. September und ca. 10. Oktober.

Zu guter Letzt möchten wir an dieser Stelle noch auf die **Usedomer Heringswochen** hinweisen, das oftmals recht deftige kulinarische Highlight, bei dem in zahlreichen Restaurants der Insel besondere Heringsspezialitäten angeboten werden. Immer in der letzten Aprilwoche und der ersten Maiwoche.

Gewichtig: die Findlingssammlung im Usedomer Gesteinsgarten bei Pudagla

Findlinge

Ein paar „Wanderer des Nordens", die ursprünglich aus Skandinavien stammen, haben sich auch nach Usedom verirrt. Die teils imposanten Granitfelsen sind mit den gewaltigen Inlandgletschern der Eiszeit auf die Insel transportiert worden. Manchen dieser erratischen Blöcke wurden vom Volksmund Namen gegeben, und es entstanden Geschichten und Legenden rund um die jeweiligen Steine, wie beispielsweise um den *Teufelsstein* bei Pudagla (siehe Seite 94). Nördlich von Pudagla befindet sich beim Forsthaus der *Usedomer Gesteinsgarten*, in dem etwa 140 Findlinge zusammengetragen wurden (siehe Seite 114).

Hunde

Die Insel Usedom ist ein ideales Urlaubsziel für Hundebesitzer. An den gut besuchten Stränden in der Nähe der Ostseebäder sind Extra-Abschnitte für Hunde und ihre Halter eingerichtet worden, an den abgelegenen Stränden stört sich niemand an den Vierbeinern. In vielen gastronomischen Betrieben – von der einfachen Bierkneipe bis zum Gourmet-Tempel – bekommt der Hund eine Schale Wasser. Auch in vielen Hotels, Pensionen, Appartements etc. sind Hunde in den Zimmern erlaubt, in der Regel für einen Aufpreis zwischen 4 und 10 € am Tag – sicherheitshalber sollte man sich aber vorher erkundigen, ob Hunde in der ausgewählten Unterkunft geduldet werden. Auf Campingplätzen gilt natürlich Leinenzwang.

Information

In den Seebädern entlang der Außenküste gibt es flächendeckend Touristeninformationen, im Hinterland ist der Informationsservice zuweilen spärlich organisiert. Die Informationsbüros der Seebäder sind zumeist identisch mit der Kurverwaltung, bieten umfangreiches Infomaterial, vermitteln Zimmer und haben manchmal auch Zusatzangebote wie Fahrradverleih, Internetzugang, Bibliothek etc. Vorbildlich ausgestattet und geführt sind die Informationsbüros der Städte Wolgast und Anklam. Nicht minder gut organisiert ist die Informations-Schaltzentrale der Insel Usedom mit Sitz in Ückeritz. Die Anlaufstellen für Reisende vor Ort sind im Reiseteil jeweils unter der Rubrik „Information" vermerkt.

Usedom Tourismus GmbH, Bäderstraße 5, 17459 Ückeritz, ☏ 038375/23410, 📠 038375/23429, www.usedom.de.

Internet

Fast alle Orte auf der Insel unterhalten auch eine eigene Webseite, darüber hinaus gibt es übergeordnet auch einige weitere empfehlenswerte Seiten, die bestens auf einen Usedom-Aufenthalt einstimmen, u. a. sind dies:

www.usedom.de: Die offizielle Seite der Usedom Tourismus GmbH, viel Aktuelles (Ausstellungen, Veranstaltungen etc.), Unterkünfte aller Art können hier online gebucht werden. Gute Einstimmung auf die Insel.

www.drei-kaiserbaeder.de: Detaillierte und ausführliche Infos zu Ahlbeck, Heringsdorf und Bansin, auch hier ist Onlinebuchung möglich. Viele Wellness-Angebote und Kuren.

www.baederarchitektur.de: Webseite zu Geschichte und Kultur der drei Kaiserbäder Ahlbeck, Heringsdorf und Bansin.

www.urlaub-polen.de: Informationen u. a. zu Swinemünde und zur Insel Wollin.

www.wolinpn.pl: Infos zum Wolliner Nationalpark, auch auf Deutsch, sehr ausführliche Hinweise zu Flora und Fauna des Parks.

Kuren und Heilbäder

Siehe Wellness, S. 52.

Kurtaxe

Dass der Obolus in verschiedenen Urlaubsorten unterschiedlich ausfällt, hat damit zu tun, dass die Erhebung der Kurtaxe Sache der Städte und Gemeinden ist. Die Berechnung richtet sich nach der Zahl der Aufenthaltstage. Oftmals schließt die Kurkarte einige Angebote mit ein: ermäßigter Eintritt in Museen, freie Fahrt mit den kleinen Stadtbähnchen etc. Normalerweise erhält zunächst der Vermieter den Betrag, der ihn dann an die Gemeinde weitergibt. Insgesamt bewegt sich der Umgang mit der Kurabgabe in einem vernünftigen Rahmen, Sie müssen also nicht überall mit flanierenden Kontrolleuren rechnen. Tageskurkarten aber sind durchaus üblich, und am Zugang zum Strand findet man zuweilen einen Automaten, an dem man sich ein „Ticket" ziehen kann ...

Sport

Angeln: Wo die Fischerei eine lange Tradition hat und es Räucherfisch an jeder Ecke gibt, ist auch der Hobby-Angler gut aufgehoben. Ob in einem der Binnenseen, auf dem Achterwasser oder im Greifswalder Bodden – diverse Angelmöglichkeiten, organisierte Fahrten und Bootsverleihe stehen an Usedoms Küste zur Verfügung.

Surfen auf frischen Ostseewellen

Natürlich ist ein Angelschein Voraussetzung, um sich auf die Jagd nach dem Abendessen zu machen. Den Berechtigungsschein kann man in fast allen (küstennahen) Touristenbüros, Kurverwaltungen oder in den diversen Anglershops erwerben (dort auch Infos zu den organisierten Fahrten, z. B. zum Hochseeangeln). Das größte Angebot an Ausstattern und Anbietern befindet sich in Wolgast.

Golf: Eine landschaftlich schön gelegene Anlage ist der *Golfpark Balmer See* am Achterwasser im Süden Usedoms. Zur Verfügung stehen ein 9- und ein 18-Loch-Platz sowie ein 6-Loch-Kurzplatz, eine Driving-Range und ein Hotel mit Restaurant.

Wer die besondere sportliche Herausforderung auch im Urlaub sucht, sollte Anfang September auf die Insel kommen: Dann findet nämlich immer der **Internationale Usedom Marathon** statt. Auch zum bloßen Zuschauen geeignet.

Radfahren: Sehr beliebt auf Usedom. Viele gut ausgebaute Radwege erstrecken sich abseits der Straßen (dringend zu meiden ist allerdings die Bundesstraße). Näheres dazu im Kapitel *Unterwegs auf Usedom/Fahrrad*, S. 34.

Reiten: Auf Usedom gibt es eine Handvoll Reitställe. Im Angebot natürlich Unterrichtsstunden, auch Dressur und Springen, Gelände- und andere geführte Ritte etc. Manche Reiterhöfe verfügen auch über Hallen, viele bieten Pensionsboxen für das eigene Pferd an. Infos gibt es u. a. unter www.reiten-in-mv.de.

Schwimmen: Natürlich in der Ostsee. Wem die zu kalt ist, kann es im Achterwasser versuchen, das stets ein, zwei Grad wärmer ist als das offene Meer. Aber auch außerhalb des Sommers muss man auf die 4 mal 50 Meter Lagen nicht verzichten. Viele der größeren Hotels verfügen über Schwimmbecken. Außerdem finden sich in Ahlbeck die *Ostseetherme Usedom* und in Zinnowitz die *Bernsteintherme*, deren große Badelandschaften „Hallenbäder“ zu nennen eine grobe Untertreibung wäre.

Segeln: Die Gewässer zwischen Usedom und Festland sind ein attraktives Seglerrevier. Auch das Angebot rund um das Segeln kann sich sehen lassen: Segelschulen bieten Kurse für Anfänger und Fortgeschrittene, es gibt mehrere Anlaufstellen für Yachtcharter, Angebote für Segeltörns, diverse Fachgeschäfte und in vielen Häfen Servicegebäude und -anlagen.

Gut ausgestattete und ausgebaute Sportboothäfen verteilen sich rund um das Achterwasser und entlang des Peenestroms. Der größte Hafen ist Wolgast, der größte Sportboothafen ist die vor wenigen Jahren ausgebaute Marina von Kröslin nördlich von Wolgast auf dem Festland. Idyllische Anlegestellen befinden sich bei Krummin, entlang der Schmalseite Usedoms, aber auch am Stettiner Haff im Süden.

Die Tourismuszentrale Usedoms gibt eine Broschüre zum Thema heraus, anfordern kann man sie unter www.usedom.de oder www.maritim.usedom.de. Segelinfos auch unter www.segeln-in-vorpommern.de und www.mv-maritim.de.

Surfen: Ein paar kombinierte Surf- und Segelschulen bieten Kurse für Anfänger und Fortgeschrittene sowie entsprechenden Materialverleih. Das gängige Programm umfasst mehrtägige Surflehrgänge, Segelausbildung sowie Kurse auf Katamaranen; Scheinerwerb ist zumeist möglich. Gesurft wird natürlich auch in der Ostsee, für Anfänger bietet sich das ruhige, flache Achterwasser an. Wem das alles zu lasch ist, der kann es mit *Kite-Surfen* versuchen (sowohl Unterricht als auch Materialverleih werden angeboten).

Wandern: Die Landschaft Usedoms lässt sich nicht schöner erleben als bei einer Wandertour. Ob im Hinterland, am Achterwasser oder parallel zum langen Außenstrand, manche der idyllischsten Plätze sind ausschließlich zu Fuß zu erreichen. Die Pfade und Wege sind meist gut in Schuss, allerdings nicht immer ausreichend ausgeschildert. Geführte Wanderungen werden von den Touristen-Informationsbüros der größeren Ostseebäder angeboten.

Warnung

Nach starken Regenfällen oder bei Tauwetter sind die Strände unter Steilufern unbedingt zu meiden! Erdrutsche und Küstenabbrüche auf Grund sogenannter Frostsprengungen können lebensgefährlich sein.

Auch Fossiliensammler seien eindringlich gewarnt. Ein Küstenabbruch mag zahlreiche Fundstücke freilegen, dass aber auf den ersten ein zweiter Abbruch erfolgt, ist nicht ungewöhnlich.

Warnhinweise und Absperrungen vor Ort sind ernst zu nehmen!

Strandkorb

Nicht wegzudenken von den Sandstränden der Ostsee sind die Strandkörbe. An nahezu jedem Strand nahe der Ostseebäder werden die gemütlichen und schattenspendenden Körbe verliehen. In Heringsdorf findet sich sogar ein traditionsreicher Hersteller, bei dem man sich auch den eigenen Korb bestellen kann (Korb GmbH, Waldbühnenweg 3, 174243 Heringsdorf, ✆ 038378/465050, www.korbgmbh.de).

Wellness und Kuren

Das Wohlfühlangebot auf der Insel ist mannigfaltig: ob orientalische Dampfbäder, fernöstliche Massagetechniken und Meditationsübungen oder die gute alte Kneippkur; dazu gibt es diverse Packungen – Fango, Algen, Kreide.

Viele der großen Hotels der Insel bieten ein umfangreiches Wellness-Programm unter ihrem Dach an. Pool und Saunalandschaft werden ergänzt durch verschiedenste exotische Anwendungen, Badezusätze und Massagen. Die Angebote stehen selbstverständlich auch Non-Residents zur Verfügung. Daneben bieten zwei Wellness-Zentren ihre Dienste an, die *Ostseetherme Usedom* in Ahlbeck und die *Bernsteintherme* in Zinnowitz (Näheres im Reiseteil).

Darüber hinaus gibt es auf Usedom diverse Kureinrichtungen mit entsprechender medizinischer Versorgung, vor allem natürlich in den großen Ostseebädern. Eine Broschüre zum Thema „Wellness" wird von der Tourismuszentrale herausgegeben (Infos auch unter www.wellness-usedom.de). Seit 2005 werden im Winter die *Usedomer Wellness-Tage* veranstaltet, bei denen mit dem einen oder anderen attraktiven Arrangement geworben wird. Generell aber sind die Wellness-Einrichtungen in der Nebensaison selten ausgelastet, sodass sich diverse interessante Angebote auftun.

Windmühlen

Zwei sehenswerte alte Windmühlen sind im Süden Usedoms erhalten geblieben. Südlich von Pudagla wurde Ende der 1990er eine Bockwindmühle aus dem 18. Jh. wiederhergestellt. Wenige Kilometer weiter steht ein alter Holländer auf einem Hügel bei Benz, den der Maler Otto Niemeyer-Holstein erwarb und damit vor dem Verfall bewahrte. Beide Mühlen können besichtigt werden (siehe S. 94 bzw. S. 89).

Zoll

Seit dem EU-Beitritt Polens sind die Zollbestimmungen etwas lockerer, Reisebedarf für den privaten Gebrauch darf zollfrei nach Polen eingeführt werden, für Jagd- und Sportwaffen muss hierfür allerdings eine Genehmigung eingeholt werden.

Wer Lebens- und/oder Genussmittel für den privaten Gebrauch aus Polen ausführen will, darf dabei folgende EU-Richtmengen nicht überschreiten: 200 Zigaretten (Sonderregelung Polen), 400 Zigarillos, 1 kg Tabak, 10 l Spirituosen, 20 l Zwischenerzeugnisse, 90 l Wein (davon max. 60 l Schaumwein), 110 l Bier. Für Duty-free-Shops gelten geringere Mengen – generell muss man bei Stichproben (und die sind an der Ahlbecker Grenze zum sogenannten „Polenmarkt" nicht unüblich) glaubhaft machen können, dass die erworbenen Waren ausschließlich für den eigenen privaten Gebrauch gedacht sind.

Die Ausfuhr von Kunstgegenständen, Büchern, Bildern etc. aus der Zeit von vor 1945 bedarf einer besonderen Genehmigung!

Heringsdorf – die moderne Seebrücke

Die drei Kaiserbäder

Usedoms Aushängeschild – wer an Deutschlands zweitgrößte Insel denkt, hat sofort die elegante Seebrücke von Ahlbeck, noble Bädervillen und den endlosen, schneeweißen Sandstrand vor Augen.

Über 12 km erstreckt sich der flach abfallende Strand entlang der drei Kaiserbäder Ahlbeck, Heringsdorf und Bansin, die durch eine 8 km lange Flanierpromenade miteinander verbunden sind. Ohnehin sind die ehemaligen Fischerdörfer – einst kaum mehr als ein paar Katen – mittlerweile fast zu einem einzigen Ort zusammengewachsen, was sich in der bisweilen gebrauchten Bezeichnung *Dreikaiserbäder* auch sprachlich niederschlägt. Wer die Promenade entlanggeht, stößt in allen drei Seebädern auf prestigereiche Villen, die dem mondänsten der drei Orte, Heringsdorf, schon früh den Beinamen „Nizza des Ostens“ eingebracht haben. Das Markenzeichen „Kaiserbäder“, mit dem sich Ahlbeck, Heringsdorf und Bansin ebenso stolz schmücken wie werbewirksam vermarkten, hat sich dagegen erst in wilhelminischer Zeit entwickelt, als der Bädertourismus seinem ersten Höhepunkt zusteuerte. Als letzter Beiname sei noch „Badewanne Berlins“ erwähnt, eine Bezeichnung, die im letzten Viertel des 19. Jh. entstand, als der Ausbau des Bahnnetzes dafür sorgte, dass Badegäste aus der Hauptstadt nur noch gut drei Stunden brauchten, um die hiesigen Badefreuden genießen zu können, und entsprechend zahlreich anreisten.

Das älteste der drei Kaiserbäder ist das ehemalige Fischerdorf Ahlbeck, gefolgt von Bansin und dem erst Anfang des 19. Jh. gegründeten Heringsdorf. Was die touristische Entwicklung betrifft, liegt Heringsdorf allerdings vorn. Hier badeten die ersten Gäste bereits in den 20er Jahren des 19. Jh., der Bädertourismus in Ahlbeck startete erst in den 50er Jahren, Bansin folgte um die Jahrhundertwende. Letzteres steht noch heute ein wenig im Schatten der beiden anderen Kaiserbäder, Spitzenreiter ist Heringsdorf, das alljährlich fast doppelt so viele Gäste wie Ahlbeck und Bansin zusammen zählt.

Eine gemütliche **Wander- bzw. Fahrradtour** bietet sich entlang der Strandpromenade an. Eine Wanderbeschreibung erübrigt sich, man beginnt an einem beliebigen Punkt und spaziert oder fährt in die eine oder andere Richtung. Von Ahlbeck über Heringsdorf nach Bansin (oder andersherum) sind es insgesamt 8 km zwischen dem herrlichen Sandstrand auf der einen und den prächtigen Fassaden der Bädervillen auf der anderen Seite.

Ahlbeck

ca. 3500 Einwohner

Eines der bekanntesten deutschen Ostseebäder. Ähnlich exklusiv wie das benachbarte Heringsdorf, trumpft Ahlbeck zusätzlich noch mit der schönsten Seebrücke der gesamten Ostseeküste auf.

Das sorgfältig restaurierte Bauwerk und Wahrzeichen des Ortes ist wohl das meistfotografierte Motiv der ganzen Insel. Um den Seebrückenplatz spielt sich das Leben von Ahlbeck ab, hier und an der endlosen Strandpromenade Richtung Heringsdorf reihen sich die Hotels und Restaurants fast nahtlos aneinander. In zweiter Reihe wird es etwas ruhiger im 3500-Einwohner-Seebad. Zwar sind auch hier am Hügel noch immer viele ansehnliche Villen im Bäderstil zu finden, aber von den touristischen Hauptrouten werden sie kaum berührt. Ein netter Spaziergang führt von der Strandpromenade z. B. über die Bismarckstraße hinauf zur villengeschmückten Kaiserstraße, an deren Ende sich die Ahlbecker Backsteinkirche im neugotischen Stil aus dem Jahr 1895 befindet. Wichtigste Einkaufsstraße in zweiter Reihe ist die Seestraße. Hier und in den umliegenden kleinen Sträßchen findet man noch am ehesten ein Stück „normales" Ahlbeck ohne aufwendig und kostspielig renovierte Bädervillen, die fast ausnahmslos als Nobelappartements für betuchte Badegäste hergerichtet wurden.

Geschichte: Benannt wurde der Ort nach einem Bach, der vom Gothensee kam und hier in die Ostsee mündete. Jener Bach wurde bereits Mitte des 13. Jh. erwähnt, zu Beginn des Dreißigjährigen Krieges tauchte er auf einer Pommernkarte unter dem Namen „Ahlbach" auf: Ein Bach voller Aale, die man hier in durchlöcherten Fangkisten am breiten Mündungslauf einsammelte. Aus Ahlbach wurde bald darauf niederdeutsch „Ahlbeck". Ab dem Dreißigjährigen Krieg gehörte Ahlbeck zum unweit gelegenen Gut Mellenthin, später dann zum brandenburgisch-preußischen Staat. Um 1700 dokumentierte man eine erste Mühle an besagtem Bach, an dem bald darauf eine bescheidene Siedlung entstand. Man nannte sich „Ahlbeck adlig", nicht zuletzt, um sich von einer um 1750 entstandenen neuen Siedlung abzugrenzen, die sich schließlich „Ahlbeck

Der Uhrturm vor der Seebrücke von Ahlbeck

Seebrücke Ahlbeck
ROSTOCKER
ROSTOCKER

Enten füttern am Strand von Ahlbeck

königlich" nannte. Trennlinie zwischen den beiden Siedlungen war wiederum der Bach, der die Grenze zwischen den Ländereien des Gutsbezirkes Gothen und denen des Königreiches Preußen markierte. Vom Ahlbecker Bach ist heute übrigens nichts mehr zu sehen: Er wurde umgeleitet und verläuft heute unterirdisch bis zu seiner Mündung in die Ostsee.

Beide Orte wuchsen bald zu einem einzigen zusammen, und im Jahr 1771 kaufte Preußenkönig *Friedrich II.* das Mühlengebiet (also „Ahlbeck adlig") für 3700 Taler auf, die Mühle verlor ihre Bedeutung und wurde zum Wirtshaus umfunktioniert (von ihr ist heute nichts mehr erhalten). Ab Anfang des 19. Jh. zog es mehr und mehr Fischer nach Ahlbeck, die hier die Möglichkeit fanden, ein kleines Stück Land am Meer zu erwerben. Die Einwohnerzahl wuchs so auf 400 an, 1823 baute man die erste Schule. Schon knapp 30 Jahre später vollzog sich der Wandel Ahlbecks vom Fischerdorf zum Badeort. In den Sommern 1852 und 1853 trafen die ersten Badegäste ein, zunächst wegen der guten und gesunden Luft, bald aber auch, um sich – in voller Bademontur, versteht sich – in die Fluten zu stürzen. Der Aufstieg Ahlbecks verlief rasant, bald hatte sich der Ort in Berlin und Stettin als Sommerfrische herumgesprochen, und das Geschäft mit den Gästen aus der Stadt wurde zum wichtigsten Erwerbszweig neben der Fischerei. Berühmtester Badegast dieser Zeit war Theodor Fontane (1819–1898), damals Redakteur bei einer Berliner Zeitung. Im Sommer 1863 spielte er sogar mit dem Gedanken, sich hier ein Ferienhäuschen zu kaufen, woraus aber letztlich nichts wurde.

1875 entstand das erste Hotel des Ortes, dazu kamen zahlreiche Privatpensionen in den Fischerhäusern. Im Lauf der nächsten Jahre wurde die touristische Infrastruktur kontinuierlich ausgebaut, 1894 feierte man die Eröffnung des Bahnhofs, 1895 die Einweihung der Kirche, 1898 war die Seebrücke fertig, 1904 das Krankenhaus – Ahlbeck wurde zum beliebten Badeort der Mittelschicht und zählte 1907 bereits über 16.000 Gäste.

Nach dem Ersten Weltkrieg dümpelte der Ort zunächst in allgemeiner Depression dahin. Erst mit den Goldenen Zwanzigern ging es aufwärts, und Anfang der 1930er Jahre war Ahlbeck wieder das beliebte Seebad, das es vor dem Ers-

Ferdinand Egelinski – Ahlbecks potentester Bürger

Nicht weniger als 33 Kinder hat der Ahlbecker Schneidermeister Ferdinand Egelinski gezeugt, ein Umstand, der ihm im Jahr 1913 sogar eine Privataudienz bei Kaiser Wilhelm II. in Berlin verschaffte. Für seine regen Vermehrungsaktivitäten wurde der Schneider mit einer großzügigen Prämie bedacht, die beteiligten Frauen – es müssen mindestens zwei gewesen sein – gingen dagegen leer aus. In Ahlbeck erinnert heute die Ferdinand-Egelinski-Straße an den potenten Schneidermeister. Der Kaiser selbst hatte übrigens bereits 1912 sein Herz für Kinder entdeckt, als er in Ahlbeck das *Kaiser-Wilhelm-Kinderheim* stiftete.

ten Weltkrieg schon gewesen war. Im Zweiten Weltkrieg wurde der Sommerbetrieb ab 1942 eingestellt.

Die Ahlbecker Nachkriegsgeschichte war zunächst durch den Wiederaufbau des Badeortes geprägt, der aber 1953 mit der „Aktion Rose", der Enteignung vermeintlicher Wirtschaftskrimineller, unterbunden wurde. Es entstanden staatliche Ferienheime, in denen wahre Massen von Werktätigen komplett durchorganisierte Zwei-Wochen-Aufenthalte verbrachten; die SED-Mitglieder residierten in der Ferienanlage der heutigen *Waldoase* am östlichen Ortsrand.

Seit Anfang der 1990er Jahre setzte in Ahlbeck eine beispiellose Bautätigkeit ein, bei der auch die 1940/41 zerstörte Seebrücke wiederhergestellt wurde. Mit der Fertigstellung der Ostseetherme und der Erneuerung der langen Strandpromenade schaffte man 1996 neue Attraktivität, wenngleich Ahlbeck immer mehr unter der Last des Tages- und Durchgangstourismus nach Polen zu leiden hatte. Seit 1997 bringt die Usedomer Bäderbahn (UBB) die Gäste direkt zur polnischen Grenze, wo es einen Übergang nur für Fußgänger gibt.

Reisepraktisches

• *Information* **Tourist-Information** der Kurverwaltung Ahlbeck, gegenüber der Seebrücke. Zahlreiche Prospekte und Flyer liegen aus, manches wird auch nur auf Anfrage herausgegeben, guter Stadtplan, Unterkunftsverzeichnis. Im Sommer Mo–Fr 9–18 Uhr, Sa/So 10–15 Uhr, im Winter Mo–Fr 9–17 Uhr, Sa/So 10–13 Uhr. Dünenstraße 45, ☏ 038378/24497, 📠 038378/24418, www.drei-kaiserbaeder.de, ahlbeck@drei-kaiserbaeder.de.

• *Kurabgabe* Mai–September Erw. (ab 16 J.) 2,30 €, erm. (Schüler, Studenten, Azubis, Arbeitslose) 1,10 €, Rentner 1,80 €; Oktober–April Erw. 1,20 €, erm. 0,50 €, Rentner 0,90 €.

• *Verbindungen/Ausflugsfahrten* Mit der **U**sedomer **B**äder**b**ahn **(UBB)** im Sommer (Mitte Mai bis Anfang Oktober) von 5 bis 22 Uhr mindestens stündlich, von 9.30 bis 18 Uhr halbstündlich von Ahlbeck-Bahnhof über Heringsdorf, Bansin, Kölpinsee, Koserow, Zinnowitz (hier Umsteigemöglichkeit nach Peenemünde, etwa stündlich) und Trassenheide nach Wolgast und retour, Fahrtdauer nach Wolgast knapp 1,5 Std. Alle 2 Stunden fährt der Zug weiter via Greifswald nach Stralsund (Gesamtdauer ca. 2,5 Std.). Im Winter eingeschränkte Verbindungen.

Bus: Mit der *Linie U 16* von Ahlbeck (Bahnhof) 6-mal tägl. nach Garz und Kamminke, in Gegenrichtung 6-mal nach Bansin. Die *Linie U 8* fährt 2-mal tägl. über Bansin, Sellin und Sallenthin nach Benz (retour 3-mal), 1-mal tägl. ab Benz weiter nach Usedom/Stadt. Außerdem mit dem *Ostseebus* von 8.30 bis 22.30 Uhr alle 30 Minuten von Ahlbeck-Grenze (und Ahlbeck-Bahnhof) nach Heringsdorf und Bansin, in der Gegenrichtung von Ahlbeck-Grenze nach Swinemünde.

Schiff: Mit den Personenfähren der Adler-Reederei zwischen Ostern und Ende Oktober auf folgenden Strecken: tägl. morgens über Heringsdorf, Bansin und Koserow nach Zinnowitz (einfach 8 €, Kinder bis 11 J. 4 €, unter 3 J. frei, Fahrrad 5 €); 4-mal täglich nach Swinemünde (einfach 5 €, hin und zurück 10 €); 3-mal wöchentlich Wollinrundfahrt (23 €). Prospekte mit aktuellen Fahrtzeiten und weiteren Ausflugsfahrten bei der Ticketverkaufsstelle für die Adler-Schiffe gleich beim Uhrturm an der Seebrücke, von Ostern bis Ende Oktober ganztägig geöffnet, ✆ 038378/477920.

> Erkundigen Sie sich nach den vergünstigten **Kombi-Tickets** für Adler-Schiffe und UBB!

Kutschen: Im eleganten „Victoriawagen" wie zu Kaisers Zeiten z. B. durch die noble Heringsdorfer Delbrückstraße fahren. Die Routen können individuell zusammengestellt werden, Preis: 40 €/Std. (maximal 5 Personen). Weitere Infos und Anmeldung beim Pferdehof Will, Gothenweg 14, 17419 Ahlbeck, ✆ 038378/28450, www.pferdehof-will.de.

Touristenbahn: Mit der Bimmelbahn vom 15. Mai bis 15. Oktober etwa stündlich von Ort zu Ort zwischen Ahlbeck-Seebrücke, Heringsdorf (Hotel Maritim) und Bansin (Seestraße), 1,60 € pro Person, Kinder die Hälfte. 1- bis 2-mal wöchentlich werden mit der kleinen Bahn auch Ausflüge auf Nebenstrecken nach Usedom/Stadt und ins Achterland veranstaltet (13–15 €). Buchung erwünscht, ✆ 038378/28467.

Busausflüge: Diverse Busunternehmen bieten ganztägige Ausflugsfahrten an: z. B. eine Inselrundfahrt (ca. 15–18 €), Fahrten nach Wolgast und Greifswald (ca. 15 €), nach Stralsund (ca. 20 €), Rügen (ca. 30 €) und sogar nach Kopenhagen (ca. 42 €). In östlicher Richtung stehen Stettin und Wollin (je ca. 20 €) auf dem Programm. Zwei Adressen:

Syax Reisebüro, Lindenstraße 14, 17419 Ahlbeck, ✆ 038378/2490, 📠 038378/24940, www.reisebuero-usedom.de.

Cyrus & Dittberner, Dorfstraße 20, 17419 Korswandt, ✆ 038378/28467, 📠 038378/28417.

• *Einkaufen* Den besten **Frischfisch** und **Räucherfisch** kauft man bei Werner Reimer, so die einhellige Meinung. Seestraße, Ecke Goethestraße, gleich hinter dem Hotel Ahlbecker Hof.

Einkaufsstraße in Ahlbeck ist die Seestraße mit zahlreichen Geschäften wie Supermarkt, Drogerie, Optiker etc.

• *Fahrradverleih* Mehrere Anbieter, der größte und bekannteste ist wohl **Oberländer** am Bahnhof: mehrere Filialen auf der Insel, bei denen man das Fahrrad abgeben kann, egal, wo man es in Empfang genommen hat. Riesiges Angebot, darunter Tandems, Bollerwagen, Kindersitze und -anhänger, sogar Kinderwagen und Buggys! 3-Gang-Fahrrad ab 5 € pro Tag, 7-Gang 7 €, MTB 9 €, behindertengerechtes „E-Mobil" 12 € pro Tag. Bei längerer Mietdauer verringert sich der Preis. Im Sommer tägl. 9–18 Uhr geöffnet. Am Bahnhof, ✆ 038378/31684.

Weitere Fahrrad-Anbieter: **Fahrradhandlung Willert**, Lindenstraße 89, ✆ 038378/30092; **Fahrradverleih Ziegler**, Dünenstraße 37, ✆ 038378/30540.

• *Parken* Ein größeres Parkhaus befindet sich in Heringsdorf an der Ortsdurchfahrt B 111 (s. S. 69), Parkmöglichkeiten in Ahlbeck ebenfalls an der Hauptdurchgangsstraße. Zentraler und gebührenpflichtig kann man in Ahlbeck am Rathaus (Ahlbecker Heimatmuseum) parken. Von hier sind es nur wenige Schritte zu Strandpromenade und Seebrückenplatz.

• *Therme* **Ostseetherme Usedom**, teilweise mit Jodsole angereicherte Thermen, riesige Badelandschaft, Sprudelbad, Außenbecken, Wassergarten für Kinder, Sauna, Dampfbad, Solarium, Café, Gesundheitsstudio usw. Die Anlage befindet sich gleich am westlichen Ortseingang von Ahlbeck (direkt an der B 111) auf der linken Seite. Wenn Sie allerdings nicht zufällig gerade Geburtstag haben (dann freier Eintritt), kann es recht teuer werden: Tageskarte 18 € (Kinder 14 €), 2-Stunden-Karte 14 € (10 €), mit Kurkarte jeweils ca. 3 € günstiger. Wer zusätzlich die Sauna besuchen will, muss nochmal 2 € drauflegen. Aussichtsturm nebenan, Aufstieg 1 €. Mo–Sa 10–22 Uhr geöffnet, So 10–20 Uhr. Lindenstraße 60, ✆ 038378/2730, 📠 038378/22370, www.ostseetherme-usedom.de, ostseetherme@drei-kaiserbaeder.de.

> Veranstaltungen aller Art werden im monatlich erscheinenden **Veranstaltungskalender** aufgelistet. Liegt gratis in den Kurverwaltungen von Ahlbeck, Heringsdorf und Bansin sowie in vielen Hotels aus.

Badebetrieb in Ahlbeck

Übernachten (siehe Karte Umschlag hinten)

Die Zahl der teuren Luxusherbergen – sei es an der Strandpromenade oder in den sorgfältig restaurierten Villen oberhalb – übersteigt die der günstigeren Pensionen bei weitem. Wer in der Hochsaison (v. a. während der Schulferien) kommen will, sollte sein Domizil möglichst frühzeitig buchen.

***** **Ahlbecker Hof (32)**, zweifelsohne die Nr. 1 in Ahlbeck, gehört zur großen Usedomer Hotelgruppe Seetel. Das traditionsreiche Haus (1890) in Bestlage an der Strandpromenade gleich bei der Seebrücke strahlt seit 1996 wieder im neuen alten Glanz. Sorgfältig ausgewählte Einrichtung im nostalgischen Stil, den in der Regel nicht ganz mittellosen Gast erwarten Kaminzimmer und Bibliothek, Blauer Salon und Gourmet-Restaurant, das kaum einen kulinarischen Wunsch offen lässt – das Menü kommt ab ca. 40 € auf den festlich eingedeckten Tisch (außerdem gibt's hier noch das etwas legerere Restaurant *La Brasserie*, siehe Essen & Trinken). Ergänzt wird das Ganze durch rund 600 m² Wellnessbereich (auch Pool), hier badet man in Stutenmilch oder schwitzt im orientalischen Dampfbad. Der nostalgische Stil setzt sich in den 70 Zimmern und Suiten fort: historisches Ambiente mit Seidentapeten und Kronleuchtern, die Badezimmer dagegen hochmodern, einige Zimmer mit Balkon oder Loggia. DZ mit Frühstück 179–204 €. Ganzjährig geöffnet. Dünenstraße 47, 17419 Ahlbeck, ✆ 038378/620, 📠 038378/62100, www.seetel.de, ahlbecker-hof@seetel.de.

**** **Ostseehotel Ahlbeck (31)**, gleich bei der Seebrücke, gehört ebenfalls zu Seetel. Komfortables Haus mit Bar, Wintergarten und Restaurant, außerdem Hallenbad und Sauna, sieht von außen teurer aus, als es ist. 70 Zimmer mit Bad, TV und z. T. Balkon, in der angeschlossenen Residenz werden außerdem 21 Suiten vermietet. EZ mit Frühstück 82–90 €, DZ 80–125 €, 2-Personen-Suite 180 € (für Benutzung von Pool und Wellnessbereich zusätzlich 10 € pro Person und Tag). Ganzjährig geöffnet. Dünenstraße 41, 17419 Ahlbeck, ✆ 038378/600, 📠 038378/60100, www.seetel.de, ostseehotel@seetel.de.

**** **Hotel Ostende (30)**, nicht ganz so nobel wie Ahlbecker Hof und Ostseehotel, dennoch schönes und komfortables Haus mit netter Terrasse und hochgelobtem Restaurant (3-Gänge-Menü 21–28 €) am Ostende der Strandpromenade. Zimmer mit Bad, TV und z. T. Balkon. EZ mit Frühstück 100–120 €, DZ 125–145 €. Ganzjährig geöffnet. Dünenstraße 24, 17419 Ahlbeck, ✆ 038378/510, 📠 038378/51403, www.hotel-ostende.de, hotel-ostende@t-online.de.

**** **Strandhotel Ahlbeck (45)**, nicht sehr schöner sechsstöckiger Neubau mit dazugehöriger Jugendstilvilla gleich nebenan. Mit Pool, viele Wellnessangebote inkl. Kosmetikanwendungen im Programm. Berühmt ist das Restaurant *La Mer* im 6. Stock (siehe Essen & Trinken). Insgesamt 100 Zimmer mit moderner, hell gehaltener Einrichtung und Teppich, Bad und TV. EZ mit Frühstück 125–155 €, DZ 145–175 €. Ganzjährig geöffnet. Dünenstraße 19–21, 17419 Ahlbeck, ✆ 038378/520, 📠 038378/30101, www.qualityhotel-ahlbeck.de, strandhotel-ahlbeck@t-online.de.

**** **Villa Auguste Viktoria (34)**, ehrwürdige Jugendstilvilla in der Bismarckstraße (keine 100 m zum Strand) mit Wintergarten und nettem Innenhof, in dem sich auch das hoteleigene Café und das nicht allzu teure Restaurant befinden. Einziger Nachteil: Die Küche schließt bereits um 20.30 Uhr. Zu den Zimmern: moderner, gediegener Komfort mit hellen Möbeln, Bad, TV und z. T. Balkon, insgesamt nur 16 Zimmer, Sauna im UG. EZ mit Frühstück 75 €, DZ 100–120 €, Suite für 2 Personen 130–150 €, HP zusätzlich 18 € pro Person. Ganzjährig geöffnet. Bismarckstraße 1–2, 17419 Ahlbeck, ✆ 038378/2410, 📠 038378/24144, www.auguste-viktoria.de.

Hotel & Restaurant Kastell (44), nomen est omen: Das Kastell am Strand ist eine zinnengekrönte Villa mit Türmchen, die innen allerdings ganz dem englischen Stil verhaftet ist: dunkle Holzvertäfelung, Ledersofas, Kamin, Teppich, dazu ein edel ausgestattetes Restaurant. 15 Zimmer mit Bad und TV, außerdem 2-Raum-Appartements. EZ 80–90 €, DZ 100–110 €, App. 140–160 € (Frühstück jeweils inbegriffen). Ganzjährig geöffnet. Dünenstraße 3, 17419 Ahlbeck, ✆ 038378/47010, 📠 038378/470119, www.kastell-usedom.de, hotel@kastell-usedom.de.

Pension Carlsburg (35), eine echte Empfehlung in zweiter Reihe hinter der Strandpromenade: gepflegte, schneeweiße Villa, komfortable Zimmer mit Bad und TV, außerdem einige Appartements (mit kl. Küche) und zwei Ferienwohnungen (mit Küche) – alles durchaus bezahlbar: EZ mit Frühstück 32–40 €, DZ 64–80 €, App. 60–65 €, Fewo 66–80 €. Ganzjährig geöffnet. Stresemannstraße 2, 17419 Ahlbeck, ✆ 038378/22570, 📠 038378/499966, www.pension-carlsburg-usedom.de, Pension-Carlsburg@web.de.

*** **Hotel Eden garni (37)**, ebenfalls in zweiter Reihe. Auf mehrere Häuser verteiltes Frühstückshotel (auch Ferienwohnungen), entsprechend unterschiedliche Ausstattung und Preise. Gediegene Einrichtung, alle Zimmer mit Bad und TV. EZ im Haupthaus 75–100 €, DZ 80–130 € (Frühstück jeweils inkl.), Fewo für 2–4 Pers. in der Dependance 85–95 €. Ganzjährig geöffnet. Goethestraße 2, 17419 Ahlbeck, ✆ 038378/2380, 📠 038378/30470, www.garni-eden.de, info@garni-eden.de.

Residenz Waldoase (42), letztes Hotel vor der Grenze zu Polen, an der Fahrradpromenade, schön und versteckt im Wald gelegen, sehr grün und ruhig. U-förmig angelegtes Haupthaus, in der Mitte befindet sich ein nettes Terrassencafé (und Restaurant), etwas abseits stehen die hölzernen Bungalows. Zimmer mit Bad und TV. EZ mit Frühstück 65 €, DZ 109–119 €, Bungalow für 2 Pers. 105 €, für 4 Pers. 139–159 €. Ganzjährig geöffnet. Waldoase 1, 17419 Ahlbeck, ✆ 038378/500, 📠 038378/50299, www.usedom-touristik.de, info@residenz-waldoase.de.

Pension Kastanienhof (38), schon etwas ältere Pension und eine der günstigsten Unterkünfte in Ahlbeck, versteckt in einer Seitengasse gelegen (bei der Schulstraße). Riesige Kastanie an der Hofeinfahrt, gegenüber befindet sich ein Spielplatz. Freundliche Leitung (Herr Becker), einfache Ausstattung, Zimmer mit Bad und TV. EZ mit Frühstück 35 €, DZ 60 €. Ganzjährig geöffnet. Schulweg 1, 17419 Ahlbeck, ✆ 038378/28368, 📠 038378/30141, mail@kastanienhof-ahlbeck.de.

Haus Frohsinn (36), in dem bodenständig-freundlichen Restaurant (siehe Essen & Trinken) werden auch 7 Zimmer mit Bad und TV vermietet. EZ mit Frühstück 40 €, DZ 70 €. Ganzjährig geöffnet. Kaiserstraße 49, 17419 Ahlbeck, ✆ 038378/32473, 📠 038378/32626, www.haus-frohsinn-ahlbeck.de.

Außerhalb gelegene Unterkünfte siehe unter „Wolgastsee", S. 84.

In Alleinlage: das Café Seebrücke

Essen & Trinken (siehe Karte Umschlag hinten)

• *Restaurants* **Restaurant-Café Seebrücke (29)**, besser kann ein Restaurant nicht liegen. Von der schattigen Terrasse bietet sich ein endloser Strandblick bis nach Heringsdorf, innen gediegenes Ambiente. Entsprechend gehoben ist auch das Preisniveau: Aal in Aspik 12 €, Fischplatte 15 €, Salate 7–8 €, Fleischgerichte ab 12 €. Nachmittags Kaffee und Kuchen. Innen mit Bühne, auf der mehrmals wöchentlich Livemusik oder andere Veranstaltungen geboten werden, außerdem gibt es noch die nachgebaute „Kogge", in der täglich ab 18 Uhr Aperitife und Cocktails kredenzt werden. Auf der Terrasse viel Verkehr, hier geht es auf der Seebrücke hinaus zur Anlegestelle der Ausflugsschiffe. Tägl. ab 11 Uhr geöffnet, ✆ 038378/22296.

La Brasserie (32), hochgelobtes Bistro-Restaurant im Hotel Ahlbecker Hof (separater Eingang), etwas legerer als das Gourmet-Restaurant des Hotels. Schöne Terrasse in erhöhter Lage, im Inneren dunkles Holz und offene Küche. Fisch- und Fleischspezialitäten, viel vom Grill, aber auch pommersche Küche, Spezialitätenwochen etc. Im Sommer jeden Freitagabend Barbecue im Innenhof. Für das Gebotene nicht zu teuer, Fleischgerichte kaum über 10 €, Hauptgang und Beilagen kann man sich frei zusammenstellen. Nicht allzu große Auswahl. Ab mittags geöffnet, nachmittags als Café. Dünenstraße 47, ✆ 038378/620.

La Mer (45), Panoramarestaurant im 6. Stock des Strandhotels. Internationale Küche zu gehobenen Preisen, Hauptgerichte ab 16 €. Erst ab 14 Uhr geöffnet, à la carte nur abends. Dünenstraße 19–21, ✆ 038378/520.

Bayernstüberl Leopold's (33), für alle, die sich nach heimatlicher Küche jenseits der Mainlinie sehnen: Leberkäs, Obazter, Weißwürste und bayrischer Wurstsalat, der obligatorische Schweinebraten mit Semmelknödeln, in geringer Auswahl auch nichtbayerische Küche. Netter Biergarten, in dem Paulaner Weißbier ausgeschenkt wird. Nicht teuer. Tägl. 10–24 Uhr geöffnet. Dünenstraße 57, ✆ 038378/33344.

Haus Frohsinn (36), bodenständiges Ambiente, überdachte Terrasse, freundlicher Service und eine gute gutbürgerliche Küche – das Ganze zu überaus anständigen Preisen, allerdings etwas weitab vom Schuss. Viele Fischgerichte. Mittags und abends geöffnet. Kaiserstraße 49, ✆ 038378/32473.

Forsthaus Wildpark, schon ein Stück im Wald gelegen (ca. 1 km ab der B 111 durch Ahlbeck), ein netter Spaziergang führt her.

Auf der Speisekarte stehen selbstverständlich diverse Wildgerichte. Mittleres Preisniveau, tägl. 11–21 Uhr geöffnet, Mo Ruhetag. Anfahrt: Auf der B 111 Richtung polnische Grenze, ein Stück nach der Ostseetherme auf der linken Seite geht es rechts ab in den Gothenweg (Beschilderung Forsthaus Wildpark), dem man nun ca. 1 km folgt: zuerst durch ein Neubaugebiet, dann an Schrebergärten und Feldern entlang und schließlich über die Bahngleise zum Wald.

Außerhalb gelegene Restaurants siehe auch unter „Wolgastsee" auf S. 86.

• *Snacks* **Stranddeck Nr. 1**, Mittagssnack gleich hinter der Düne (gegenüber dem Hotel Ostende), u. a. Buletten, Fischbrötchen, Hering mit Bratkartoffeln. Einfach und günstig. Große Terrasse.

Sehenswertes

Seebrücke: Die 1997 vollständig restaurierte Seebrücke mit einer Länge von 280 m ist das Schmuckstück und der ganze Stolz Ahlbecks. Feierlich eingeweiht wurde das Wahrzeichen des Seebades am 29. Mai 1898. Die Plattform wurde später erweitert, und auch beim Steg hinaus ins Meer legten die Ortsplaner noch einmal nach. Im kalten Winter 1940/41 zerstörten gewaltige Eismassen die hölzerne Konstruktion, die erst 1994 nach historischem Vorbild wiedererrichtet wurde. Das Gebäude auf der Plattform aus den 1930er Jahren blieb allerdings erhalten und diente schon in der DDR als prestigereiches Restaurant. Bei der Restaurierung Anfang der 1990er Jahre hielt man sich ganz an die historischen Vorgaben: ein hölzerner Bau mit vier spitzen Türmchen – *das* Postkartenmotiv schlechthin auf der Insel.

Bevor man die Seebrücke betritt, fällt zunächst die schmiedeeiserne **Uhr** im Jugendstil auf: Sie wurde 1911 von einem vermögenden Badegast gestiftet und ziert seither den Seebrückenplatz.

Ahlbecker Heimatmuseum: Der Begriff Museum scheint hier etwas übertrieben – zwei Vitrinen im Vorraum des Rathauses (Erdgeschoss), in denen man einige historische Dokumente und eine bunte Ansammlung Ahlbecker Alltagsgegenstände betrachten kann, darunter Werkzeug und Kleidung. Alles in allem sollte man nicht zu viel erwarten.

⌚ Mo–Fr 8.30–12 Uhr, außerdem Di 13–18 Uhr und Do 13–15.30 Uhr, Mi geschlossen. Eintritt frei. Kurparkstraße, Eingang Rathaus auf der Rückseite.

Baden

Hier findet man ihn, den endlosen feinen Sandstrand, der sich im Grunde entlang der gesamten Ostseeküste Usedoms erstreckt und dem die Insel einen großen Teil ihrer Attraktivität verdankt. Die Wasserqualität ist hervorragend, über Ahlbecks Strand weht seit vielen Jahren die **Blaue Flagge.** Dünen schützen vor neugierigen Blicken, der Strand ist über verschiedene Aufgänge zu erreichen. Die meisten Hotels in erster Reihe haben hier auch einen eigenen Strandabschnitt mit Strandkörben, ansonsten gibt es rund um die Seebrücke auch diverse Strandkorbvermietungen (Tages- bzw. Stundenpreise hängen aus). In der Hochsaison (v. a. an Wochenenden) kann es allerdings durchaus passieren, dass die Strandkörbe schon am frühen Vormittag komplett ausgebucht sind. Ein Bootsverleih findet sich nahe der Seebrücke. Bewacht ist der Ahlbecker Strand etwa zwischen Höhe Grenzstraße und Rehaklinik, in Richtung Swinemünde folgen ein unbewachter **FKK-Abschnitt** und ein **Hunde-**

strand, in Richtung Heringsdorf schließt sich ebenfalls ein unbewachter Strandabschnitt an (bis Höhe Seebrücke Heringsdorf). Einige Cafés und Imbissbuden gleich beim Strand laden zum Mittagssnack.

Deutsch-polnisches Grenzland

Das geeinte Europa endet auf Usedom. Etwa 3 km südöstlich von Ahlbeck verläuft die deutsch-polnische Grenze, und die ist, Polens EU-Beitritt zum Trotz, geschlossen. Auch der nahe gelegene breite Strand ist geteilt und sogar bewacht. Wer sich hier der Grenze zu sehr nähert, wird von Grenzbeamten zurückgepfiffen, auf Deutsch und auf Polnisch und manchmal mit rüden Worten. Der derzeit einzige Grenzübergang befindet sich am Ende der B 111.

Geöffnet ist er aber lediglich für Fußgänger und Fahrradfahrer (EU-Bürger benötigen einen gültigen Personalausweis oder Reisepass), auch die Usedomer Bäderbahn endet hier. Wer mit dem Auto nach Swinemünde will, in die mit über 40.000 Einwohnern deutlich größte Stadt auf Usedom, der muss einen immensen Umweg in Kauf nehmen: Statt der etwa 6 km von Ahlbeck nach Swinemünde-Zentrum sind es dann über 300 km rund um das Stettiner Haff.

Der Grund für die anhaltende Trennung ist die auf deutscher Seite grassierende Sorge, zum Transitgebiet zu werden. Schwerlastverkehr, der sich über die im Sommer ohnehin beanspruchte B 111 und weiter mitten durch die Dreikaiserbäder quält, will nicht zum Image der sonnenverwöhnten Urlaubsinsel passen. Im polnischen Teil Usedoms sieht man das natürlich anders. Die Swinemünder leben in einer Art urbanen Insellage auf Usedom. Um mit dem Auto aufs Festland zu gelangen, müssen sie die Fähre benutzen. Wer in den deutschen Seebädern arbeitet, ist auf das Fahrrad angewiesen oder muss am Grenzübergang das öffentliche Verkehrsmittel wechseln. Aber auch die Touristen schrecken weitgehend vor dem autoundurchlässigen Schlagbaum zurück und besuchen Swinemünde meist nur im Zuge eines Tagesausflugs.

Geplant ist, südlich von Ahlbeck und Swinemünde auf einem alten Straßenabschnitt die Grenze auch für Busse zu öffnen, möglicherweise sogar für den touristischen Pkw-Transit. Wann das aber der Fall sein wird, ist ungewiss.

Villa Oechsler – eine von zahlreichen Prachtvillen in Heringsdorf

Heringsdorf

ca. 3600 Einwohner

Trotz des klanglosen Namens das größte und mondänste der drei Kaiserbäder. Anfang des 20. Jh. war Heringsdorf sogar eines der berühmtesten Seebäder an der gesamten Ostseeküste.

Wer von der Seeseite kommt, z. B. über die Uferpromenade von Ahlbeck aus, weiß auch gleich, warum der Ort einst zu den exklusivsten im ganzen Land zählte: Hier an der Promenade reihen sich die prachtvollen Bädervillen aneinander, alle sorgsam restauriert und von großzügigen, parkähnlichen Gärten umgeben. Noch heute kann man hier als Badegast nobel Quartier beziehen. Wer von der Landseite kommt – und das tun die meisten –, wird nicht ganz so verwöhnt mit optischen Eindrücken. Unversehens findet man sich am zentralen Platz des Friedens wieder, und der Blick wandert vom modern-funktionalen *Forum Usedom* zum Doppelhochhaus mit Kurhotel und Kurklinik, dazwischen ein Flachbau mit Bowlingcenter, Geschäften und Café – die 1980er lassen grüßen. Auch die moderne Seebrücke aus dem Jahr 1995 weckt nicht unbedingt nostalgische Gefühle, wer darin schwelgen möchte, sollte sich doch lieber in die Gegend um die noble Delbrückstraße mit ihren imposanten Villen begeben.

Heringsdorf, das sich per kaiserlicher Urkunde seit 1879 Seebad nennen darf, ist dank bestem Klima und heilsamer Jodsole-Quelle auch ein bedeutender Kurort. Entsprechend groß ist hier auch das Angebot für Kurgäste: Konzerte in der Kurmuschel, ein ordentlich gepflegter Rosengarten und im Kurgarten Parkbänke und Springbrunnen. Abends kann man sein Geld im Kasino loswerden, es gibt ein eigenes Theaterzelt (Außenstelle der Landesbühne Anklam) und natürlich die erwähnte lange Seebrücke, die wohl jeder Gast bei seinem Aufenthalt mal hinausspaziert. Die Auswahl an Hotels und Restaurants aller Kategorien ist mehr als ausreichend, der Strand erwartungsgemäß feinsandig, sodass Heringsdorf auch heute wieder der beliebteste Urlaubsort auf der Insel ist.

Who's who an der Ostsee – berühmte Gäste in Heringsdorf

Anfang des 20. Jh. gaben sich die berühmten Badegäste aus der nahe gelegenen Hauptstadt quasi die Klinke in die Hand. Nachdem sich Heringsdorf Ende des 19. Jh. vor allem als beliebte Sommerfrische der Königs- und Kaiserfamilie einen Namen gemacht hatte, kamen bald darauf Berliner Geldadel und zahlreiche Künstler. Bereits 1889 verbrachte Walzerkönig **Johann Strauss** hier entspannende Sommertage, gewohnt hat er in der Villa Ada; zwischen 1908 und 1912 verlebte der Maler **Lyonel Feininger** seinen Sommerurlaub mehrfach in Heringsdorf, er logierte in der noblen Villa Oppenheim. **Kurt Tucholsky** war in den Jahren 1920 und 1921 Heringsdorfer Sommergast und sammelte dort Eindrücke für seine Glosse *Saisonbeginn an der Ostsee.* **Heinrich Mann** war 1923 mit seiner Familie Gast im Heringsdorfer Strandhotel und berichtet später darüber in seinen essayistischen Memoiren *Ein Zeitalter wird besichtigt.*

Geschichte: Die dokumentierte Geschichte Heringsdorfes beginnt spät, nämlich erst im Jahr 1820. Damals befand sich *Friedrich Wilhelm III.* gemeinsam mit seinen Söhnen zur Gebietsinspektion seiner königlichen Besitzungen in Swinemünde und soll mehr oder minder zufällig auch in dem westlich von Ahlbeck gelegenen Fischerdorf haltgemacht haben. Damals gehörte der Ort noch zur Siedlung Neukrug und hatte noch nicht mal einen eigenen Namen. Der Legende nach soll einem der königlichen Söhne der nicht sehr originelle Name „Heringsdorf" eingefallen sein, als man am Strand gemeinsam die Verarbeitung unzähliger frisch gefangener Exemplare des besagten Fisches beobachtete. Bald darauf entstanden die ersten Ferienresidenzen rund um den Kulmberg, wo der Heringsdorf-Tourismus seinen Anfang nahm. Als der Königssohn 25 Jahre später – mittlerweile saß er als *Friedrich Wilhelm IV.* selbst auf dem Thron – wieder nach Heringsdorf kam, stellte er erfreut fest, dass aus dem alten Fischerdorf ein netter Badeort geworden war. Der König logierte in der am Kulmberg gelegenen Residenz des Oberforstmeisters *Georg Bernhard von Bülow* (richtig, der Mann ist ein Ahn Vicco von Bülows, besser bekannt als Loriot), der seinerzeit auf Usedom das Sagen hatte (heute ist die Residenz unter dem Namen „Weißes Schloss" bekannt).

1848 zählte man 400 Badegäste in Heringsdorf, und endlich gab es auch eine eigene Kirche, die nach drei Jahren Bauzeit am höchsten Punkt des Ortes entstanden war. Knapp 20 Jahre später, 1866, verbrachte die Kronprinzessin *Victoria*, Gattin des späteren Kaisers *Friedrich III.*, mit ihren Söhnen Heinrich und Wilhelm erholsame Ferientage in Heringsdorf. Sohn Wilhelm kam im Jahr 1888 als Kaiser *Wilhelm II.* wieder hierher, logierte aber offiziell in Swinemünde. Die meiste Zeit seines Aufenthaltes verbrachte der Kaiser allerdings in der Villa der Kommerzienrätin Elisabeth Staudt, die – früh verwitwet und in der Blüte ihres Lebens – doch erstaunlich große Ähnlichkeit mit des Kaisers Gattin gehabt haben soll ...

Investoren mit Weitblick – die Delbrücks

Dr. Hugo Delbrück kann man durchaus als eine Art Gründungsvater des mondänen Seeheilbades Heringsdorf bezeichnen. Bereits 1863 entdeckte der Berliner Bankier das Potenzial des Ortes, kaufte gemeinsam mit seinem Bruder Adelbert für wenig Geld Heringsdorfer Grund und Boden und fing an zu bauen. 1871 verkaufte eine Gräfin Stollberg weite Teile ihres Heringsdorfer Besitzes an Delbrück, darunter auch ein großes Waldstück, einige Häuser und die Badeanstalt am Strand. Mit der Gründung der *Aktiengesellschaft Seebad Heringsdorf* im Jahr 1872 schuf der geschickte Investor Delbrück das solide finanzielle Polster für zahlreiche Neubauten, die zur Attraktivität Heringsdorfs entscheidend beitrugen: Zwischen 1886 und 1906 entstand das mondäne Hotel *Kaiserhof Atlantic* mit über 300 Gästebetten und einem riesigen Tross an Personal, und zwischen 1891 und 1894 folgte die seinerzeit spektakuläre Seebrücke, ein hölzerner Bau mit vielen spitzen Türmchen und einem Steg von 500 m Länge – damals als Kaiser-Wilhelm-Brücke an der gesamten Ostseeküste bekannt. Der Anschluss an das Eisenbahnnetz erfolgte 1894, und schon 1895 zählte man über 10.000 Sommergäste.

Nach dem Tod Dr. Hugo Delbrücks im Jahr 1900 führten seine Söhne das Geschäft Heringsdorf zunächst fort, es entstanden der Bismarckturm am Präsidentenberg mit großer Aussichtsplattform (1905) und die *Rennbahn im Walde* (1907), mit der man eine noch finanzkräftigere Klientel anlocken konnte. Bald darauf kamen aber beide Brüder ums Leben: der ältere, Viktor, starb 1907 an einer Blutvergiftung, der jüngere, Werner, stürzte 1910 mit dem Heißluftballon ab. Endgültig vorbei war es mit der Ära Delbrück, als die Gemeinde Heringsdorf 1921 sämtliche Bade- und sonstige Einrichtungen der *Aktiengesellschaft Seebad Heringsdorf* aufkaufte.

Nach den Delbrücks erlebte Heringsdorf in den 1920ern nochmal einen Aufstieg und wurde zum international renommierten Kurbad, v. a. nachdem 1927 die Jodsole-Quelle in 400 m Tiefe angezapft worden war und der Ort den Namenszusatz „Soleheilbad“ erhalten hatte. Nach der Machtübernahme der Nazis lief der Badebetrieb zunächst noch weiter. Gegen Ende des Zweiten Weltkrieges war Heringsdorf Ziel der sogenannten Kinderlandverschickung, später dann Anlaufpunkt für viele Flüchtlinge.

Widerstandslos ging der Ort 1945 an die Rote Armee, 1946 vernichtete ein Feuer das Strandkasino (das damalige Kurhaus an der Promenade), und im gleichen Jahr wurde der Bismarckturm gesprengt. Doch damit nicht genug: 1958 und 1963 folgten zwei weitere Brände, der eine zerstörte die Seebrücke, der andere das unter den Delbrücks entstandene Familienbad am Strand – die Symbole des einst so mondänen Seebades verschwanden zusehends. Überlebt haben im Zentrum nur einige wenige Hotels, so z. B. das *Esplanade* und der *Pommersche Hof*, auch wenn beide im Rahmen der „Aktion Rose" im Jahr 1953 zwischenzeitlich Staatseigentum wurden (siehe auch Seite 28).

Zu Zeiten der DDR änderte sich das Gesicht Heringsdorfes immens, das bourgeoise Hotel *Kaiserhof Atlantic* verschwand, an seiner Stelle baute man in den 1980ern den wenig ansehnlichen Hotelhochhauskomplex namens *Solidarität* (kurz „Soli"). Schon zuvor entstand an Stelle des abgebrannten Kurhauses das neue Kulturhaus nach sowjetischen Vorstellungen, ein Veranstaltungsort mit über 700 Plätzen (heute Sitz der Spielbank). Überhaupt setzte man damals auf größere Urlauberscharen, die in Ferienunterkünften wie dem *Soli* oder aber im Ferienheim *Erich Weinert* (heute Bauruine) an der östlichen Strandpromenade untergebracht wurden. Die SED-Oberen residierten dann doch etwas exklusiver in der *Villa Oppenheim*.

Seine Majestät beliebte hier zu verweilen

Nach 1989 ging man daran, Heringsdorf im neuen Glanz erstrahlen zu lassen und in ein modernes Seebad umzuwandeln, ab Mitte der 1990er Jahre wurden die ehrgeizigen Ziele quasi im Jahrestakt umgesetzt: 1995 öffnete die neue Seebrücke mit einer Länge von 508 m (eine der längsten Europas), 1996 die Ostseetherme an der Grenze zu Ahlbeck (an der B 111), 1997 wurde feierlich das *Forum Usedom* mit Tourist-Information, Gemeindeverwaltung, Kursaal und angeschlossenem Maritim-Hotel *Kaiserhof* (in Anlehnung an den längst abgerissenen *Kaiserhof Atlantic*) eröffnet; und 1998 kam als Glanzlicht schließlich noch die *Spielbank Heringsdorf* hinzu. Heute ist Heringsdorf sicherlich wieder der mondänste und nobelste Ort der drei Kaiserbäder, aber auch ein bedeutendes Seeheilbad mit diversen Kureinrichtungen und drei Rehakliniken.

Reisepraktisches

• *Information* **Kurverwaltung**, im Rathaus im Zentrum von Heringsdorf. Freundlicher und hilfsbereiter Service, hier starten auch die kostenlosen **Stadtführungen** (Kurkarte muss vorgezeigt werden; Infos zu Daten und Uhrzeiten im Veranstaltungskalender oder in der Kurverwaltung). Juni–September Mo–Fr 9–18 Uhr, Sa/So 10–15 Uhr, im Oktober Mo–Fr 9–17 Uhr, November–Mai Mo–Fr 9–16 Uhr und Sa/So 10–12 Uhr. Kulmstraße 33, 17424 Heringsdorf, ✆ 038378/2451, 📠 038378/2454, www.drei-kaiserbaeder.de, heringsdorf@drei-kaiserbaeder.de.

Zimmervermittlung, im Bahnhof, ✆ 01805/583783, 📠 038378/477118.

• *Kurabgabe* Mai–September Erw. (ab 16 J.) 2,30 €, erm. (Schüler, Studenten, Azubis, Arbeitslose) 1,10 €, Rentner 1,80 €; Oktober–April Erw. 1,20 €, erm. 0,50 €, Rentner 0,90 €.

• *Verbindungen/Ausflugsfahrten* Mit der **UBB** in der Zeit zwischen Mitte Mai und Anfang Oktober von 5 bis 22 Uhr mind. stündlich (von 9.30 bis 18 Uhr sogar halbstündlich) von Heringsdorf über Bansin, Kölpinsee, Koserow, Zinnowitz (hier Umsteigen nach Peenemünde, etwa stündlich) und Trassenheide nach Wolgast und retour, Fahrtdauer nach Wolgast gut 1 Std. Alle 2 Stunden fährt die UBB weiter nach Greifswald und Stralsund (gesamt knapp 2,5 Std.). In Gegenrichtung zwischen Heringsdorf und Ahlbeck (Grenze) von 6.30 bis 20.30 Uhr stündlich (von 9.30 bis 18.30 Uhr halbstündlich). Im Winter eingeschränkte Verbindungen.

Bus: 2-mal tägl. mit der *Linie U 8* ab Bahnhof Heringsdorf über Bansin, Sallenthin, Benz, Neppermin und im Bogen über Balm, Dewichow, Morgenitz und Suckow nach Usedom/Stadt (nur Mo–Fr). Mit der *Linie 201* etwa alle 2 Std. über Ahlbeck, Korswandt, Zirchow und Usedom/Stadt nach Anklam (Sa/So nur 5-mal tägl.). Darüber hinaus pendelt der *Ostseebus* zwischen 8.30 Uhr und 22.30 Uhr etwa halbstündlich auf der Strecke Bansin–Heringsdorf–Ahlbeck (bis Grenze) und retour, Halt in Heringsdorf u. a. am Rathaus (Forum) und am Bahnhof.

Schiff: Von Ostern bis Ende Oktober mit Fähren der Reederei Adler ab Seebrücke Heringsdorf auf folgenden Strecken: tägl. morgens über Bansin und Koserow nach Zinnowitz (8 € einfach, Kinder bis 11 J. 4 €, unter 3 J. frei, Fahrrad 5 €); 4-mal tägl. Swinemünde (einfach 5 €, hin und zurück 10 €); 3-mal wöchentlich Wollinrundfahrt (ganztägig, 23 €); außerdem von Juli bis September immer mittwochs zur dänischen Insel Bornholm (38 €, Kinder 30 €). Weitere Fahrten und Angebote sind in den jeweiligen Prospekten der Reederei zu finden. Tickets an der Seebrücke (neben dem Muschelmuseum), Infos unter ✆ 038378/47790.

> Erkundigen Sie sich nach den vergünstigten **Kombi-Tickets** der Adler-Schiffe und der UBB!

Kutschen: Siehe unter Ahlbeck, S. 58.

Touristenbahn: Zwischen 15. Mai und 15. Oktober mit der Bimmelbahn ab Hotel Maritim nach Ahlbeck (Seebrücke) und Bansin. Ca. stündliche Abfahrten, 1,60 € pro Person, Kinder 0,80 €. 1- bis 2-mal wöchentlich, außerdem Bimmelbahnfahrten nach Usedom/Stadt und ins Achterland (13–15 €), Buchung der Ausflugsfahrten unter ✆ 038378/28467.

Busausflüge: Halb- bis ganztägige Ausflüge werden u. a. nach Peenemünde, nach Wolgast, Greifswald und nach Stralsund sowie als Inselrundfahrt angeboten. Nur in den Sommermonaten je ca. 1-mal wöchentlich. Infos und Buchungen bei:

Syax Reisebüro, Lindenstraße 14, 17419 Ahlbeck, ✆ 038378/2490, 📠 038378/24940, www.reisebuero-usedom.de.

Cyrus & Dittberner, Dorfstraße 20, 17419 Korswandt, ✆ 038378/28467, 📠 038378/28417.

• *Einkaufen* **Lutter & Wegner (14)**, Weine und Feinkost, nicht gerade günstig. Tägl. 10–24 Uhr geöffnet, Kulmstraße 3, ✆ 038378/822125.

Kunstpavillon Heringsdorf, das unverwechselbare Usedom-Souvenir finden Sie im Kunstpavillon an der Promenade, die Ausstellungen (mit Verkauf) überwiegend regionaler Künstler wechseln ca. alle 4–6 Wochen, teilweise sind die Bilder/Skulpturen sogar recht erschwinglich. Je 1-mal wöchentlich Malkurse und Filmvorführungen. Auf der Promenade am Rosengarten, geöffnet Di–So 14–18 Uhr. ✆ 038378/22877, www.usedomer-kunstverein.de.

Maison Vogue, in der noblen Villa Oechsler, einem der repräsentativsten Gebäude in Heringsdorf. Kaum nötig zu erwähnen, dass hier ausschließlich noble Markenware angeboten wird – u. a. Bogner, Escada etc. Das nötige Kleingeld bzw. die Kreditkarte sollte man dabeihaben. Tägl. 10.30–18.30 Uhr. Delbrückstraße 5, ✆ 038378/22710.

Seebrücken-Passage, an die 20 kleine Läden in der modernen Seebrücke, v. a. Bekleidungsgeschäfte, aber auch Schuhe, Accessoires, Schmuck, Souvenirs usw., außerdem Friseur und Cafés sowie ein italienisches Restaurant. Mo–Fr 10–18 Uhr, Sa 10–13 Uhr, So geschlossen.

• *Eisbahn* Von November bis Februar auf dem Gelände des Theaterzeltes Chapeau Rouge.

• *Fahrradverleih* **Fahrradverleih Oberländer**, größter Anbieter der Insel, im UG des Kurhotels (eines der beiden hässlichen Hochhäuser). Mehrere Filialen, man kann das Fahrrad in Heringsdorf anmieten und woanders abgeben. Sehr großes Angebot, u. a. Tandems, Bollerwagen, Kindersitze und -anhänger, auch Kinderwagen und Buggys. 3-Gang-Fahrrad ab 5 € pro Tag, 7-Gang 7 €, MTB 9 €, behindertengerechtes „E-Mobil" 12 € pro Tag. Bei längerer Mietdauer gibt es Rabatt. Im Sommer tägl. 9–18 Uhr geöffnet. Neuhofer Str. 38, ✆ 038378/31684.

Weitere Anbieter: **Fahrradservice Pilgrim**, Brunnenstraße 7, ✆ 038378/22324; **Fahrradverleih am Bahnhof**, ✆ 038378/22240; **Fahrradverleih Dieckelmann**, Schulstraße 5, ✆ 038378/22744.

• *Feste/Veranstaltungen* **Heringsdorf goes Fashion**, zweitägiges Modespektakel, immer um den 20. April und um den 15. Oktober veranstaltet. Modenschauen im Kursaal im Hotel Maritim, die Eintrittskarte kostet 50–85 € (inkl. Sektempfang und Party). Seit Sommer 2005 gibt es zusätzlich die Summernight-Show (Anfang Juli). Kartenbestellung unter ✆ 038378/24419, www.heringsdorf-goes-fashion.de.

Usedomer Musikfestival, im Zeitraum zwischen ca. 20. September und 10. Oktober, Konzerte finden z. T. im Kursaal statt, s. unter „Wissenswertes von A–Z", S. 47.

Theaterzelt Chapeau Rouge, siehe unter „Nachtleben", S. 74.

Veranstaltungskalender siehe Ahlbeck.

• *Parken* Direkt im Zentrum fast keine Chance, es sind aber nur wenige Minuten bis zum kaum zu übersehenden zentrumsnahen **Parkhaus** an der Hauptdurchgangsstraße, der B 111 (Bülowstraße). 2 Std. 1,50 €, 5 Std. 3 €, pro Tag 6 €. Etwas günstiger parkt man schräg gegenüber vom Parkhaus im Hof der **Pension Ariane**, hier pro Tag 5 €.

Prächtige Fassaden – Detail in der Kulmstraße

• *Stadtrundgänge* Unter dem Titel **„Amüsant-historischer Spaziergang durch die Badewanne Berlins"** wird man zurückgeführt in die Kaiserzeit. Immer freitags und sonntags um 17 Uhr ab Kugelbrunnen an der Seebrücke, von dort in gemütlichem Spaziertempo nach Ahlbeck, Dauer ca. 1,5 Std., ein Obolus ist willkommen. Weitere Infos: Hans-Ulrich Bauer, Neuhofer Straße 43, ✆ 038378/32129, www.igel-usedom.de. Im Frühling 2006 hat Bauer auch ein Buch über Badekultur und Architektur in den Kaiserbädern herausgegeben, Titel: *Badegäste in Anzug und Weste* (in den örtlichen Buchhandlungen erhältlich).

Übernachten (siehe Karte Umschlag hinten)

Auch in Heringsdorf dominieren die hochpreisigen Vier-Sterne-Hotels, ebenso wie teure und edel aufgemachte Appartements in sorgfältig renovierten Bädervillen. Die günstigen Pensionen und einfacheren Hotels sind zwar vorhanden, lassen sich aber fast an einer Hand abzählen. Für die Hochsaison (Sommerferien!) sollte man unbedingt frühzeitig reservieren.

• *Hotels* **** **Strandhotel Ostseeblick (13)**, das vielleicht schönste Hotel in Heringsdorf. Hoch über dem Strand (Treppen) und mitten im Zentrum gelegen, dabei aber sehr ruhig. Terrasse, großes Wellnessangebot mit eigener Therme und Pool, hochgelobtes Restaurant (siehe Essen & Trinken), freundlicher und zuvorkommender Service – ein Rundum-Tipp! Das unaufdringliche und stilvolle Ambiente setzt sich in den modernst ausgestatteten 62 Zimmern fort: alle mit Bad und TV, teilweise mit tollem Blick auf die Ostsee. In der dazugehörigen Villa Usedom (ca. 150 m vom Hotel entfernt) stehen außerdem mehrere Appartements für 2–4 Personen zur Verfügung. EZ mit Frühstück und Thermenbenutzung 105 €, DZ 140 € (Landseite) bzw. 170 € (Seeseite), HP im Restaurant Bernstein zusätzlich 26 € pro Person, App. 130–180 €. Ganzjährig geöffnet, in der Nebensaison werden zahlreiche Arrangements angeboten. Kulmstraße 28, 17424 Heringsdorf, ✆ 038378/540, ℻ 038378/54299, www.strandhotel-ostseeblick.de, info@strandhotel-ostseeblick.de.

****S **Upstalsboom Hotel Ostseestrand (46)**, am östlichen Ortsrand an der Strandpromenade Richtung Ahlbeck, gehört zu einer größeren Kette. Aufwendig restauriert, sehr einladend, mit Spa, Schwimmbad, Dampfbad und Biosauna, sowie Restaurant und Bibliothek. Insgesamt 99 Zimmer mit Bad und TV, teilweise auch mit Balkon. EZ mit Frühstück 100–130 €, DZ 150–210 €. Ganzjährig geöffnet. Eichenweg 4–5, 17424 Heringsdorf, ✆ 038378/630, ℻ 038378/63444, www.upstalsboom.de.

**** **Strandhotel Heringsdorf (48)**, komplett saniertes fünfstöckiges Hotel an der Strandpromenade, das sich deutlich von der unschönen Bauruine gegenüber abhebt. Schon Heinrich Mann verbrachte hier erholsame Ferientage. Innen sehr gediegen, auch hier Pool, Therme und Beauty-Farm sowie Restaurant. 71 Zimmer mit Bad und TV. EZ mit Frühstück 95 €, DZ 126 €, Komfortzimmer ca. ein Viertel teurer. Ganzjährig geöffnet. Liehrstraße 10, 17424 Heringsdorf, ✆ 038378/2320, ℻ 038378/30025, www.strandhotel-heringsdorf.de.

**** **Esplanade (24)**, altehrwürdige Villa im Zentrum, gehört zur Seetel-Kette. Sehr gediegene Einrichtung mit Stilmöbeln, ein Hauch von vergangener Seebad-Noblesse. Terrasse davor, schickes Restaurant, zu den Einrichtungen des Hauses gehören außerdem Hallenbad, Fitnessraum und Sauna. 43 Zimmer mit Bad und TV, z. T. mit Balkon. EZ mit Frühstück ab 80 €, DZ 100–150 €. Ende März bis Ende Oktober und Weihnachten/Silvester geöffnet. Seestraße 5, 17424 Heringsdorf, ✆ 038378/700, ℻ 038378/70400, www.hotel-esplanade-usedom.de, esplanade@seetel.de.

**** **Maritim Hotel Kaiserhof (12)**, zentralstes Hotel in Heringsdorf, mit Wintergarten (Dachterrasse), hochgelobtem Restaurant *Palmengarten*, Meerwasserschwimmbad, Sauna, Fitnessraum, Thalasso usw. Großer Kursaal, in einem Seitentrakt ist die Heringsdorfer Spielbank untergebracht. Nur durch einen kleinen Park zum Strand (ca. 50 m). 133 Zimmer mit Bad und TV. EZ mit Frühstück ab 115 €, DZ ab 160 €. Außerdem zahlreiche Sonderarrangements. Ganzjährig geöffnet. Strandpromenade, 17424 Heringsdorf, ✆ 038378/650, ℻ 038378/65800, www.maritim.de, info.her@maritim.de.

****S **Strandidyll (25)**, Nobelherberge mit großem Garten und Außenpool, eindeutig für gehobene Ansprüche – 143 luxuriöse Zimmer und Suiten, die sich teilweise um das Atrium gruppieren, zwei Restaurants, großer Wellnessbereich (auch Indoor-Pool). Hervorragender Service, eine der ersten Adressen am Platz, gehört zur Hotelgruppe Travel Charme. EZ mit Frühstück ab 123 €, DZ ab 162 €, HP pro Person zusätzlich 23 €. Ganzjährig geöffnet. Delbrückstraße 9–11, 17424 Heringsdorf, ✆ 038378/4760, ℻ 038378/476555, www.tc-hotels.de/strandidyll, strandidyll@tc-hotels.de.

***S **Pommerscher Hof (21)**, sehr zentral am Platz des Friedens und für die Lage noch relativ günstig: EZ mit Frühstück 85 €, DZ 120 € (mit Balkon 130 €), HP zusätzlich 18 € pro Person. Ganzjährig geöffnet. Seestraße 41, 17424 Heringsdorf, ✆ 038378/610, ℻ 038378/61100, www.pommerscherhof.de, pommerscher-hof@seetel.de.

Traditionsreich – das Hotel Esplanade

Villa Augusta (47), ein echtes Idyll, wenn auch ein recht teures. Etwas versteckt gelegen, nur 23 stilvolle Zimmer mit Bad, TV und z. T. Terrasse/Balkon, die auf die Villa selbst und zwei Nebengebäude verteilt sind. Private Atmosphäre, sehr schöner Garten und nur wenige Meter vom Strand entfernt. Café im Wintergarten, Sauna, Massage etc. EZ mit Frühstück 79 €, DZ 130–170 €. Ganzjährig geöffnet. Delbrückstraße 17, 17424 Heringsdorf, ✆ 038378/47160, ℻ 038378/471649, www.classicflairhotel.com, info@classicflairhotel.com.

Hotel Fortuna garni (17), imposante Villa im Bäderstil etwas oberhalb der Kulmstraße. Die modernen Zimmer überwiegend in Weiß und Orange, alle mit Bad und TV. EZ mit Frühstück 48 €, DZ 75–90 €, 3er-Zimmer 100 €. Ganzjährig geöffnet. Kulmstraße 8, 17424 Heringsdorf, ✆ 038378/47070, ℻ 038378/470743.

Weißes Schloss (20), geschichtsträchtige Villa, in der schon Kaiser Wilhelm I. untergebracht war, toller Blick von hier oben auf dem Kulmberg, schöne Terrasse mit schneeweißem Kies, auch edles Restaurant und Café (siehe Essen & Trinken). 18 ansprechende Zimmer mit Bad und TV. EZ mit Frühstück 64 €, DZ 98–108 €, 3er-Zimmer 132 €. Ganzjährig geöffnet. Rudolf-Breitscheid-Straße 3, 17424 Heringsdorf, ✆ 038378/31984, ℻ 038378/31985, www.usedom.com/weissesschloss.

Villa Neptun (43), nettes Hotel etwas abseits an der Strandpromenade in Richtung Bansin gelegen, nicht allzu teuer, das dazugehörige Fischrestaurant bietet Bodenständiges und auch einiges darüber hinaus. 19 moderne Zimmer mit gutem Standard, alle mit Bad und TV, z. T. mit Balkon. EZ mit Frühstück 54 €, DZ 84–98 €. Ganzjährig geöffnet. Maxim-Gorki-Straße 53, 17424 Heringsdorf, ✆ 038378/2600, ℻ 038378/26060, www.villaneptun.de, hotel@villaneptun.de.

*****S Hotel Wald und See (23)**, nicht gerade schönes Gebäude am höchsten Punkt von Heringsdorf (gegenüber der Kirche), Neubau in Blau und daher kaum zu übersehen. Vorteil: ruhige Lage, weiter Blick, keine Parkplatzsorgen, innen komfortabel und nicht zu teuer. Alle 43 Zimmer mit Bad und TV, z. T. auch Balkon. EZ mit Frühstück 60 €, DZ 90–110 €. Rudolf-Breitscheid-Straße 8, 17424 Heringsdorf, ✆ 038378/47770, ℻ 038378/477777, www.hotel-waldundsee.de, info@hotel-waldundsee.de.

• *Pensionen* **Pension Erdmann (22)**, ebenfalls oben bei der Kirche, sympathisches Garni-Haus mit Terrasse, zu Fuß ca. 10 Minuten zum Strand (eigener Strandkorbverleih). 25 modern eingerichtete Zimmer mit Bad und TV, einige auch mit Balkon oder Terrasse. Außerdem ein Appartement für 4–6 Personen (2 Zimmer, Küche, Bad, Balkon). DZ mit Frühstück 70–80 €, EZ (nur in der Nebensaison) ca. 35–40 €, App. 93 €. Ganzjährig geöffnet. Rudolf-Breitscheid-Straße 7, 17424 Heringsdorf, ✆ 038378/31678, 📠 038378/22281, www.pension-erdmann.de.

Pension Schmiedehaus (50), neben dem Museum am Schmiedehaus (s. u.) in der Delbrückstraße. Schöne Villa, in den oberen Stockwerken werden Zimmer und Appartements (einige mit Kochecke) vermietet: je nach Ausstattung für 2 Personen 70–95 €, für 4 Personen 110–150 €. Im EG Restaurant/Café mit netter Terrasse. Ganzjährig geöffnet. Delbrückstraße 29, 17424 Heringsdorf, ✆ 038378/22611, 📠 038378/27022, www.schmiedehaus.de.

• *Appartements* ****** Villa Aurora (19)**, Ferienwohnungen für gehobene Ansprüche in einer klassischen Seebadvilla im Zentrum (gleich neben dem Hotel Esplanade). Großzügige Räume, mit Bad, TV und Küchenzeile, für 2 Personen 85–95 €, 4 Personen 99–119 €. Ganzjährig geöffnet. Seestraße 3–4, 17424 Heringsdorf, ✆ 038378/3500, 📠 038378/35035, www.villa-aurora-heringsdorf.de.

Appartements an der Seebrücke, an einem außergewöhnlichen Standort finden sich in Heringsdorf modern ausgestattete Ferienappartements: nämlich im ersten Stock der Seebrückenaufbauten. Infos über ALCA Ferienwohnungen, Delbrückstraße 6, 17424 Heringsdorf, ✆ 038378/640, 📠 038378/64199.

• *Jugendherberge* **Jugendherberge Heringsdorf (49)**, besser kann eine Jugendherberge nicht liegen: direkt an der Strandpromenade und nur wenige Schritte von der Ostsee entfernt. Großer, schattiger Garten, die Zimmer sind auf vier Gebäude verteilt, darunter zwei besonders schöne Fachwerkhäuser. Unterkunft nur mit Jugendherbergsausweis, der aber an der Rezeption für 12 € (Junioren) bzw. 20 € (Senioren/Familien) gekauft werden kann. Übernachtung im Mehrbettzimmer 20,75 € (Junior) bis 24,75 € (Senior), Kinder (3–5 Jahre) 16,50 €. Zimmer im Haupthaus mit Bad, im Nebengebäude nur mit Etagenduschen und -WCs. DZ 47,50–55,50 € (ohne Bad) bzw. 57,50–65,50 € (mit Bad). Nicht gerade günstig, immerhin sind Frühstück und Bettwäsche inklusive. Beliebte Herberge, man sollte frühzeitig buchen. Puschkinstraße 7–9, 17424 Heringsdorf, ✆ 038378/22325, 📠 038378/32301, www.jh-heringsdorf.de, jh-heringsdorf@djh-mv.de.

Essen & Trinken/Nachtleben (siehe Karte Umschlag hinten)

• *Gehobene Restaurants* **Kulm Eck (15)**, unser Tipp! Sehr schönes und angenehmes Restaurant weitab des Bäder-Schicks, mit Brian Seifert ist hier einer der besten Köche Heringsdorfs am Werk. Das finden einhellig sowohl der *Feinschmecker* als auch *Gault Millau*, die das geschmackvoll eingerichtete Lokal immer wieder mit großem Lob bedenken. Die Auswahl ist nicht allzu groß, auf der Karte findet sich jedoch überaus Raffiniertes, und das kostet erfreulicherweise kein Vermögen: das 3-Gänge-Menü kommt auf 28 €, 4 Gänge 34 €, 5 Gänge 42 €, à la carte wird es ein Stück teurer. Freundlicher Service, nicht allzu viele Plätze (im Sommer mit Terrasse), Reservierung dringend empfohlen! Nur abends ab 18 Uhr geöffnet, Oktober–März So und Mo geschlossen. Kulmstraße 17, ✆ 038378/22560, www.kulm-eck.de, info@kulm-eck.de.

Käpt'n N/Nauticus (39), stilvolles Dinieren weit draußen auf der Seebrücke im gläsernen Rundbau, tolles Ambiente. Küchenchef Markus Lübke ist weit über die Insel hinaus bekannt und sorgt im gehobenen Restaurant Käpt'n N für kulinarische Höhenflüge (Vorspeisen um 15 €, Hauptgerichte um 20–25 €; nur abends geöffnet, Reservierung empfohlen). Wer weniger ausgeben will, kommt mittags ins nicht ganz so noble Nauticus, wo eine etwas einfachere Küche (u. a. Salatteller um 8 €, Fischgerichte 10–15 €) auf dem Programm steht. Allein der Lage und der Aussicht wegen lohnt ein Besuch unbedingt! Seebrücke 1, ✆ 038378/28817, 📠 038378/28819, www.seebruecke-heringsdorf.de, info@seebruecke-heringsdorf.de.

Bernstein (13), weiteres Spitzenrestaurant in Heringsdorf, dieses in einem halbrunden Anbau des Strandhotels Ostseeblick. Helle und freundliche Einrichtung, große Fensterfronten und Panoramablick. Küchenchef Ralf Haug erkochte für das Bernstein 13 Punkte im *Gault Millau*. Gehobenes Preisniveau, für das Gebotene nicht zu teuer, mittags und abends geöffnet. Kulmstraße 28, ✆ 038378/54240, 📠 038378/54299, www.strandhotel-ostseeblick.de.

Belvedere (25), wie der Name schon sagt: panoramareiches Restaurant im vierten Stock des noblen Hotels Strandidyll, angenehmes Ambiente, auch hier herausragende Küche der Oberklasse (Menü um 40–45 €). Nur abends geöffnet, Mo geschlossen. Delbrückstraße 9–11, ✆ 038378/4760.

Gemütlich: „Des Kaiser's Pavillon"

• *Etwas günstiger* **Des Kaiser's Pavillon (28)**, sorgfältig rekonstruierter Holzpavillon aus dem Jahr 1911, zunächst unter dem Namen „Salchows Weinstuben" bekannt. Ob der Kaiser höchstselbst hier jemals zu Gast war, ist nicht belegt. In freundlichem Ambiente – sehr hell, viel Holz, Palmen, dunkle Polsterbänke – werden im einladenden Speisesaal internationale und regionale Gerichte serviert, die Auswahl ist groß, auch bei Fisch. Mittleres Preisniveau. Täglich 11–22 Uhr, durchgehend warme Küche. Brunnenstraße 1, ✆ 038378/22745.

Usedomer Brauhaus (26), ähnlich zentral wie der Pavillon, im Brauhaus gibt es überwiegend Deftiges zu guten Preisen, außerdem verschiedene selbstgebraute Biere. Großes Lokal, uriges Ambiente mit viel Holz. Tägl. von mittags bis etwa Mitternacht geöffnet. Platz des Friedens, ✆ 038378/61421.

Das kleine Restaurant (27), hübsches Restaurant, in dem (wie der Name andeutet) nicht viel Platz ist (also reservieren oder notfalls ein wenig warten), ein paar Tische auch draußen, gute Fischgerichte, nicht allzu teuer. Im Sommer mittags und abends, im Winter nur abends geöffnet, Nov. bis Mitte Dez. geschlossen, Seestr. 10, ✆ 038378/22297.

Schmiedehaus (50), in hübscher Villa in der noblen Delbrückstraße, Terrasse zur Straße, diese allerdings zeitweise recht befahren. Mittleres Preisniveau: Hauptgerichte um 10 €, Fisch etwas teurer (um 12 €), auch Kleinigkeiten und Salate. Mittags und abends geöffnet. Delbrückstraße 29, ✆ 038378/22611.

Villa Neptun (43), Fischrestaurant an der westlichen Strandpromenade, etwas abseits gelegen, bodenständige Fischküche, mittleres Preisniveau, mittags und abends geöffnet. Maxim-Gorki-Straße 53, ✆ 038378/2600.

Weißes Schloss (20), besonders einladend ist die herrliche Terrasse (mit Strandkörben) mit Panoramablick, die allein einen Abstecher hier hinauf wert ist – sei es zu Kaffee und Kuchen oder zum Essen. Innen sehr schönes Ambiente. Tägl. ab mittags bis ca. 21.30 Uhr geöffnet. Rudolf-Breitscheid-Straße 3, ✆ 038378/31984.

Lutter & Wegner (14), Ableger des Stammhauses am Gendarmenmarkt in Berlin, kaum von einer modernen italienischen Enoteca zu unterscheiden: rundum hohe, dunkle Weinregale, in der Mitte einige schmale Tische, eng aneinander gestellt, und wie in einer Enoteca gibt es auch hier eine Auswahl an kleinen Gerichten und offenen Weinen, das Glas ab ca. 3,50 €. Die Weine stehen natürlich auch flaschenweise zum Verkauf (eher gehobenes Sortiment). Auch Feinkost. Tägl. 10–24 Uhr geöffnet. Kulmstraße 3, ✆ 038378/822125.

• *Cafés* **Eis-Villa Stein (18)**, bekannt für hervorragendes Eis aus eigener Herstellung, das man auf der wirklich einladenden Terrasse in der Kulmstraße genießt – an schönen Sommertagen ist hier oft kein Platz mehr zu bekommen. Auch Kuchen und andere Süßspeisen. Tägl. ab ca. 10 Uhr geöffnet. Kulmstraße 4, ✆ 038378/28452.

Café Storch (51), siehe Seite 88.

• *Nachtleben* **Spielbank Heringsdorf**, im Hotel Maritim (separater Eingang an der Seite des Forums Usedom). Automatenspiele sowie Roulette und Black Jack, die Krawatte kann man mittlerweile zu Hause lassen. Wer zwischendurch Hunger bekommt, kann gleich zum Hotelrestaurant durchgehen. Tägl. 19–2 Uhr geöffnet, Sa/So bis 3 Uhr, Automatenspiele bereits ab 14 Uhr. Strandpromenade, ✆ 038378/22819.

Chapeau Rouge, Theaterzelt mit 250 Plätzen an der Strandpromenade (ein Stück rechts neben der Seebrücke), nur von Ende Mai bis Anfang September. Gegeben wird leichte Kost in Form von meist sehr bekannten Komödien und Musicals. Abendvorstellungen 20 Uhr. Vormittags um ca. 10 Uhr Kindervorstellungen: Märchen, Puppenspiel, Kindermusical etc. Abendvorstellungen 14 €, Kindervorstellungen 6,50 €, an der Abendkasse 2 € extra. Vorverkauf bei der Kurverwaltung (auch in anderen Orten) oder unter ✆ 038378/29171/-72 bzw. kartenservice @theater-anklam.de. Das Programm liegt in den Kurverwaltungen und in Cafés, Restaurants etc. aus.

Volkssternwarte „Manfred von Ardenne", beim Theaterzelt (Strandpromenade), in regelmäßigen Abständen finden hier Vorträge und Dia-Vorführungen statt. Nähere Infos im monatlich herausgegebenen Veranstaltungskalender, erhältlich in der Kurverwaltung. Abends Führungen, Erw. 4 €, Kinder 3 €, ✆ 038378/471650, www.sternwarte-usedom.de.

Kino im UG der Seebrückenpassage.

Sehenswertes

Strandpromenade/Delbrückstraße: Hier ist es erfunden worden, das mondäne Heringsdorf mit seinen noblen Villen und prominenten Gästen. Anfang des 20. Jh. gaben sich hier Geldadel und Prominenz ein Stelldichein, und noch heute kann man sich – bei entsprechender Finanzlage – in den meisten der noblen Villen mit ihren parkähnlichen Gärten in exklusiven Ferienwohnungen einmieten. Den besten Blick auf die Villen hat man von der Strandpromenade, z. B. auf die *Villa Oechsler* gleich beim Platz des Friedens in der Delbrückstraße 5. Heute beherbergt die Nobelvilla von 1883 mit Freitreppe und imposanten Säulen das nicht minder exklusive Bekleidungsgeschäft *Maison Vogue*. Gleich nebenan – und etwas von der Strandpromenade zurückversetzt – stößt man auf die bereits erwähnte *Villa Staudt* aus dem Jahr 1873 (Delbrückstraße 6), wo sich kein Geringerer als Kaiser Wilhelm II. mit der Frau Kommerzienrätin zum Tee traf. Damals war deren Residenz übrigens noch unter dem Namen Villa Miramar bekannt.

Auf eine wechselvolle Geschichte blickt die *Villa Diana* (Residenz Bleichröder) in der Delbrückstraße 14 zurück: Errichtet wurde der neoklassizistische Prachtbau am Hang über der Promenade 1890 als Sommerresidenz des Berliner Bankiers Gerson von Bleichröder, benannt wurde er nach der bronzenen Statue der Jagdgöttin Diana im Garten. 1933 wurde die jüdische Bankiersfamilie enteignet, und Hermann Göring persönlich machte sich das Gebäude zu eigen und nutzte es als Gästehaus. Nach 1945 wanderte die Villa in sowjetischen Besitz und machte eine Wandlung zum Offizierssanatorium durch, später quartierten sich hier Funktionäre des Gewerkschaftsbundes der DDR ein.

Die schönste und auffälligste der Villen zur Strandpromenade hin ist aber sicherlich die bereits 1862 entstandene *Villa Oppenheim* (Delbrückstraße 11): ein schneeweißer Prachtbau mit Portikus und klassizistischen Säulen, erhaben und elegant auf einer Anhöhe thronend. Der Maler und Grafiker Lyonel Feinin-

Eis-Villa Stein in der Kulmstraße

ger (1871–1956) verbrachte hier des Öfteren entspannende Ferientage und soll die mondäne Villa mehrfach gemalt haben.

Elegant, wenngleich bei weitem nicht so mondän und eindrucksvoll wie auf der der Ostsee zugewandten Seite (Seepromenade) zeigen sich die Fassaden der Häuser auch auf der landeinwärtigen Seite der Delbrückstraße. Noble Villen in parkähnlichen Gärten wechseln sich hier mit gewöhnlichen Wohnhäusern ab. Schicke Villen finden sich auch in der Puschkinstraße und im Eichenweg (Richtung Ahlbeck, gehen beide links von der Delbrückstraße ab). Dennoch: Die bleibenden Eindrücke vermittelt die Heringsdorfer Villenarchitektur sicherlich von der Strandpromenade aus.

Seebrücke/Muschelmuseum: Ein harter Sprung in die architektonische Wirklichkeit der 1990er Jahre ist die Seebrücke von Heringsdorf. Sie ersetzt den berühmten Vorgängerbau von 1894, der 1946 durch einen Brand beschädigt und 1958 durch Brandstiftung völlig zerstört worden war und zunächst nicht wieder aufgebaut wurde. Die 1995 eingeweihte moderne Seebrücke erhebt gar nicht erst den Anspruch, von ihrer aufsehenerregenden Vorgängerin inspiriert worden zu sein, sondern gibt sich vielmehr nüchtern und funktional mit Boutiquen, Cafés, Restaurant, Kino und Ferienwohnungen (im oberen Stockwerk). Immerhin ist der Steg hinaus zur Anlegestelle der Adler-Schiffe mit 508 m einer der längsten seiner Art in Europa.

An der Landseite der Seebrücke befindet sich das *Muschelmuseum* mit rund 3000 Exponaten aus dem Meer (das größte fast zwei Zentner schwer), hier werden auch Souvenirs verkauft. Gegenüber dem Haupteingang zur Seebrückenpassage steht der *Kugelbrunnen*, ein beliebter Treffpunkt im Ort.

⌚ Das Muschelmuseum ist von Anfang Juni bis Ende August tägl. 10–21 Uhr geöffnet, von September bis Mai tägl. 10–18 Uhr. Erwachsene 3 €, 3- bis 14-Jährige 1,50 €. An der Seebrücke, ✆ 038378/32579.

Villa Irmgard/Maxim-Gorki-Gedenkstätte: Ab Mai 1922 weilte der russische Schriftsteller Maxim Gorki wegen seines Lungenleidens zum Kuraufenthalt in Heringsdorf. Gorki, ein enger Weggefährte Lenins, wohnte in der 1906 erbauten neoklassizistischen Villa Irmgard, seinerzeit im Besitz eines Rechtsanwaltes (parallel zur Strandpromenade Richtung Bansin, etwas abseits des Geschehens). Es heißt, Lenin selbst habe ihm geraten, an die See zu reisen, um sich dort behandeln zu lassen; tatsächlich waren es wohl die schon seit der Oktoberrevolution von 1917 schwelenden ideologischen Auseinandersetzungen zwischen den beiden, die Lenin auf die Idee gebracht hatten, Gorki auf elegante Weise loszuwerden. Gorki blieb bis zum 25. September 1922 in Heringsdorf, bevor er zunächst nach Berlin und dann nach Süditalien übersiedelte. Erst 1927 kehrte er nach Russland zurück und avancierte dort unter Stalin zum sowjetischen Musterautor.

Im Erdgeschoss der Villa Irmgard sind Salon, Arbeits- und Schlafzimmer Gorkis noch im originalgetreuen Stil der damaligen Zeit erhalten, zahlreiche Zeitdokumente runden das Bild ab. Besonders sehenswert ist das *Arabische Zimmer*, der Salon zur Straße hin. Der erste Stock der Villa ist dagegen wechselnden Ausstellungen meist regionaler Künstler vorbehalten, in einem der oberen Räume finden auch regelmäßig Lesungen, Vorträge und andere kulturelle Veranstaltungen statt.

⌚ Mai–September Di–So 12–16 Uhr, Oktober–April Di–So 10–16 Uhr, Mo geschlossen. Erw. 4 €, mit Kurkarte (oder über 65-Jährige) 2 €, Studenten 1 €, Kinder und Jugendliche unter 14 J. frei. Maxim-Gorki-Straße 13, ☎/📠 038378/22361.

Museum am Schmiedehaus: Das etwas abseits in der Delbrückstraße gelegene Museum ist sehenswert für alle, die sich für die Heringsdorfer Lokalgeschichte interessieren. Besonders die touristische Entwicklung des Ortes wird beleuchtet.

⌚ Nur von Anfang Mai bis Ende September geöffnet, dann Do–Sa 15–18 Uhr. Eintritt 2 €. Delbrückstraße 30.

Präsidentenberg: Der von dichtem Buchenwald umgebene „Berg" (immerhin 45 m hoch) liegt südwestlich von Heringsdorf. Markierte Spazierwege durchziehen das Gebiet, u. a. kann man über den Ahlbecker Weg (vorbei am *Steinernen Tisch*) quasi im Halbrund um den Präsidentenberg herum zum Ausflugslokal *Forsthaus Wildpark* wandern (siehe Ahlbeck/Essen & Trinken, S. 61).

Baden

Auch in Heringsdorf erstreckt sich ein langer, feiner Sandstrand, etwas weiter weg vom Geschehen als in Ahlbeck und ebenfalls durch Dünen von der viel begangenen (und von Fahrradfahrern befahrenen) Strandpromenade getrennt. Die besseren Hotels haben einen eigenen Strandabschnitt mit Strandkörben, dazwischen gibt es (v. a. um die Seebrücke) auch freie Strandkorbvermieter (Tages- bzw. Stundenpreise hängen aus). An sonnigen Wochenenden im Hochsommer sollte man frühzeitig kommen! Bootsverleih nahe der Seebrücke, Kiosk/Café ebenfalls an der Seebrücke. Die Wasserqualität ist wie in Ahlbeck ausgezeichnet, wofür auch hier die **Blaue Flagge** bürgt. Einen **FKK-Strand** findet man am unbewachten Strand zwischen Heringsdorf und Ahlbeck (eigener Strandaufgang), der nächste **Hundestrand** liegt in entgegengesetzter Richtung an der Strandpromenade Richtung Bansin.

Am Strand von Bansin

Bansin

ca. 2400 Einwohner

Bansin ist die jüngste und die kleinste der drei Seebad-Schwestern. Dabei reicht der Ursprung des heutigen Badeortes, das Dorf Bansin am Gothensee, bis ins Mittelalter zurück.

Das heutige Seebad, gegründet als Trabant des historischen Dorfes (siehe Geschichte), erstreckt sich vor allem entlang zweier Straßenzüge: Die *Seestraße* führt vom Bahnhof bzw. der B 111 und dem dahinter liegenden alten Dorfkern schnurstracks zur Ostseeküste und trifft dort auf die *Bergstraße*, die auf den Dünen parallel zum Strand bzw. zur verkehrsberuhigten Strandpromenade verläuft und im Südwesten in die Heringsdorfer Maxim-Gorki-Straße übergeht. Eingerahmt wird das Seebad vom kleinen, idyllischen *Schloonsee* im Süden und dem Wald im Nordwesten, der sich bis nach Ückeritz hin ausdehnt. Wenige Kilometer nordwestlich liegt der unter Naturschutz stehende *Mümmelkensee*. Zu dem Feuchtbiotop mitten im Wald führt ein Naturlehrpfad.

Flaniert wird natürlich entlang der Strandpromenade. Prächtige Bädervillen präsentieren ihre schnörkelreichen Fassaden. Am meisten Trubel herrscht zwischen dem Strandzugang an der Seestraße und der Seebrücke. Am Ende der Seestraße befindet sich die flache hölzerne *Konzertmuschel* aus dem Jahr 1930, die von historischen Badekarren flankiert wird. Von hier sind es knapp 400 m zur 285 m langen, 1994 erbauten *Seebrücke*. Sie wirft sich ausnahmsweise schnörkellos hinaus in die Ostsee, Aufbauten wie auf den Seebrücken der Nachbarbäder fehlen. Neben der Seebrücke sind in alten Fischerhütten Imbisse und Fischräuchereien eingezogen, zum Teil mit angeschlossenem Biergarten. Die Strandpromenade führt von der Seebrücke aus nur noch ein paar hundert Meter weiter bis zum Ortsrand. In die andere Richtung aber,

Flaniersteg zum Horizont: die Seebrücke in Bansin

nach Südosten hin, reicht die Promenade über Heringsdorf bis hinunter nach Ahlbeck.

Geschichte: Bansin ist zu klein, um sich mit einem Gründungsmythos schmücken zu können; dafür aber erzählt man sich eine hübsche Legende zum Ursprung des Ortsnamens: In einer Zeit, als noch niemand einen Gedanken daran verschwendete, freiwillig in der Ostsee zu baden, sollen weite Gebiete um das Dorf im Besitz einer Familie Labahn gewesen sein. Auf die Frage Auswärtiger, wem das schöne Land gehöre, wurde daher meist geantwortet: „Dat's Labahn sin!" („Das ist Labahn seins") bzw. – mundfaul verkürzt – „(Dat's) 'bahn sin!" ... Tatsächlich ist der Name Bansin, der erstmals bereits Mitte des 13. Jh. als *Banzino* urkundlich erwähnt wird, slawischen Ursprungs. Einen wahren Kern hat die Legende aber doch, denn schon im Jahr 1434 taucht in der Chronik ein Dorfschulze namens Johann Labahn auf. Das wiederum ist ein Indiz dafür, dass das Dorf bereits eine gewisse Größe gehabt haben muss, denn einen solchen Amtsträger gab es nicht in jedem x-beliebigen Nest.

Zur Zeit von Dorfschulze Labahn lag der Ort noch am Gothensee, genauer gesagt an dessen nördlichem Ausläufer. Zur Ostsee hin expandierte Bansin erst spät, in gewisser Weise zu spät. Als in den Nachbargemeinden Heringsdorf und Ahlbeck längst eine Bäderkultur erblühte, konnten die Bansiner Bauern und Fischer noch nicht viel mit der neuen Mode anfangen. Und als einige wenige von ihnen dann doch begannen, sich dem Projekt der Gewinnschöpfung durch Bädertourismus anzunehmen, mussten sie feststellen, dass das notwendige meernahe Land bereits einem Investor aus Heringsdorf gehörte. Hugo Delbrücks *Aktiengesellschaft Seebad Heringsdorf* hatte den Küstenstreifen bis hinauf zum Schloonsee für eine geringe Summe von den ansässigen Bauern erworben, eine Badeanstalt war bereits in Planung. Um am Bäderleben teilhaben zu können, mussten die Bansiner nun, 1896, ihr ehemaliges Land für eine alles andere als geringe Summe zurückkaufen. Zu ihrer Ehrenrettung muss allerdings hinzugefügt werden, dass es sich bei dem Land um ein von Krüppelkiefern und Dornengestrüpp bestandenes Areal rund um eine alte Lehmgrube am

Schloonsee handelte und dass es eines gewissen Maßes an unternehmerischer Phantasie bedurfte, um sich dort mondänes Bäderleben vorzustellen.

1896 jedenfalls begannen die Bansiner Seebadgründer zu bauen. Unterstützt von Berliner Investoren errichteten sie innerhalb eines Jahres den Kern des Seebadtrabanten: zehn schicke Bädervillen hinter den Dünen. Im darauf folgenden Sommer kamen die ersten Badegäste. Der weitere Aufbau ging ähnlich zügig voran, und so entstand um Seestraße und Bergstraße in kurzer Zeit ein harmonisches Ortsbild moderner Bäderarchitektur samt Badeanstalt und modernen Sportstätten. Diese neue, mondäne Erscheinung lockte nicht minder mondänes Publikum an, Vertreter der Berliner Hochfinanz und des Adels.

Ähnlich wie im Seebad Zinnowitz im Norden Usedoms legte man in Bansin schon sehr früh Wert darauf, ein „deutsch-christliches Seebad" zu sein, was schlicht bedeutete, dass missliebigen Gästen der Aufenthalt verwehrt wurde. So wundert es nicht, dass Bansin während des Dritten Reiches beliebtes Feriendomizil der Parteiprominenz war, der nicht nur die Deutschtümelei gefiel, sondern auch, sich im verblassenden Glanz des alten Standesdünkels zu sonnen. Aber auch nach 1945 – das Kriegsende erlebte der Ort dank der Weigerung der Bewohner, sich „total" zu verteidigen, unversehrt – waren es wiederum die Staatsoberen, nun die der DDR, die sich in Bansin erholten. Nach der „Wende" kamen dann die Investoren und polierten am alten Glanz, sodass heute über dem kleinsten der Kaiserbäder, das viele auch für das feinste halten, erneut das Flair beschaulicher Exklusivität weht.

Hans-Werner Richter: Nachkriegsliteratur aus Bansin

Der berühmteste Sohn des Seebads ist *Hans Werner Richter*, einer der bedeutendsten Schriftsteller der deutschen Nachkriegszeit. Richter wurde am 12. November 1908 als Sohn eines Fischers in Bansin geboren. Nach einer Buchhändlerlehre in Swinemünde ging er nach Berlin. 1940 in die Wehrmacht einberufen, geriet Richter, der in der Weimarer Republik der KPD nahe stand, später in amerikanische Kriegsgefangenschaft. Seine Erlebnisse verarbeitete er in dem 1949 erschienenen Roman *Die Geschlagenen*. Richter gehörte zu den Gründern der *Gruppe 47* und war lange Zeit die treibende Kraft dieses bedeutendsten literarischen Zirkels der Nachkriegszeit. In seinen autobiographisch geprägten Romanen und Erzählungen beschäftigte er sich immer wieder mit zeitgeschichtlichen Themen. Dem 1993 verstorbenen Schriftsteller ist in Bansin die Gemeindebibliothek im *Hans-Werner-Richter-Haus* gewidmet, in der man sich an einem verregneten Tag in das Werk des Autors einlesen kann.

Ⓞ Mi–Fr 11–13 Uhr und 15–18 Uhr, Sa/So 14–17 Uhr, Mo und Di geschlossen. Waldstraße 1, 17429 Seebad Bansin, ✆ 038378/47801.

Reisepraktisches

• *Information* **Tourist-Information**, das Haus des Gastes liegt direkt an der Seebrücke, geöffnet im Sommer Mo–Fr 9–18 Uhr, Sa/So 10–15 Uhr, im Winter Mo–Fr 9–17 Uhr, Sa/So 10–13 Uhr. Etwas unübersichtliche Informationslage. An der Seebrücke, 17429

Bansin, ☎ 038378/47050, 📠 038378/470515, www.dreikaiserbaeder.de, bansin@drei-kaiserbaeder.de.

• *Kurabgabe* Mai–September Erw. (ab 16 J.) 2,30 €, erm. (Schüler, Studenten, Azubis, Arbeitslose) 1,10 €, Rentner 1,80 €; Oktober–April Erw. 1,20 €, erm. 0,50 €, Rentner 0,90 €.

• *Verbindungen* Die **UBB** fährt im Sommer (Mitte Mai bis Anfang Oktober) von 5 bis 22 Uhr mindestens stündlich, von 9.30 bis 18 Uhr halbstündlich von Bansin über Heringsdorf bis zum Ahlbecker Bahnhof bzw. in die andere Richtung über Kölpinsee, Koserow, Zinnowitz (hier Umsteigemöglichkeit, etwa stündlich nach Peenemünde) und Trassenheide nach Wolgast und retour, Fahrtdauer nach Wolgast knapp 1,5 Std. Alle 2 Stunden fährt der Zug weiter via Greifswald nach Stralsund (Gesamtdauer ca. 2,5 Std.). Im Winter eingeschränkte Verbindungen.

Bus: 2-mal täglich mit der *Linie U 8* ab Bahnhof Bansin ins Achterland nach Sallenthin, Benz, Neppermin und im Bogen über Balm, Dewichow, Morgenitz und Suckow nach Usedom/Stadt (nur Mo–Fr). Darüber hinaus pendelt der *Ostseebus* zwischen 8.30 Uhr und 22.30 Uhr etwa halbstündlich auf der Strecke Bansin–Heringsdorf–Ahlbeck (bis Grenze) und retour.

Touristenbahn: Mit der Bimmelbahn vom 15. Mai bis 15. Oktober etwa stündlich zwischen Bansin (Seestraße), Heringsdorf (Hotel Maritim) und Ahlbeck-Seebrücke, 1,60 € pro Person, Kinder die Hälfte. 1- bis 2-mal wöchentlich werden mit der kleinen Bahn auch Ausflüge auf Nebenstrecken nach Usedom/Stadt und ins Achterland veranstaltet (13–15 €). Buchung erwünscht, ☎ 038378/28467.

Schiff: Mit den Personenfähren der Adler-Reederei zwischen Ostern und Ende Oktober tägl. morgens über Koserow nach Zinnowitz (einfach 8 €, Kinder bis 11 J. 4 €, unter 3 J. frei, Fahrrad 5 €); 4-mal täglich nach Swinemünde (einfach 5 €, hin und zurück 10 €); 3-mal wöchentlich Wollinrundfahrt (23 €). Prospekte mit aktuellen Fahrtzeiten und weiteren Ausflugsfahrten bei der Ticketverkaufsstelle an der Seebrücke. Von Ostern bis Ende Oktober ganztägig geöffnet, ☎ 038378/477920.

Erkundigen Sie sich nach den vergünstigten **Kombi-Tickets** der Adler-Schiffe und der UBB!

• *Einkaufen* **Bansiner Buchhandlung (6)**, die kleine, aber gut sortierte und sympathische Buchhandlung befindet sich an der Ecke Bergstraße und Seestraße, also nahe am Strandzugang. Bergstraße 38, ☎ 038378/29293.

• *Fahrradverleih* An der Strandpromenade (Nr. 27) „unter" dem Bansiner Hof, sehr freundlich, Tourenräder 5 €/Tag, Kinderräder 2,50 €, in der Saison 8.30–18 Uhr, ☎ 0173/7230766 (mobil). Der Standort des **Fahrradverleihs Oberländer** befand sich zuletzt in der Bergstraße, etwa 10 m von der Ecke zur Seestraße.

• *Feste* Mitte Juli findet das **Bansiner Seebrückenfest** statt. **Veranstaltungskalender** siehe Ahlbeck.

• *Kutschfahrten* Infos bei Gerhard Zeplin, ☎ 038378/29372.

• *Tropenhaus Bansin* Inmitten einer großen Feriensiedlung findet sich dieser Minizoo, in dem etwa 150 exotische Tiere zu sehen sind. Geöffnet April–September 10–18 Uhr, Oktober–März 10–16 Uhr. Goethestraße 10, ☎ 038378/2540, www.tropenhaus-bansin.de.

Übernachten (siehe Karte Umschlag hinten)

Das kleinste der Kaiserbäder geizt nicht mit noblen Unterkünften, an der Strandpromenade steht eine Viersterne-Bädervilla neben der anderen. Preiswerte Unterkünfte sind kaum zu finden, selbst die sternlosen Hotels sind nicht wirklich günstig. Hinzu kommt, dass man kaum noch familiengeführte Häuser findet, große Hotelketten haben die strandnahen Claims, insbesondere entlang der Promenade, längst abgesteckt.

**** **Atlantic (7)**, kleine, noble Herberge an der Strandpromenade, edles Restaurant (Menü um 40 €), schöne Terrasse mit Ostseeblick, außerdem noch Pub Atlantic (siehe Essen & Trinken). Im Haus befindet sich auch eine Wellness-Landschaft. Nur 25 Zimmer, alle mit Bad und TV. DZ mit Frühstück und Nutzung der Wellness-Einrichtungen 130 € bzw. 165 € (mit Seeblick), EZ 100 €, Hunde 15 €. Strandpromenade 18, 17429 Bansin, ☎ 038378/605, 📠 038378/60600, www.seetel.de.

**** **Admiral (41)**, schickes Hotel im oberen Teil der Strandpromenade (Anfahrt über die

Bäderarchitektur in Bansin

Die drei Kaiserbäder
Karte Umschlag hinten

Bergstraße), in der Hauptsaison normalerweise nur wochenweise buchbar, mit etwas Glück kommt man aber auch für eine Nacht unter. Zum Hotel gehören drei Restaurants, darunter das gehobene Restaurant *Plonsky*, die bodenständigen *Mudder-Schulten-Stuben* sowie die *Bierschwemme*. Halbpension möglich, großer Wellnessbereich mit Pool. DZ mit Bad, TV und Frühstück 108 € bzw. 128 € (mit Seeblick), EZ 74 €, Hunde 7 €. Strandpromenade 36/37, 17429 Bansin, ✆ 038378/660 (Reservierungen unter ✆ 038378/66266), 📠 038378/66366, www.ti-bansin.de.

**** **Strandhotel Bansin (40)**, am nördlichen Ende der Strandpromenade bzw. der Bergstraße, damit ruhig am Waldrand, aber dennoch direkt am Strand gelegen. Großes Hotel mit dem Standard der Travel-Charme-Hotels, mit hoteleigenem Restaurant, Kinderrestaurant und Bar, Spielzimmer und kostenloser Kinderbetreuung, Wellness- und Beautybereich, Fahrradverleih (5 €/Tag), Strandkorbverleih (6 €/Tag), diversen Arrangements, Halbpension obligatorisch. DZ 196 € bzw. 232 € (mit Seeblick), EZ 136 €, Hunde 16 €. Bergstraße 30, 17429 Bansin, ✆ 038378/80000, 📠 038378/800111, www.tc-hotels.com.

**** **Hotel zur Post (11)**, großer Familienbetrieb in einer prächtigen Bädervilla in der Seestraße, großer Wellnessbereich und Pool, mit Restaurant, Brasserie und Bar. DZ mit Bad, TV und Frühstück um 140 €. Seestraße 5, 17429 Bansin, ✆ 038378/560, 📠 038378/56220, www.hzp-usedom.de.

Aparthotel an der Seebrücke (1), ebenfalls im oberen Teil der Strandpromenade (Anfahrt über die Bergstraße), Appartements und Garni-Hotel in schönem, unprätentiösem Fachwerkhaus, freundlicher Service, einfache Zimmer mit üblichem Komfort. DZ mit Bad, TV und Frühstück 92 € (zur Bergstraße) bzw. zwischen 112 € und 120 € (Seeseite mit Balkon bzw. Zweiraumzimmer mit Seeblick), Hunde 10 €, in der Nebensaison günstiger. Strandpromenade 34, 17429 Bansin, ✆ 038378/3600, 📠 038378/36037, www.ancon-hotels.de.

*** **Hotel Bansiner Hof (3)**, an der Strandpromenade (nahe der Seebrücke). Die nüchterne Fassade versprüht zwar wenig Bäderglanz, dafür ist es hier aber auch vergleichsweise günstig, im Haus das Restaurant *Achterdeck*, außerdem eine Saunalandschaft. DZ mit Bad, TV und Frühstück 90 € (klein), 100 € (groß), 120 € (Seeblick), 3er-Zimmer 120 €, 4er-Zimmer 140 € (zwei DZ), EZ 75 €. Strandpromenade 27, 17429 Bansin, ✆ 038378/550, 📠 038378/55255, www.ti-bansin.de.

Germania (5), familiengeführtes Haus an der Strandpromenade mit sehenswert verspielter Fassade, freundlicher Atmosphäre, dem Hotelnamen zum Trotz bietet das Hotel-Restaurant italienische Küche. Nur 21 Zimmer. DZ mit Bad, TV und Frühstück 80 € (zur Bergstraße), 102 € (Seeseite), 106 € (Seeseite mit Balkon), Juniorsuite 118 €, in der Nebensaison deutlich günstiger. Strandpromenade 25, 17429 Bansin, ✆ 038378/2390, ℻ 038378/23920, www.germania-bansin.de.

Strandhotel Möwe (2), schöne Villa an der Strandpromenade, mit Wellnessbereich, DZ mit Bad, TV und Frühstück 100 € (Landseite) bzw. 130 € (Seeseite), EZ ab 90 €. Strandpromenade 29, 17429 Bansin, ✆ 038378/2720, ℻ 038378/27290, www.strandhotelmoewe.de

Kaiser Wilhelm (4), kleines, traditionsreiches Hotel-Restaurant in hübscher Bädervilla, gediegenes Restaurant mit Terrasse. DZ mit Bad, TV und Frühstück 96 € (landseits) bzw. zwischen 100 € (Seeblick) und 130 € (Seeblick und Loggia), EZ 65 €. Strandpromenade 26, 17429 Bansin, ✆ 038378/2420, ℻ 038378/24242, www.ancon-hotels.de.

Essen & Trinken (siehe Karte Umschlag hinten)

• *Restaurants* **Plonsky (41)**, gehobenes Restaurant im Hotel Admiral, schöner Blick auf die Ostsee und die Seebrücke, auf den Tisch kommen vor allem regionale Produkte und fangfrischer Fisch, raffiniert zubereitet und mit Tendenz zur mediterranen, kreativen Küche, in der Saison abends geöffnet. Strandpromenade 36/37, ✆ 038378/661566.

Achterdeck (3), maritimes Restaurant im Hotel Bansiner Hof, mittlere Preisklasse, gutbürgerliche, fischlastige Küche, täglich ab Mittag geöffnet. Strandpromenade 27, ✆ 038378/550.

Germania (5), mediterrane Küche im gleichnamigen Hotel, Pizza aus dem Steinofen, aber auch regionale Gerichte, herrliche Terrasse an der Strandpromenade, mit schönem Blick auf das Meer und die Seebrücke, nicht teuer. Strandpromenade 25, ✆ 038378/2390.

Kaiser Wilhelm (4), im gleichnamigen Hotel, neben dem Germania und ebenfalls mit schöner Terrasse und Aussicht, sehr beliebt, leicht gehobenes Preisniveau. Strandpromenade 26, ✆ 038378/2420.

Seeblick (9), im südlichen Teil der Strandpromenade, nettes Restaurant mit etwas erhöht liegendem, liebevoll eingerichtetem Gastraum und schönem Blick auf Promenade, Strand und Meer, günstige Mittagskarte, insgesamt große Auswahl, auch kleine Gerichte, geöffnet täglich 12–14 Uhr und 18–22 Uhr. Strandpromenade 9–10, ✆ 0172/2676733 (mobil).

Kartoffelburg (10), der Name verrät es, hier gibt es Tüften in allen erdenklichen Variationen. Die Kartoffel wird zum Hauptgericht, Fisch und Fleisch sind die Beilagen, günstig. Unser Tipp: Kartoffelpuffer mit Lachs und Meerrettich. Waldstraße 32, ✆ 038377/35843.

• *Café* **Café Asgard (8)**, traditionsreiches Café an der Strandpromenade in einer schönen Bädervilla aus dem Jahr 1898. Elegantes Interieur, freundliche Atmosphäre, gerahmt von Textiltapeten. Herrliche, schattige Terrasse zur Strandpromenade hin. Variantenreiche und köstliche Backwaren aus eigener Konditorei, sehr beliebt und zu Recht berühmt. Geöffnet 12–18 Uhr, Mo Ruhetag. Strandpromenade 15, ✆/℻ 038378/29488.

• *Räucherfisch/Imbiss* Neben der Seebrücke in den Fischerhütten, z. B. Walter's Fischhütte, Fischräucherei, Imbiss und beliebter Biergarten.

• *Nachtleben* Im **Atlantic Pub (7)** (angrenzend an das Hotel Atlantic) herrscht im Sommer ein wenig Nachtleben mit nautischem Flair und einem Hauch English Pub, auch Pub-Grubs, zuweilen Livemusik. Ob es das Pub aber noch lange geben wird, war zuletzt nicht ganz sicher. Geöffnet täglich ab 19 Uhr, Mo Ruhetag, ✆ 038378/60650.

Baden

Auch wenn die Strandpromenade, die von Ahlbeck bis nach Bansin heraufreicht, am oberen Ortsrand des Seebades endet, der lange, feinsandige und flach ins Meer abfallende Strand erstreckt sich vor den Dünen weiter nach Nordwesten (Strandkörbe vermieten diverse Anbieter am Hauptstrand). Auch in Bansin ist die Wasserqualität einwandfrei und seit vielen Jahren mit der **Blauen Flagge** ausgezeichnet. Im Bereich um den Strandzugang bei der Seestraße und der Seebrücke ist der Strand überwacht. Ein **Hundestrand** liegt etwas südlich des Schloonsees, einen **FKK-Strand** findet man etwas weiter an einem unbewachten Strandabschnitt Richtung Heringsdorf sowie in entgegengesetzter Richtung jenseits der Strandpromenade.

Usedoms Süden

Abseits des langen, beliebten Sandstrandes wird es stiller auf Usedom. Eingerahmt von Achterwasser, Peenestrom und Stettiner Haff breitet sich eine beschaulich ländliche Gegend aus. Wer Stille oder ein wenig Abwechslung vom Badetrubel sucht, wird hier mit Sicherheit fündig.

Direkt im Rücken der Kaiserbäder beginnt eine idyllische Landschaft, die Usedomer Schweiz: sanfte Hügel mit schönen Wäldern und Wiesen inmitten einer kleinen, reizenden Seenlandschaft um Schmollensee und Gothensee. Sehr abgeschieden sind die Boddenküstenlinien im Norden mit dem Lieper Winkel, einer Halbinsel, die weit in das Achterwasser hineinreicht, und im Süden entlang des Stettiner Haffs. Das „Zentrum" ist Usedom, das altehrwürdige Städtchen, das der Insel ihren Namen gab. Die sehenswertesten Dörfer sind sicherlich Benz und Mellenthin mit seiner alten Kirche, dem restaurierten Gutshaus und dem Wasserschloss, das derzeit zu einem Hotel „umsaniert" wird.

Beliebt ist das südliche Hinterland der drei Kaiserbäder nicht nur bei denen, die sich von ihrem Sonnenbrand erholen möchten, sondern auch bei Aktivurlaubern. Radler erkunden den Inselsüden auf Radwegen und wenig befahrenen Landstraßen (wobei dringend geboten ist, die Bundesstraße und die stark frequentierten Verbindungsstraßen zu meiden), und Wanderer finden entlang der zergliederten Küste und in den Wäldern der Usedomer Schweiz viele abgelegene Wege. Anglern schließlich bieten sich im Achterwasser oder in den Binnenseen fischreiche Fanggründe.

Wolgastsee

Dieser romantische kleine See 3 km südwestlich von Ahlbeck ist ein wirklich idyllisches Plätzchen und beliebtes Ausflugsziel. Seine Ufer sind überwiegend dicht mit Buchen bestanden, nur am Nordwestufer, gegenüber dem Hotel *Idyll am Wolgastsee*, befindet sich ein Stück Badestrand mit Steg und Bootsverleih. Den knapp einen halben Quadratkilometer großen und maximal ca. 15 m tiefen See kann man in einem Spaziergang umrunden (ca. 4 km). Im

Wasser tummeln sich Aale, Hechte und Zander, die im gegenüberliegenden Hotelrestaurant auf den Teller kommen. Etwas störend wirkt leider die vielbefahrene Straße, die hier durch das recht beschauliche 400-Einwohner-Dorf **Korswandt** nach Zirchow führt.

- *Verbindungen* Mit der **Buslinie 201** etwa alle 2 Std. über Ahlbeck, Korswandt, Zirchow und Usedom/Stadt nach Anklam (Sa/So nur 5-mal tägl.).

- *Bootsverleih* Neben der Badestelle und dem Spielplatz, in der Saison 9–21 Uhr geöffnet, Ruderboote 5 €/Stunde, Tretboot 7 €/Stunde, kleine Segelboote 10 €/Stunde. ✆ 038378/31860.

• *Übernachten/Essen & Trinken* **Hotel-Restaurant Idyll am Wolgastsee**, der Name verspricht sicher nicht zu viel, empfehlenswert ist es, ein Zimmer zur Seeseite zu nehmen – nicht nur wegen des schönen Blicks, sondern auch wegen bereits erwähnter Straße, die auf der rückwärtigen Seite des Hotels vorbeiführt. Komfortable, helle Zimmer, mit Geschmack eingerichtet, insgesamt 15 Doppel- und 3 Einzelzimmer, alle mit Bad und TV, im Haus außerdem Sauna, Dampfbad und Solarium. EZ mit Frühstück 45–70 €, DZ 80–120 €. Das Restaurant: gediegenes Ambiente in lichtdurchflutetem Speisesaal, sehr stilvoll, riesige Fenster, hervorragender Service. Aus der Küche kommt Deftiges ebenso wie kreativ Verfeinertes, z. B. die Usedomer Fischrahmsuppe mit einem Schuss Pernod. Neben den zahlreichen Fischgerichten aus Ostsee und Wolgastsee stehen auch diverse Wildgerichte auf der Karte. Angemessenes Preisniveau, Fisch ab 8 € (Fischteller 14 €), Wild um 12–14 €. Im Sommer mit Gartenbetrieb auf der Wiese vor dem Haus (auch Kaffee und Kuchen). Restaurant ganzjährig mittags und abends geöffnet. Hauptstraße 9, 17419 Korswandt, ✆ 038378/22116, 📠 038378/22546, www.idyll-am-wolgastsee.de.

Wanderung um den Wolgastsee

Charakteristik: Einfache Rundwanderung auf Waldwegen.

Länge/Dauer: Etwa 6 km, reine Gehzeit knapp 2 Stunden.

Einkehrmöglichkeiten: Nur in Korswandt.

Rast am Wolgastsee

Wegverlauf: Die Wanderung beginnt auf dem Parkplatz am Wolgastsee (gebührenpflichtig, 0,50 €/Stunde) hinter dem Hotel-Restaurant *Idyll am Wolgastsee* (WP 01). Hier links auf den gepflasterten Weg, der zunächst zwischen Hotel und See entlangführt, dann parallel zur Straße verläuft und schließlich rechter Hand in den Wald abzweigt. Bei der Gabelung nach etwa 100 m geht es rechts und weiter auf einem schönen Wanderweg in Blickweite des Sees entlang (Markierung: grünes Eichenblatt auf weißem Grund); einmündende Wege ignorieren.

Nach einiger Zeit wendet sich der Waldweg etwas vom See ab und trifft auf eine T-Kreuzung (WP 02); Beschilderung rechts: Rundkurs 1,5 km (die kürzere Variante), links: Kamminke/Golm. Hier links und bei der Gabelung nach 30 m rechts einbiegen. Bald erreicht man einen kleinen Waldsee (den „Schwarzen See") mit ein paar Holzbänken am Ufer. Man wandert leicht bergauf durch den Laubwald bis zu einer T-Kreuzung (WP 03), hier rechts und erneut leicht ansteigend zur nächsten T-

Kreuzung (WP 04). Links geht es zum Golm, die Wanderung führt aber nach rechts Richtung Korswandt (beschildert). Der Weg zieht sich in leichtem Auf und Ab durch den Wald, alle kleineren Abzweigungen und auch die größere linker Hand (WP 05, Beschilderung nach Garz) werden ignoriert.

Der mittlerweile leicht abfallende Waldweg geht dann in einen asphaltierten Weg über. Man verlässt den Wald und erreicht schließlich die ersten Häuser von Korswandt. Beim Hotel Pirol trifft man wieder auf die Straße (rechts zurück zum Ausgangspunkt).

Wer noch Lust auf einen Abstecher hat, kann beim Hotel Pirol links auf der kleinen Landstraße zum **Krebssee** abbiegen. Bevor man den im Wald liegenden idyllischen See erreicht, geht es ein Stück über Weiden und Koppeln.

Gothensee und Thurbruch

Gothensee: Der größte Binnensee Usedoms (600 Hektar), dessen Wasserspiegel durch den 1818 gegrabenen Sackkanal reguliert wird, steht samt seines nicht zugänglichen schilfreichen Ufers unter Naturschutz. Die nördliche Ausbuchtung des hakenförmigen Sees reicht bis an die Ortsgrenzen der Kaiserbäder Bansin und Heringsdorf heran. Nach Süden hin biegt sich der See in einem weiten Bogen bis zum Rand des Thurbruchs. Viele Vogelarten, darunter Wildgänse, Schwäne, Graureiher, Eisvögel und Milane, finden hier ihr Zufluchtsgebiet, außerdem ist das Gebiet auch ein geschützter Lebensraum für Fischotter. Die einzigen ufernahen Siedlungen sind Bansin-Dorf, Sallenthin und der namensgebende Ort Gothen. Über Sallenthin ist nicht viel zu sagen, außer dass es zu Füßen des immerhin 40 m hohen *Krückenberges* liegt, der eine gute Aussicht auf das Umland bietet. Nicht zwingend einen Besuch wert ist auch Gothen – eine paar Häuser, umgeben von Pferdeweiden, recht idyllisch, aber nicht gerade spektakulär. Die meisten Besucher werden vom Storchennest der Familie Eggebrecht in der Dorfstraße angelockt: Seit 1963 dokumentiert Vater Eggebrecht das Storchaufkommen im großen Nest auf seinem Rohrdach, das alljährlich von ca. Mitte April bis Anfang September von einer eigens aus Afrika angereisten Storchenfamilie bewohnt wird. Anreise- und Abreisetage sind hier ebenso genau notiert wie die Anzahl der Jungen – in den letzten Jahren blieben die Gothener Störche jedoch leider ohne Nachwuchs. Die Familie

Eggebrecht verkauft auch ein Buch über die Störche, und vor dem Haus gibt es Schautafeln zum Thema Storch.

• *Essen & Trinken/Übernachten* **Café am Gothensee**, kleines Ausflugscafé in Alt-Sallenthin mit schönem Blick über den Gothensee, vor allem Kaffee und Kuchen, auch Eis, geöffnet nur während der Saison, dann tägl. ab 14 Uhr. ✆ 038378/31480.

Café Storch, mitten in Gothen und nicht zu übersehen. Nettes kleines Café mit Terrasse, freundlichem Service und hervorragendem, selbstgebackenem Kuchen, nicht teuer. Hier wird auch eine Ferienwohnung für 3 Personen vermietet (mit Küche, Bad und Terrasse), man zahlt 60 € pro Tag. Dorfstraße 25, 17424 Heringsdorf/Gothen, ✆ 038378/31619, ℻ 038378/33173, www.ohlemann.de, ohlemann@t-online.de.

Am Ortsrand von Gothen gibt es außerdem noch eine **Fischräucherei**.

Thurbruch: Das 16 km² große Niedermoorgebiet breitet sich südlich des Gothensees aus. Bis vor 250 Jahren erstreckte sich hier ein unwirtlicher und unberührter Sumpf. Erst unter *Friedrich II.* wurde begonnen, das Feuchtgebiet mittels Windkraftschöpfwerken und Kanälen trockenzulegen und Ackerland daraus zu gewinnen. Eines dieser windgetriebenen Schöpfwerke ist erhalten geblieben und steht noch heute als technisches Denkmal in der Nähe des kleinen Weilers Kachlin. Das Schöpfwerk ist fast 12 m hoch, der Durchmesser des Windrades beträgt über 8 m. In Betrieb ist das um 1920 gebaute und Mitte der 1990er Jahre restaurierte Windkraftschöpfwerk jedoch schon lange nicht mehr.

Rund um den Schmollensee: Sellin, Benz und Pudagla

Der weite Schmollensee wird flankiert vom Kleinen und Großen Krebssee, die sich zwischen waldreichen Hügeln ausbreiten. Entlang ihrer Ufer findet sich eine sanfte Landschaft, über die sich lichte Mischwälder, Felder und Weideland erstrecken. Idyllisch im Abseits liegt Sellin mit seinen alten rohrgedeckten Häuschen am Ufer des Schmollensees, und am südlichen Rand findet sich Benz mit der sehenswerten Kirche und der restaurierten Holländerwindmühle.

Sellin

Ein paar hübsche, rohrgedeckte Häuser zwischen Pferdekoppeln, Wiesen und dem Ufer des Schmollensees: Sellin, das alte Fischer- und Bauerndorf, zeigt sich als abgeschiedenes Idyll. Mit dem Auto zu erreichen ist der kleine Weiler nur über die Straße, die etwas hinter Bansin zwischen Kleinem und Großem Krebssee entlangführt. Am schönsten ist es aber ohnehin, von Benz oder Bansin aus nach Sellin zu wandern (siehe S. 90). Das touristische Angebot ist überschaubar, aber nennenswert: Am Ortsrand (nahe am See) befindet sich ein netter Naturcamping, und etwas außerhalb (Richtung Bansin) liegt das ungemein freundliche und entsprechend beliebte Café Fangel ganz für sich allein im Wald.

• *Essen & Trinken* **Café Fangel**, sehr schönes, idyllisches Café in einem ehemaligen Forsthaus, das sich in Alleinlage mitten im Wald und nahe dem Großen Krebssee befindet. Köstliche Kuchen, auch Eis, gemütliche Terrasse, freundlicher Service, sehr beliebt und oft bis auf den letzten Platz gefüllt. Von Bansin aus durch Neu-Sallenthin Richtung Sellin, dann nach etwa einem halben Kilometer rechts und noch ein paar hundert Meter weiter auf einem Waldweg. Mai–Oktober 14–17.30 Uhr geöffnet. Am Großen Krebssee, 17429 Neu-Sallenthin, ✆ 038378/32253.

• *Camping* **Naturcamping Sellin**, einfacher, sehr netter Naturcamping, ruhig und abgelegen, mit eigenem Strandzugang zum Schmollensee. Verleih von Fahrrädern (5 €/

Bei Sellin

Tag), Ruderbooten (17,50 €/Tag, 5 €/Stunde), Kanus (19,50 €/Tag, 5 €/Stunde) und Liegen (4 €/Tag, 1 €/Stunde), auch Reitangebot. Auf dem Platz gibt es auch einen hübschen, kleinen Biergarten. Erw. 4,50 €, Zelt je nach Größe 2,50–5,50 €, Auto 2,50 €, Wohnmobil 5–7,50 €. Sellin 17, 17429 Bansin/Sellin, ✆/℻ 038378/31452 oder ✆ 0172/3943772.

Benz

ca. 300 Einwohner

Am südlichen Rand des Schmollensees und etwa 5 km hinter Bansin liegt in sanfte Hügel gebettet das hübsche 300-Einwohner-Dorf Benz. Gäbe es nicht die in der Saison gut befahrene Straße, die den Ort durchschneidet, würde kaum etwas die ländliche Stille rund um die sehenswerte Kirche stören, über die ein alter Holländer wacht.

Gegründet wurde die schöne **Dorfkirche St. Petri** wahrscheinlich von den Mönchen des bei Usedom/Stadt gelegenen Klosters. In ihrem Kern geht das Gotteshaus auf das frühe 13. Jh. zurück. Restauriert und umgestaltet wurde St. Petri nach dem Dreißigjährigen Krieg und erneut in der Mitte des 18. Jh., als der Turm sein heutiges Aussehen erhielt. Das gegenwärtige Erscheinungsbild im Inneren von St. Petri wurde bei Renovierungen um 1836 geschaffen, als anstelle der alten Decke das eigenwillige Tonnengewölbe eingezogen wurde, das mit farbenfrohen Kassetten versehen ist. Sehenswert.

Oberhalb des Ortes steht auf einer Hügelkuppe die **Holländermühle** von Benz. Es handelt sich um eines der letzten noch existierenden Exemplare an der Ostseeküste. Um 1830 erbaut, wurde dort bis 1971 gemahlen. Danach erwarb der Maler *Otto Niemeyer-Holstein* (siehe Seite 126) die alte, 16 m hohe Mühle, rettete sie vor dem Verfall und verfügte schließlich testamentarisch ihre Verwendung als Kulturmühle. Niemeyer-Holstein ist auf dem Friedhof von Benz

Die Mühle von Benz

begraben (der befindet sich nicht bei der Kirche, sondern unterhalb des Hügels, auf dem die Mühle steht). Neben der Holländermühle gibt es im Backhaus Getränke, Kaffee und köstlichen hausgemachten Kuchen, der Service ist sehr freundlich und nett. In und um die Mühle werden Ausstellungen sowie diverse (meist thematisch einschlägige) Feste veranstaltet, beispielsweise zum Deutschen Mühlentag.

Kulturmühle Benz, Mai–Oktober tägl. 10–17 Uhr, Mo Ruhetag, in der Nebensaison nur eingeschränkt bzw. nach Voranmeldung geöffnet, im Winter geschlossen. Erw. 1,50 €, Kinder 0,75 €, 038378/36523.

• *Verbindungen* Die **Buslinie U 8** fährt 2-mal tägl. ab Bahnhof Heringsdorf über Bansin und Sallenthin ins Achterland nach Benz und weiter im Bogen über Balm und Morgenitz nach Usedom/Stadt.

• *Fahrrad- und Bootsverleih* Am Naturcamping in Sellin, siehe oben.

• *Übernachten* **Pension Schwalbennest**, an der Straße von Benz Richtung Bansin gelegen, mit Sauna und Fitnessraum. DZ mit Bad, TV und Frühstücksbuffet 85 €, EZ 50 €, App. 95 €, Hunde kostenlos, auch Ferienwohnungen (ab 65 €/2 Pers.). Fritz-Behn-Straße 30, 17429 Benz, 038379/20303, 038379/20060, PenSchwalbennest@aol.com.

Wanderung von Benz nach Bansin

Charakteristik: Schöne Wanderung zwischen dem Schmollensee und dem Großen Krebssee, meist auf Feld- und Waldwegen, teils sandig.

Länge/Dauer: Etwa 13 km; reine Gehzeit 3,5–4 Stunden.

Einkehrmöglichkeiten: In Benz, am Campingplatz in Sellin, im Café Fangel (siehe Sellin; Öffnungszeiten beachten: in der Saison tägl. 14–17.30 Uhr) und dann wieder in Bansin.

Wegverlauf: Die Wanderung startet an der Bushaltestelle in Benz (WP 01) und kann mit einem kleinen Abstecher zur Mühle und zur Kirche beginnen (wer sich gleich auf den Weg machen will: weiter geht es bei WP 04). Zunächst folgt man der Hauptstraße wenige Schritte Richtung Bansin und biegt dann auf einen ungepflasterten Weg rechts ein (Mühle beschildert). Neben dem Friedhof links halten und über wenige Stufen und einen kurzen Fußpfad hinauf zur Mühle (WP 02). Zurück geht es auf gleichem Weg oder über den Pfad im Rücken der Mühle. Beim Ausgangspunkt dann die Straße queren und geradeaus zur Kirche (WP 03). Nach

Malerisches Usedom

Nicht erst Otto Niemeyer-Holstein entdeckte die Ansehnlichkeit Usedomer Landschaften und Dörfer. Schon **Lyonel Feininger** (1871–1956) nutzte die Ostseeküste – seit einem ersten Ostsee-Aufenthalt auf Rügen im Jahr 1892 – als Inspirationsquelle und hielt vor allem die Ansichten von Benz und Umgebung im Bild fest. Von 1909 bis 1912 verbrachte die seinerzeit in Berlin wohnhafte Familie Feininger alljährlich die Sommermonate in Heringsdorf, untergekommen war man in der noblen Villa Oppenheim in der Delbrückstraße. Berühmt aus der Ferienzeit auf Usedom sind Feiningers Ansicht der Windmühle in Benz und der Blick auf Benz mit Kirche.

Der in New York geborene (und 1887 nach Deutschland übergesiedelte) Maler und Grafiker Feininger verdingte sich nach dem Studium an der Königlichen Berliner Akademie zunächst als Karikaturist und gründete 1924 zusammen mit Alexej von Jawlensky, Paul Klee und Wassily Kandinsky die Künstlergruppe *Die Blaue Vier*. 1919 bis 1926 war Feininger Lehrer am Bauhaus in Weimar, gab dann aber seinen Lehrauftrag zurück, 1937 wurden seine Werke von den Nazis zur „entarteten Kunst“ erklärt und beschlagnahmt. Im gleichen Jahr ging Feininger ins Exil nach New York, wo er am 15. Januar 1956 starb.

der Besichtigung geht es linker Hand auf Asphalt an der Feuerwehr vorbei und zurück zur Verbindungsstraße nach Bansin. Hier links halten.

Kurz vor der Pension Schwalbennest zweigt links eine Straße ab (WP 04, Hinweisschild nach Sellin), die bald zu einem Plattenfeldweg wird (Markierung: gelber Balken). Dieser Weg führt an Feldern und Weiden vorbei, diverse Abzweigungen ignorieren. Bald öffnen sich schöne Blicke auf den Schmollensee, bis man nach einiger Zeit in einen hübschen lichten Mischwald tritt; weiterhin auf dem Hauptweg bleiben. Zunächst ist linker Hand durch die Bäume noch der See zu sehen, bis der Weg eine Rechtskurve beschreibt und sich links eine weite Lichtung öffnet. An deren Ende gabelt sich der Weg (WP 05), weiter geht es links hinunter. Bei den nächsten zwei Gabelungen auf dem Hauptweg bleiben. Schließlich wendet sich der Weg nach links, man wandert erst direkt am Waldrand entlang und dann über Weiden hinab nach Sellin.

Am Ortsrand (WP 06) geht es links zum kleinen Biergarten des Naturcampings, die Wanderung aber führt rechts in den Weiler mit seinen hübschen rohrgedeckten Häusern hinein. Auf der kopfsteingepflasterten Kreuzung in Sellin (WP 07) links runter, der Rechtskurve der Straße folgen und schließlich bei der Bushaltestelle (WP 08) links runter auf einen Feldweg. Der Wanderpfad führt in einem kleinen Waldstreifen nahe am Seeufer entlang (Markierung: grünes Quadrat), vom See selbst aber ist wegen des hohen Schilfes wenig zu sehen. Erst kurz bevor rechter Hand ein paar Gärten erscheinen (nach einem knappen Kilometer hinter Sellin), führt links durch das dichte Schilf ein enger Holzsteg, an dessen Ende eine Holzbank steht, von der aus man einen herrlichen Blick über den See genießen kann.

Hinter den Gärten gelangt man an eine Kreuzung (WP 09). Nach rechts sind es etwa 400 m zum beliebten Café Fangel. Die Wanderung aber geht geradeaus weiter auf einem sandigen Waldweg. (Wer im Café einen Zwischenstopp eingelegt hat, kann den Weg ein wenig abkürzen: Auf dem Rückweg muss man nicht bis zur genannten Kreuzung zurück, sondern kann eine Abzweigung vorher links ab, dann wieder links.) Die im Wald folgenden Kreuzungen und Abzweigungen ignorieren und auf dem Hauptweg bleiben (Markierung: grünes Quadrat). Bald schimmert rechts das Wasser des Großen Krebssees durch den lichten Mischwald. Der Wanderpfad zieht sich eine Weile oberhalb des Seeufers entlang, bevor er sich vom Ufer abwendet. Der Weg beschreibt nun einen Rechtsbogen, hier zweigt ein schmaler Pfad bergauf ab, diesen einschlagen (WP 10), die Markierung ist etwas versteckt. (Abzweigung verpasst? Kein Problem: Aus dem Wald heraus auf die Lichtung, zweimal links und zum Bahnübergang.) Nahe der B 111 tritt man nun aus dem Wald heraus, wendet sich kurz rechts und gelangt so zu einem Bahnübergang (WP 11). **Achtung:** Hier bitte erhöhte Vorsicht – sowohl beim Überqueren der Gleise als auch beim Überqueren der vielbefahrenen B 111.

Auf der anderen Seite der Bundesstraße geht es auf Platte weiter (Ahlbecker Chaussee 16). Der Weg macht einen Bogen, bevor er wieder in den Wald mündet. Zunächst rechts halten und dann alle Abzweigungen ignorieren, bis der Weg in einen breiteren mündet (WP 12), hier halbrechts weiter (Beschilderung: Bansin

Hübsche Ausblicke während der Wanderung: hier der Schmollensee

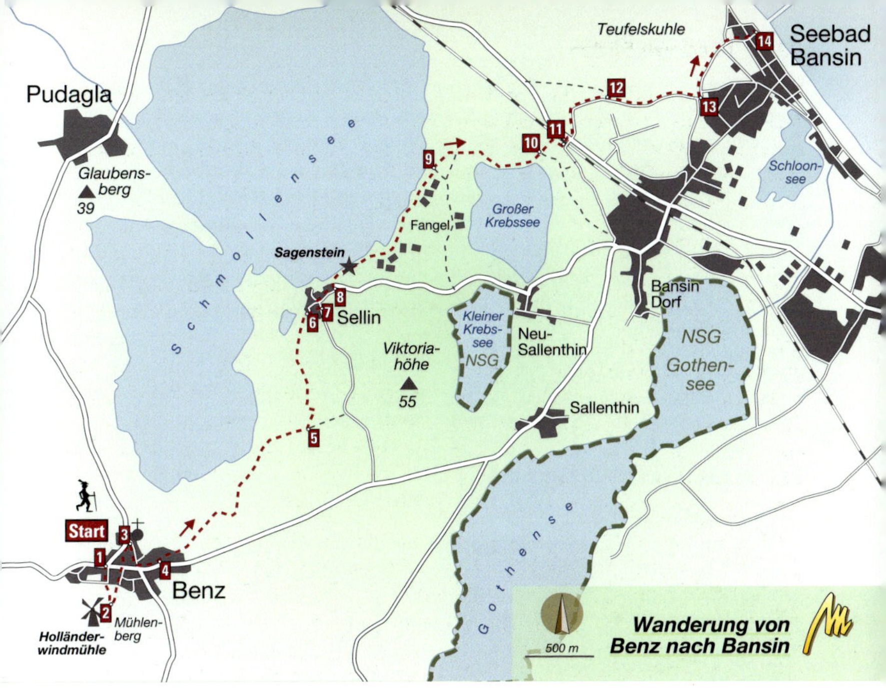

1 km, Markierung: grünes Quadrat). Schließlich gelangt man an eine asphaltierte Straße, den Fischerweg (WP 13): Geradeaus führt der Fußweg in den Ort, auf einem Weg neben der Straße geht es rechter Hand zum Bahnhof und links zur Seebrücke.

Folgt man dem Fischerweg links hinab, finden sich, sobald die ersten Häuser Bansins passiert werden, Wegweiser zum *Haus des Gastes*, welches sich bei der Seebrücke befindet. Diesen folgen und immer geradeaus hinab zum Strand und zur Seebrücke (WP 14).

Pudagla

ca. 400 Einwohner

Einstmals war Pudagla ein bedeutendes kulturelles Zentrum Usedoms. Anfang des 14. Jh. hatten die Prämonstratensermönche ihren vormaligen Standort - Grobe bei Usedom/Stadt (siehe unten) verlassen und den kleinen Ort am Rand des Schmollensees als neuen Sitz ihres mächtigen Klosters gewählt. Nach der Reformation wurde das Kloster aufgelöst, und die weitläufigen Ländereien fielen an die pommerschen Herzöge. Auf dem ehemaligen Klostergelände entstand Ende des 16. Jh. ein schlichtes Schloss, das heute darauf wartet, restauriert zu werden. Nur noch die Größe des Gebäudes und das Wappen über dem Renaissanceportal verraten, dass es sich bei dem Gebäude um ein Schloss handelt. Auch der Ort selbst ist nur bedingt sehenswert. Ein Zwischenstopp lohnt höchstens, um von hier den einen oder anderen Spaziergang zu unternehmen.

Ein hübscher Weg führt z. B. auf den 39 m hohen *Glaubensberg* südlich von Pudagla und um die Landzunge herum, die in den Schmollensee hineinreicht.

Eine schöne Alternative ist der Weg ans Achterwasser zu einer Badestelle, in deren Nähe ein massiger Findling aus dem Wasser ragt, der *Teufelsstein*. Der Legende nach wollte der Teufel den mächtigen Stein auf das Kloster werfen, doch glücklicherweise entglitt er ihm und landete zunächst auf dem *Klonker Berg*, von wo er dann ins Wasser rollte. Um diesen 17 m hohen Hügel führt der Weg in einem Bogen weiter zur *Bockwindmühle*, die auf einem Hügel bei der Straße steht. Bereits im frühen 18. Jh. erwähnt, war sie bis in die 1930er Jahre in Betrieb und wurde 1997 sorgsam restauriert. Achtung: Die Straße, die von Pudagla nach Mellenthin führt, ist stark (und schnell) befahren und daher nicht ungefährlich.

Ⓘ Die Bockwindmühle ist nur während der Sommerschulferien Mecklenburg-Vorpommerns täglich geöffnet (dann 10–16 Uhr). Ab Pfingsten bzw. bis Mitte Oktober nur Sa/So 13–16 Uhr und dann auch nur bei schönem Wetter, ansonsten nach Voranmeldung. Erw. 1,50 €, Kinder 0,80 €. Infos unter ✆ 038378/34872.

Am Achterwasser

Die schilfgesäumten und meist schwer zugänglichen Ufer dieses Boddengewässers sind ein ideales Rückzugsgebiet für die verschiedensten Wasservögel, darunter Graureiher, Kormorane und sogar Seeadler. Wie eine große Beule drückt das Achterwasser vom Peenestrom in östliche Richtung, an der schmalsten Stelle sind es nur 300 m Landenge bis zur Ostsee. Begrenzt wird das Achterwasser von zwei weiten Landzungen: der Halbinsel *Gnitz* im Norden und dem glühbirnenförmigen *Lieper Winkel* im Süden. Im Süden des Achterwassers liegen auch die beiden großen Buchten *Krienker See* und *Balmer See* (bzw. *Nepperminer See*) mit den Naturschutzgebieten der Halbinsel *Cosim* und der beiden kleinen Inseln *Böhmke* und *Werder* (jeweils nicht zugänglich). Im Norden befindet sich die als Vogelschutzgebiet ausgewiesene Insel *Görmitz*, die über einen Damm mit dem Gnitz verbunden ist (Näheres zur Halbinsel Gnitz s. S. 138). An der Ostseite des Achterwassers liegen die Seebäder Ückeritz (s. S. 111), Loddin (s. S. 116) und Zempin (s. S. 127).

• *Ausflugsfahrten* Im Sommer 2-mal wöchentlich mit dem **Ostseebus** große Achterland-Rundfahrt (mit Lieper Winkel und Usedomer Winkel), Dauer ca. 6 Stunden (mit diversen Stopps). Abfahrt ab Bansin, Heringsdorf und Ahlbeck, 1-mal wöchentlich auch ab Zinnowitz, Koserow und Kölpinsee. Pro Person 12 €, Kinder unter 14 J. 8 €. Weitere Infos und Buchung unter ✆ 038378/33630.

Neppermin

ca. 400 Einwohner

Ein unspektakulärer, man könnte auch sagen: etwas langweiliger Ort am südlichsten Punkt des gleichnamigen Sees, ein Stück vom Ufer entfernt. Neubauten bestimmen in weiten Teilen das Ortsbild von Neppermin, hier geht es ruhig und beschaulich zu, nicht zuletzt, weil die Verbindungsstraße zwischen B 111 und B 110 ein Stück außerhalb liegt.

• *Verbindungen* **Bus** 3-mal tägl. über Benz, Bansin und Heringsdorf nach Ahlbeck, 1-mal tägl. über Balm, Dewichow, Morgenitz und Suckow nach Usedom.

• *Übernachten* **Campingplatz Am See**, an der Straße Richtung Balm auf der rechten Seite. Tatsächlich fast am See gelegen (nahebei gibt es eine Badestelle), einfaches kleines und überschaubares Gelände, ein paar Obstbäume spenden sporadisch Schatten. In der zugehörigen Kneipe werden Getränke und einige wenige Snacks wie z. B. Bockwurst angeboten. Pro Person 4 €, Zelt 7 €, Auto 2 €, Wohnwagen 6 €,

Wohnmobil 7 €. Geöffnet April bis Oktober. Dorfstraße 30a, 17429 Neppermin, ✆ 038379/20044, 📠 038379/28752, Campingplatz_Am_See@web.de.

• *Nachtleben* **Disco Redhouse**, die größte Diskothek der gesamten Insel befindet sich ausgerechnet in Neppermin. Viel House und diverse Mottopartys, das „Rote Haus" (nomen est omen) ist im Sommer Mi, Fr und Sa ab 22 Uhr geöffnet, im Winter nur Sa/So. Die Eintrittspreise variieren je nach Veranstaltung. Mit Shuttle-Service im Kleinbus. Dorfstraße 3b, 17429 Neppermin, ✆ 038379/22636, www.disco-redhouse.de.

Mellenthin

ca. 200 Einwohner

Das hübsche 200-Seelen-Dorf in malerisch ländlicher Gegend wird vor allem von einer Achse geprägt: der Lindenallee, die Dorfkirche und Schloss miteinander verbindet. **Kirche** und Kirchfried sind von einer niedrigen Mauer umgeben. Teile der Bausubstanz des Gotteshauses wurden um 1330 errichtet, so der Altarraum aus Feldsteinen. Im 15. Jh. entstanden das backsteinerne Langhaus und der Turm. Sehenswert im Innern sind das Kreuzrippengewölbe, die Anfang des 20. Jh. freigelegten spätmittelalterlichen Freskenreste und die Grabplatte (1594) der Bauherren des Schlosses: *Rüdiger von Neuenkirchen* und seine Gattin.

Wird Stück für Stück restauriert: das Schloss Mellenthin

Das prächtige, von einem Wassergraben umgebene **Renaissanceschloss** am anderen Ende der schmucken Lindenallee wurde Ende des 16. Jh. erbaut (ein nahebei gelegener Vorgängerbau wurde erstmals 1288 erwähnt) und in der zweiten Hälfte des 18. Jh. teilweise umgestaltet. Flankiert wird der herrschaftliche Bau von einem gelungen restaurierten **barocken Gutshof,** in dem nicht nur ein Hotel mit Restaurant, sondern auch eine Waffelbäckerei samt Café untergebracht sind.

Auch das Wasserschloss selbst wird gerade für Gäste hergerichtet und Stück für Stück renoviert. Der Westflügel wird zum Hotel umgebaut, und im Ostflügel soll sogar eine schlosseigene Brauerei untergebracht werden. Bereits eingezogen sind ein Restaurant und ein Café mit außergewöhnlichem Biergarten im Schlosshof. Ebenfall schon fertiggestellt ist die prächtige Freitreppe zum Schlosspark mit seinem schönen alten Baumbestand. Als Nächstes soll die Außenfassade in

Angriff genommen werden. Teile des Schlosses sind zu besichtigen (Eintritt 1 €, der beim Besuch des Cafés verrechnet wird).

• *Verbindung* Mit dem **Bus** 8-mal tägl. nach Ahlbeck und Heringsdorf, die Haltestelle befindet sich allerdings an der Abzweigung von der Hauptstraße ein gutes Stück außerhalb. In Gegenrichtung 9-mal tägl. nach Usedom, 8-mal tägl. fährt der Bus weiter nach Anklam.

• *Kutschfahrten* Vom Gutshof werden Fahrten im Pferdegespann durch das Achterland angeboten. Längere Touren führen nach Benz und zum Stettiner Haff (etwa 2,5 Stunden, pro Person 15 €, kürzere Fahrten in die Umgebung kosten 10 € pro Person). Voranmeldung erforderlich unter ✆ 038379/20700. Die zwei PS heißen übrigens Nero und Mary.

• *Übernachten/Essen & Trinken* **Gutshof**, nahe dem Wasserschloss steht die liebevoll restaurierte barocke Gutsanlage, in der ein schönes Hotel, ein gepflegtes Restaurant, eine Waffelbäckerei und ein sehr beliebtes Gartencafé untergebracht sind. Angeboten werden 20 individuell im modernen Landhausstil eingerichtete Zimmer. DZ mit Bad, TV und Frühstück zwischen 88 und 104 € (je nach Größe). Das kleine Restaurant (nur 24 Plätze, Reservierung empfehlenswert) hat einen italienisch-pommerschen Gerichtemix auf der ausgesuchten Karte. Nichtraucherhaus (auch auf den Zimmern), Hunde im Gutshof nicht gestattet. Im Café unbedingt empfehlenswert sind die köstlichen Waffeln aus der hauseigenen Bäckerei, serviert mit frischen Früchten. Geöffnet täglich zwischen 12 und 22 Uhr, auch Fahrradverleih. Dorfstraße 24, 17429 Mellenthin, ✆ 038379/207000, www.gutshof-usedom.de.

Wasserschloss Mellenthin, in dem stattlichen, teilsanierten Schloss sind ein Restaurant und ein Café untergebracht, stilvolles Ambiente im restaurierten Erdgeschoss oder auch im Biergarten im Schlosshof, gutbürgerliche Küche, auch Wildgerichte, mittleres Preisniveau, im Café auch Waffeln, geöffnet täglich 11–22 Uhr. Hotel und eigene Brauerei in Planung. Dorfstraße 25, 17429 Mellenthin, ✆ 038379/28930, 📠 038379/28932.

Balm

ca. 100 Einwohner

Das ziemlich verschlafene Dorf liegt rund 2 km nordwestlich von Neppermin. Menschen sieht man auf den wenigen Straßen kaum, doch ist Balm gerade im Begriff, einen bescheidenen Aufschwung zu erleben, was nicht zuletzt am beliebten Golfhotel etwas außerhalb liegt. Diverse Baustellen zieren den Ortsrand, an der Dorfstraße werden zahlreiche Ferienhäuser und -wohnungen angeboten.

• *Verbindungen* Mit dem **Bus** 3-mal tägl. über Neppermin, Benz, Bansin und Heringsdorf nach Ahlbeck, 1-mal tägl. über Dewichow, Morgenitz und Suckow nach Usedom/Stadt.

• *Golf* **Golfpark Balmer See**, 27-Loch-Anlage und 6-Loch-Kurzplatz sowie Driving-Range. Greenfee 40–50 € (Studenten die Hälfte), Kurzplatz 11 €, Hotelgäste des Golfhotels nebenan genießen Sonderkonditionen. Auch Kurse: vom Schnuppertag für 26 € bis zum Platzreife-Wochenkurs für 450 €. Drewinscher Weg 1, 17429 Balm, ✆ 038379/28199, 📠 038379/28200, www.golfhotel-usedom.de.

• *Übernachten* **Golf- und Landhotel Balmer See**, neuer, großer Hotelkomplex mit diversen Nebengebäuden, rohrgedeckten Dächern, großen Fensterfronten und Balkonen. Ein wenig oberhalb des Balmer Sees, tolle Lage, Golfplatz nebenan, außerdem exklusives Restaurant mit schöner Terrasse (s. u.). Die Zimmer und Ferienwohnungen sind im behaglichen Landhausstil eingerichtet, man kann es hier aushalten. Wer des Golfens müde ist, kann es auch mit Tennis, Schwimmen (Halle), Fitness usw. probieren. Oder sich im Wellnessbereich in Sauna, Whirlpool oder Dampfbad entspannen, ein Beauty-Bereich mit umfangreichem Angebot gehört ebenfalls noch dazu, auch Fernost mit Ayurveda und Tai Chi sorgt für Abwechslung. Liegeplätze und kleiner Badesteg am Balmer See. Zimmer mit Bad, TV und Balkon/Terrasse. EZ mit Frühstück 95 €, DZ 134–154 €, HP zusätzlich 22 € pro Person, Hund 10 € pro Tag. Großzügige Ferienwohnungen mit Bad, Balkon, TV und Küche (mit Spülmaschine), für 2 Personen 97–118 €, für 4 Personen 127–148 €, Schwimmbad 10 € pro Person und Tag. Ganzjährig geöffnet. Drewinscher Weg 1, 17429 Balm, ✆ 038379/280, 📠 038379/28222, www.golfhotel-usedom.de.

Bei Balm

• *Essen & Trinken* **Gaststätte Alte Schule**, mit sehr einladendem Biergarten, von dem aus man über den ganzen Balmer See und hinüber zu den beiden Naturschutzinseln Böhmke und Werder schauen kann. Innen sehr uriges Lokal mit viel Holz, Kamin und Bar. Mittleres Preisniveau, die Küche ist tägl. 12–22 Uhr geöffnet. Guinness vom Fass und große Whiskey-Auswahl. Am Ortsausgang Balm Richtung Golfhotel auf der linken Seite, nicht zu übersehen. Dorfstraße 15, ✆ 0160/94767686 (mobil).

Restaurant im Golfhotel, gehobenes Restaurant mit schöner Terrasse, aus der Küche kommt Erlesenes wie z. B. das Hummerschaumsüppchen. Allerdings nicht gerade günstig: Hauptgerichte um 20 €. Mittags und abends geöffnet, ✆ 038379/280.

Naturschutzgebiet Halbinsel Cosim: Fährt man vom Golfhotel weiter in nördliche Richtung, gelangt man am Hotel Cosim vorbei zum Naturschutzgebiet Halbinsel Cosim. Von einer Kuppe bieten sich herrliche Ausblicke auf das weite und völlig flache Land, die Straße endet an einem Parkplatz (sogar gebührenfrei), von dem aus es nur noch zu Fuß oder per Mountainbike weitergeht. Der markierte Weg führt in einem Abstecher zum Naturschutzgebiet und dann im weiten Bogen fast direkt am Achterwasser entlang nach Dewichow (s. u.).

Von Balm nach Dewichow: Eine landschaftlich besonders schöne Strecke, auf schmalem Sträßchen geht es zunächst durch den Wald des Naturschutzgebietes *Mellenthiner Os,* dann über weite und bestens bestellte Felder, dazwischen immer wieder ein paar Baumgruppen sowie glückliche Kühe und Pferde auf satten Weiden.

Dewichow

Dieser winzige Ableger der Gemeinde Mellenthin zählt gerade mal zwei Handvoll verstreuter Häuser entlang der einzigen Straße im Dorf. Die Lage am

Krienker See (Achterwasser) ist schön, der Ort idyllisch, es riecht nach Land, hier fangen die Katzen noch Mäuse. Kein Laden, kein Restaurant – wer sich hier einmietet, sollte unbedingt motorisiert sein.

- *Verbindungen* **Bus** 3-mal tägl. über Balm, Neppermin, Benz, Bansin und Heringsdorf nach Ahlbeck, 1-mal tägl. über Morgenitz und Suckow nach Usedom/Stadt.
- *Übernachten* **Residenz am Gutshaus**, neue Ferienwohnungen und -häuser, nach hinten hinaus hufeisenförmig um einen Garten gebaut, fast direkt am Wasser (an der Dorfstraße und daher kaum zu übersehen). Alle mit Balkon oder Terrasse, Küchenecke, Bad und TV. Ferienwohnung für 4 Personen 80 € pro Tag, für 6 Personen 99 €, Ferienhaus für 6 Personen 116 €. Ganzjährig geöffnet. 17406 Dewichow, Infos und Buchungen unter: Residenz Waldhaus GmbH, Hauptstraße 22a, 17459 Zempin, ☏ 038377/710, 📠 038377/71200, www.usedomresidenzen.de.

Morgenitz

ca. 150 Einwohner

Usedom wie aus dem Bilderbuch! Ein fotogenes Dorf mit holprigen Straßen, rohrgedeckten Häusern mit bunten Blumen an den Fenstern und hübsch gestrichenen Fensterläden, umgeben von lauschigen Gärten, in denen man sich sofort in einen Liegestuhl fallen lassen möchte. Morgenitz ist alt, die Gegend war vermutlich sogar bereits in der Steinzeit besiedelt, darauf deuten Megalithgräber in der Umgebung hin. Aus der Bronzezeit stammen einige Mahlsteine, die heute auf dem idyllischen Friedhof zu sehen sind. Erstmals erwähnt wurde Morgenitz im Jahr 1270, der Name geht auf die slawische Gründung *Murignevitz* zurück. Einzige Sehenswürdigkeit – neben dem malerischen Ortsbild als Ganzem – ist die Kirche an der Straße Richtung Krienke aus dem späten 15. Jh. Der niedrige, rohrgedeckte Glockenstuhl ne-

Landidyll in Morgenitz

Altehrwürdig: die Suckower Eiche

ben der Kirche stammt aus dem frühen 19. Jh., umgeben ist das Gotteshaus von dem erwähnten Friedhof.

• *Verbindungen* **Bus** 3-mal tägl. über Dewichow, Balm, Bansin und Heringsdorf nach Ahlbeck, 1-mal tägl. über Suckow nach Usedom/Stadt.

• *Einkaufen* **Töpferei/Keramikwerkstatt Dannegger**, ideale Souvenirs. Dorfstraße 8, ✆ 038372/70910.

• *Fahrradverleih* An der einzigen Kreuzung im Dorf.

• *Übernachten/Essen & Trinken* **Gaststätte & Pension Bauernstube**, in der rustikalen Gaststube werden hauptsächlich Fischgerichte zu günstigen Preisen serviert, mittags und abends geöffnet. Vermietet werden auch 6 Appartements mit Bad und TV sowie kleiner Küchenausstattung mit Spüle, Kühlschrank und Kaffeemaschine. Für 2 Personen mit Frühstück 60 € pro Tag, für 3 Personen 90 €. Ganzjährig geöffnet. Dorfstraße 32, 17406 Morgenitz, ✆/℻ 038372/70924.

Krienke und Suckow: Jeweils ein paar Häuser in abgeschiedener Lage, Krienke liegt nur ein kurzes Stück südlich des gleichnamigen Sees (eine der südlichen Buchten des Achterwassers). Unbedingt einen Stopp sollte man kurz nach dem Ortsausgang von Suckow Richtung Krienke an der *Suckower Eiche* einlegen: Der mächtige und überaus eindrucksvolle Baum (direkt an der Straße, nicht zu übersehen) wurde schon im Jahr 1298 als Grenzmarke erwähnt und ist demnach über 700 Jahre alt! Der Stamm hat einen Umfang von über 6 m, an der Krone sind es sogar 30 m. Ursprünglich soll sich hier auf der Anhöhe eine prähistorische Grabstätte befunden haben.

Lieper Winkel

Mittendrin und doch so abgeschieden wie kaum eine andere Gegend auf Usedom. Die Halbinsel ragt in Form einer Glühbirne weit ins Achterwasser hinein

Ländliche Einsamkeit im Lieper Winkel

und ist vollkommen flach. Gerade mal eine Handvoll Dörfer gibt es im Lieper Winkel und noch nicht mal so viele Hotels. Eine Gegend mit weiten Feldern und viel Stille – ideal für Einsamkeitssuchende.

Im Mittelalter war der Lieper Winkel von Slawen bevölkert, damals orientierte man sich über den Peenestrom zum Festland, mit dem reger Handel getrieben wurde. Noch im 13. Jh. – die Gegend wurde gerade christianisiert – berichten Inselchroniken von einem undurchdringlichen Wald, der die Halbinsel vom Rest Usedoms abschnitt. Davon ist heute nichts mehr zu sehen, nur vereinzelt findet sich noch eine Spur von Wald. Nach dem Großen Nordischen Krieg ging Usedom und mit ihm auch der Lieper Winkel im Jahr 1720 an Preußen, auf der anderen Seite der Peene befand sich schwedisches Gebiet – der Lieper Winkel wurde zum Grenzland. Ab Mitte des 18. Jh. versuchte sich *Friedrich II.* (der Große) im Lieper Winkel an der Seidenraupenzucht, das erfolglose Projekt wurde aber bald wieder aufgegeben. Ende des 19. Jh. baute man eine Chaussee zum Lieper Winkel, sie führte von Usedom/Stadt nach Rankwitz und weiter nach Liepe.

Auf eben jener schönen Allee fährt man noch heute von Krienke nach **Rankwitz,** dem „Hauptort“ der Halbinsel – sofern man das angesichts der etwa zwei Dutzend Häuser überhaupt sagen kann. In einem davon ist die *Heimatstube* untergebracht, das kleine Dorfmuseum an der Durchgangsstraße, in dem diverse Alltagsgegenstände aus den letzten Jahrhunderten ausgestellt sind (Besuch nur nach Anmeldung unter ✆ 038372/70535, Eintritt 2,50 €). Mitten im Dorf gibt es eine Pension mit Restaurant (Rankwitzer Hof, Dorfstraße 15, ✆ 038372/270563), am Hafen ein weiteres Restaurant, das war's dann aber auch schon an touristischer Infrastruktur.

Eine schmale Plattenstraße führt in den rund 2 km nordwestlich gelegenen Nachbarort **Quilitz.** Das winzige ehemalige Fischerdorf liegt am Peenestrom und bietet dank kleinem Touristenhafen, Sandstrand und angrenzender Steilküste mit schönen Ausblicken aufs Festland doch etwas mehr touristische Attraktion. Nicht ganz so schön dagegen die Bungalowsiedlung im Wald am Ortsrand aus den 1980er Jahren.

Zurück auf der Hauptstraße, erreicht man über das völlig flache Land schließlich den Ort **Liepe,** nach dem die Halbinsel benannt wurde. Ausgerechnet hier, in der Abgeschiedenheit der geographischen Mitte des Lieper Winkels, befindet sich die älteste Kirche Usedoms – wohl auch die bedeutendste Sehenswürdigkeit des Lieper Winkels überhaupt. Erstmals erwähnt wurde das romanische Gotteshaus im Jahr 1216. Im Inneren findet man Fresken aus dem späten Mittelalter, aber auch barocke Stilelemente wie z. B. beim Chorgestühl und dem Kanzelaltar.

Vom zentralen Ort Liepe führt die Hauptstraße in nordwestlicher Richtung weiter ins recht idyllische **Warthe,** das mit einem der entspannendsten Hotels der Gegend und dazugehörigem Restaurant aufwartet (s. u.). Bekanntestes Fotomotiv des Ortes ist das sogenannte *Blaue Haus,* ein wirklich malerisches rohrgedecktes Häuschen mit verwildertem Vorgarten.

Wendet man sich von Liepe auf schmaler Plattenstraße nach halbrechts, geht es nach **Reestow** (ebenfalls mit empfehlenswertem Hotel, s. u.) und nach **Grüssow** direkt am Achterwasser, dem vielleicht schönsten Ort der Halbinsel: ein echtes Idyll mit rohrgedeckten Häuschen, viel Grün, Obstverkauf direkt vom Hoftor und praktisch ohne Autoverkehr. In Grüssow startet auch eine schöne Wanderung um den Lieper Winkel (s. u.).

• *Verbindungen* **Bus** 4-mal tägl. von Usedom/Stadt über Suckow, Morgenitz und Krienke in den Lieper Winkel nach Rankwitz, Quilitz, Liepe, Grüssow, Reestow und Warthe. In Gegenrichtung nach Usedom/Stadt 6-mal tägl., davon jedoch nur 2-mal (frühmorgens) über alle Dörfer, ansonsten hält der Bus nur in Warthe, Liepe und Rankwitz.

• *Übernachten/Essen & Trinken* *In Warthe:* **Am Achterwasser**, Restaurant, Café und Ferienwohnungen, sehr nett aufgemacht, gemütliches Restaurant mit Terrasse, viele Katzen spazieren im Garten herum, wirklich nettes Landleben! Unterbringung in Ferienwohnungen in vier Fachwerkhäusern auf der grünen Wiese, nur wenige Meter vom Peenestrom entfernt. Wohnung für 2 Personen 64–69 €, für 4 Personen 87–92 €, für 5 Personen 97–102 €. Mit Bad, kleiner Küche, Brötchenservice. Ganzjährig geöffnet. Dorfstraße 12, 17406 Warthe – Lieper Winkel, ✆/℻ 038372/7520, www.am-achterwasser.de.

In Reestow: **Zum Storchennest**, ca. 300 m außerhalb des Ortes (beschildert), Restaurant und Biergarten, mittags und abends geöffnet, Mi Ruhetag. Schmackhafte und bodenständige Küche, mittleres Preisniveau. Zum Storchennest gehören auch 9 Ferienwohnungen (3 davon im Reethaus), alle mit Küche, Bad, TV und Terrasse oder Balkon. Sauna, Solarium und Whirlpool gegen Gebühr, Fahrradverleih 3 € pro Tag. Für 2 Personen 60 € pro Tag, für 4 Personen 80 €, 6 Personen ab 85 €. Ganzjährig geöffnet. Ballitzer Weg, 17406 Reestow – Lieper Winkel, ✆ 038372/76900. Buchungsadresse Ferienwohnungen: Ferd. Middeke, Overhagener Weg 10, 59597 Erwitte, ✆ 02943/3514, ℻ 02943/7572, www.middeke-usedom.de.

In Grüssow: **Ferienwohnung Sonnenhof**, nur eine Wohnung in einem lauschigen, renovierten Fachwerkhäuschen, weitere Infos erteilt Familie Reuter unter ✆ 038372/71515.

Wanderung um den Lieper Winkel

Charakteristik: Leichte Rundwanderung meist am Achterwasserufer entlang, vor allem auf Feldwegen und Wanderpfaden, teils sandig.

Länge/Dauer: Etwa 7 km; reine Gehzeit 2 Stunden.

Einkehrmöglichkeiten: In der Gaststätte *Zum Storchennest* in Reestow (s. o.).

Wegverlauf: Die Wanderung beginnt in Grüssow, dem kleinen Weiler am Ostufer des Lieper Winkels (Anfahrt über Liepe, dort rechts und noch etwa 2 km, parken kann man bei der Bushaltestelle in Grüssow). Von der Bushaltestelle (WP 01) geht es zunächst die Dorfstraße entlang, die bald eine Biegung nach Norden beschreibt (folgenden links abzweigenden Plattenweg ignorieren) und durch das schmucke Dorf mit seinen sorgsam renovierten, rohrgedeckten Häusern und halb verfallenen Scheunen führt. Nach dem letzten Hof am Dorfrand (WP 02) rechts auf einen Feldweg abbiegen. Bald passiert man eine Anlegestelle, hinter der der Weg zum Pfad wird, der auf dem Deich weiterführt. Linker Hand erstrecken sich Felder und Weiden, durch die sich schilfbestandene Gräben ziehen. Rechts bieten sich herrliche Ausblicke über das schilfgesäumte Achterwasser. Der Deichweg beschreibt einen weiten Bogen, während der Schilfgürtel rechter Hand immer breiter wird.

Nach etwa einer dreiviertel Stunde erreicht man ein kleines Waldstück (WP 03), hinter dem man sich bei der Abzweigung (WP 04) halbrechts hält. Wenige hundert Meter weiter zweigt links ein Pfad ab (Beschilderung „Zum Storchennest"). Hinter einem weiteren Waldstreifen biegt man bei einer T-Kreuzung links und gleich wieder rechts ab (rechter Hand liegt ein kleiner Hof, WP 05). Weiter geht es auf einem steinigen Feldweg, zunächst an Weideland vorbei, dann ein Stück unter Bäumen und schließlich wieder an Feldern entlang. Der Weg beschreibt einen weiten Bogen und führt dann geradeaus auf ein großes gelbes Gebäude zu, die Gaststätte *Storchennest*. Vor der Gaststätte links abbiegen (WP 06), der Feldweg mündet auf die Pflasterstraße, die durch Reestow führt, dann erneut links (WP 07). Das Pflaster geht am Ortsausgang in Asphalt über. Linker Hand verlässt man das Dorf und kehrt auf der Landstraße zurück nach Grüssow.

Usedom/Stadt

ca. 2000 Einwohner

Namensgebend und geschichtsträchtig, steinalt und doch beschaulich. Die Kirche scheint ein wenig zu wuchtig, das Tor ein wenig zu städtisch, und dennoch passt sich das kleinststädtische Bild idyllisch in die liebliche Landschaft ein.

Wahrscheinlich war die Gegend um den Schlossberg bereits in vorslawischer Zeit besiedelt. Im 12. Jh. stand auf der Anhöhe über dem kleinen Hafen eine slawische Burg, die als Residenz pommerscher Fürsten diente und im Jahr 1128 zum Schauplatz großer Geschichte wurde. In *Uznam*, so der slawische Name Usedoms, trafen sich westpommersche Adlige und bekannten sich in Anwesenheit *Ottos von Bamberg* zum Christentum. Bald entwickelte sich die Ansiedlung zu einem schmucken mittelalterlichen Ort, der rasch der bedeutendste der Insel wurde und 1298 schließlich die Stadtrechte erhielt. Nahebei befand sich auch das geistige Zentrum der Insel, das um 1150 gegründete Kloster Grobe.

Usedoms Marienkirche

Heute ist von Burg und Kloster, dessen Mönche Anfang des 14. Jh. nach Pudagla umzogen, nichts mehr zu sehen. Überhaupt ist aus der großen Zeit der Stadt kaum etwas erhalten geblieben, denn Ende des 15. Jh. vernichtete ein Brand einen Großteil der Gebäude. Darunter auch die 1337 erstmals erwähnte **Marienkirche,** die aber nach der Brandkatastrophe als dreischiffige spätgotische Hallenkirche wiederaufgebaut wurde. Ihr heutiges Erscheinungsbild verdankt sie einem Umbau vom Ende des 19. Jh.

Gänzlich verschont vom Stadtbrand blieb das **Anklamer Tor,** ein sehenswerter, klar gegliederter Backsteinbau, der Mitte des 15. Jh. als Teil einer stadtumschließenden Befestigung gebaut worden war – die beiden anderen Tore, das Swinetor im Norden und das Peenetor im Osten, wurden im 19. Jh. abgetragen. Wie so viele erhalten gebliebene Stadttore diente auch das Anklamer Tor, nachdem jede Stadtbefestigung obsolet geworden war, als Gefängnis, bevor schließlich in jüngerer Zeit das **Heimatmuseum** in den renovierten Bau einzog. Dort ist auf vier Etagen nicht nur jede Menge altes landwirtschaftliches und handwerkliches Gerät

zu sehen, aus den oberen Fenstern hat man zudem einen herrlichen Blick über die Stadt und das Umland (Eintritt 1 €, Infos unter ✆ 038372/70890).

Usedom ist heute ein hübsches, ruhiges 2000-Einwohner-Städtchen mit einem sehenswerten historischen Kern um Marktplatz und Marienkirche. Allerdings ist der Begriff „Kern" etwas irreführend, denn die Peenestraße, die vom Anklamer Tor an Kirche und Marktplatz vorbei geradewegs zum Hafen führt, bildet gleichzeitig auch den südlichen Ortsrand. Nichtsdestotrotz sind die sorgfältig renovierten alten Häuser (teils Fachwerk) nicht zuletzt wegen ihrer farbenfrohen und verzierten Haustüren sehenswert. Auf dem Weg zum kleinen Hafen am Usedomer See führt ein Sträßchen hinauf zum geschichtsträchtigen Schlossberg, auf dem ein Granitkreuz an die Christianisierung der Wenden erinnert. Der idyllische *Usedomer See* übrigens ist genau genommen gar kein See, sondern eher eine Bucht, da das Gewässer durch einen schmalen Kanal mit dem Stettiner Haff verbunden ist.

• *Information* **Stadtinformation Usedom**, etwas außerhalb auf der stadtabgewandten Seite der B 110, die im Stadtbereich Bäderstraße heißt. Mai–September Mo–Fr 10–18 Uhr, Sa 10–15 Uhr, Oktober–April Mo–Fr 10–16 Uhr. Bäderstraße 5, 17406 Usedom, ✆ 038372/70890, ℻ 038372/70214, www.stadtinfo-usedom.de.

• *Verbindungen* Die **Buslinie 201** fährt werktags täglich etwa alle 2 Stunden (Sa/So 5-mal) nach Anklam bzw. in entgegengesetzter Richtung zu den Kaiserbädern Ahlbeck und Heringsdorf (auf der B 110). Nach Ahlbeck und zurück (über Benz und Bansin) kommt man 2-mal täglich auch mit der **U 8** (werktags). Die **U 18** fährt etwa 5-mal täglich zum Lieper Winkel.

• *Internet* Ein Rechner im Café Roseneck (s. u.), nicht gerade günstig: 1,55 €/15 Min., 2,50 €/30 Min.

• *Übernachten/Essen & Trinken* **Hotel-Restaurant Norddeutscher Hof (2)**, traditionsreiches, schönes Haus am Markt, stilvolles Ambiente, schöne Zimmer. EZ mit Bad, TV und Frühstück 49 €, DZ 88 €. Im guten, mehrfach ausgezeichneten Restaurant gibt es vor allem regionale Fisch- und Wildgerichte. Es ist in der Hauptsaison täglich mittags und abends geöffnet, von Dezember bis März nur abends (So Ruhetag), im November geschlossen. Markt 12, 17406 Usedom, ✆ 038372/70266, 📠 038372/70712, www.norddeutscherhof.de.

Roseneck (1), Eiscafé, Brasserie und Pension nahe dem Marktplatz, vor allem das Café mit seinem schönen, gemütlichen Garten hinter dem Haus sowie Plätzen vorne an der Ecke zum Markt überzeugt. Auch einfache Gerichte, zudem Internetzugang, ganztägig geöffnet. DZ mit Bad, TV und Frühstück 60 €, auch Ferienwohnungen (72 €/4 Personen). Rosenstraße 8, 17406 Usedom, ✆ 038372/76737, 📠 038372/76745, www.roseneck-usedom.de.

• *Bootsverleih* **Usedom Segeln**, am Hafen, Mai–Oktober tägl. 10–18 Uhr geöffnet, Ruderboot oder Kajak (bis 3 Personen) sowie Motorboot (führerscheinfrei) 6,50 €/Stunde, 29 €/Tag; Ruderboot (bis 4 Personen) 7,50 €/ Stunde, 34 €/Tag; Segeljolle ab 12 €/Stunde, 54 €/Tag; auch Fahrradverleih (5,50 €/Tag) und Segelunterricht sowie Sportbootführerschein. 17406 Usedom, ✆ 038372/76776 oder 0160/91327671 (mobil), www.usedom-segeln.de.

Usedomer Winkel

Usedomer Winkel wird die Landschaft genannt, die sich im Südwesten zwischen Usedom/Stadt und Usedomer See und dem Peenestrom erstreckt. Im Norden begrenzt die B 110, die von Anklam zu den Kaiserbädern führt, den Winkel, während eine Landstraße in weitem Bogen der Küstenlinie folgt. In dieser stillen Landschaft finden sich ein paar kleine Weiler mit teils alten, rohrgedeckten Häusern wie **Zecherin** nahe der gleichnamigen Brücke, die auf das Festland führt, oder **Gellenthin** in der Mitte des Usedomer Winkels. Die

Blick über den Usedomer Winkel (im Hintergrund: die Hubbrücke von Karnin)

einzige Sehenswürdigkeit der ländlichen Gegend befindet sich in **Karnin,** genauer gesagt im Peenestrom vor Karnin. Dort steht der Rest der ehemaligen *Hubbrücke.* Die aufwendige Konstruktion war 1933 anstelle der alten Eisenbahnbrücke errichtet worden und galt damals als technisches Meisterwerk. Als 1945 die Rote Armee auf dem Vormarsch war, wurde die Brücke von der Wehrmacht gesprengt, nur der Mittelteil blieb erhalten. Heute steht der stählerne Koloss unter Denkmalschutz, genauso wie der restaurierte Bahnhof, in dem eine Ausstellung über das technische Monument informiert.

Informationscenter Karnin Mai–September täglich außer Mo 10–18 Uhr, Oktober–April 10–16 Uhr (Mo, Di und Mi geschlossen). Dorfstraße 12, 17406 Karnin, ✆ 038372/71446.

Entlang der Südküste: Stolpe, Dargen und Zirchow

Hinter Usedoms Schlossberg zweigt von der B 110 eine Straße ab, die durch eine einsame ländliche Gegend zu den Dörfern **Stolpe** und **Dargen** führt. Südlich von **Zirchow** befindet sich der Flughafen Heringsdorf.

Stolpe: In der Mitte ein Dorfteich, eine kleine Kirche, eine Bäckerei und ein Schloss – Stolpe ist ein kleines, idyllisches 400-Seelen-Dorf inmitten einer lieblichen Landschaft. Das Schloss stammt aus dem 17. Jh. und wird derzeit restauriert. Nach Norden zweigt eine malerische Lindenallee (Sandpiste) ab, auf der man zum knapp 2 km entfernten Stolperhof gelangt.

• *Übernachten/Essen & Trinken* **Stolperhof**, ökologisch geführter Hof, auf dem sehr schönen Anwesen stehen 14 nostalgisch-schlichte Zimmer („Kammern") zur Verfügung. DZ mit Bad und Frühstück 82 €. Im Hof befindet sich auch eine Gaststube (geöffnet April bis Ende Oktober 12–17 Uhr). Für Hausgäste werden diverse Aktivitäten angeboten wie Brotbacken oder Korbflechten. Kurzum: ein stilles, abgeschiedenes Idyll. Landweg 1, 17406 Stolpe auf Usedom, ✆ 038372/71081, 📠038372/71082, www.stolperhof.de.

Dargen: In diesem etwa einen Kilometer südlich der B 110 gelegenen Dorf gibt's nicht nur eine sehr beliebte Gaststätte, sondern sogar ein Museum. Das *Technik- und Zweiradmuseum* am alten Bahnhof wirkt auf den ersten Blick wie ein Trabifriedhof. Tatsächlich war es ursprünglich als Ausstellung alter DDR-Motorräder konzipiert, hat sich aber dann zu einem Museum rund um die Alltagskultur in der DDR entwickelt, wobei der Schwerpunkt nach wie vor bei motorisierten Exponaten liegt. Wenngleich nicht direkt am Meer gelegen, verfügt Dargen sogar über einen Hafen, genauer gesagt über einen kleinen Bootsanleger. Der liegt 2 km südlich des Dorfes unterhalb eines Hügels mit dem schönen Namen *Buddelbarg.*

Richtung Stolpe befindet sich beim Weiler Prätenow am Rand der Mellenthiner Heide ein *Wisentgehege.* Die majestätischen Wildrinder stammen aus dem nahe gelegenen Nationalpark Wollin (siehe auch S. 184). Der Plan, eine Wisentzucht aufzubauen, geht auf die 1970er Jahre zurück, wurde aber erst vor wenigen Jahren verwirklicht. Mit Erfolg, denn 2005 wurde das erste Wisentkalb auf Usedom geboren. (In entgegengesetzter Richtung liegt übrigens der Flughafen Heringsdorf; um dorthin zu gelangen, muss man über die B 110 fahren und südlich von Zirchow abbiegen, der in manchen Karten eingezeichnete direkte Weg ist eine Sandpiste, die sich eher für Kutschen und Fahrräder eignet als für Autos.)

⌚ **Technik- und Zweiradmuseum**: April–Oktober 10–18 Uhr, November–März 11–15.30 Uhr. Erw. 4 €, Kinder, Schüler und Studenten 2,50 €. Bahnhofstraße 1, 17419 Dargen, ☎/📠 038376/20290.

Wisentgehege: Mitte April bis Oktober 10–17 Uhr. Wisentstraße 9, ☎ 038376/20554.

• *Übernachten/Essen & Trinken* **Gasthof to'n Eikbom**, sehr beliebtes Landgasthaus, auf der Speisekarte vor allem regionale Gerichte und interessante Tagesangebote. Rustikales Ambiente, sympathischer Service, nicht teuer. Im Haus auch 5 Fremdenzimmer. DZ mit Bad, TV und Frühstück 61 €, EZ 45 €. Haffstraße 19, 17419 Dargen, ☎/📠 038376/20421, www.eikbom.de.

Zirchow: Würde die B 110 den Ort nicht durchschneiden, wäre Zirchow ein verschlafenes Bauerndorf. So aber vertreibt der Verkehr, der sich zur Saison auch mal verstärkt durch den Ort quält, die ländliche Stille. Wer es aber beim schnellen Transfer belässt, verpasst die malerische Dorfkirche *St. Jakobus*, die etwas erhöht inmitten des Dorfes liegt (in der Saison Mo–Do 10–16 Uhr geöffnet). Sie gehört zu den ältesten Gotteshäusern der Insel. 1280 war die Wehrkirche fertiggestellt, die alte Bausubstanz ist noch immer gut erhalten. Im Inneren der wuchtigen Feldsteinkirche sind mittelalterliche Freskenreste freigelegt worden.

• *Übernachten/Essen & Trinken* **Inselkrug**, das gelbe Haus liegt, wie es sich für eine Dorfgaststätte gehört, gegenüber der Kirche. Deftige Hausmannskost zu günstigen Preisen, täglich ab 11.30 Uhr geöffnet, Mo Ruhetag. Auch ein paar wenige Appartements und Ferienwohnungen hinten im Hof werden vermietet (ab 37 €, keine Haustiere). Hauptstraße 8, 17419 Zirchow, ☎ 038376/20316, www.inselkrug.de.

Freilaufendes Federvieh findet sich häufig im ländlichen Süden

Flughafen Heringsdorf: Wenige Kilometer südlich von Zirchow befindet sich der Inselflughafen. Schon im Ersten Weltkrieg wurde das Gelände militärisch genutzt, seit 1935 gab es hier einen Militärflughafen, im Jargon: *Fliegerhorst*. Auch nach dem Zweiten Weltkrieg waren hier Luftstreitkräfte beheimatet, zuerst sowjetische, später auch deutsche. Seit der Sanierung in den 1990er Jahren starten von hier Cessnas zu Inselrundflügen oder auch Linienflüge nach Berlin, Mannheim oder Saarbrücken.

• *Rundflüge* Es werden zwischen 15 und 90 Minuten dauernde Rundflüge angeboten, beispielsweise: 15-Minuten-Flug über die Kaiserbäder zu 45 €/Person (bei einer Beteiligung von 2 Personen, bei 3 Personen 35 €, allein 85 €), 30-Minuten-Rundflug über die

Insel zu 70 €/Person (bei 2 Personen, bei 3 Personen 50 €, allein 135 €), 90-Minuten-Rundflug über Usedom und Rügen 195 €/ Person (bei 2 Personen). Ostseeflug GmbH, Am Flughafen 1, 17419 Zirchow, ✆ 038376/ 20030 (Tickets) oder 038376/29685 (Infos).

• *Verbindung* **Cirrus Airlines**, in der Saison 2-mal die Woche Linienflüge nach Berlin, Mannheim und Saarbrücken. Cirrus Airlines, Flughafen Saarbrücken, 66131 Saarbrücken, ✆ 06893/800440, 📠 06893/800444, www.cirrus-airlines.de.

Am Golm: Garz und Kamminke

Golm: Mit 69 m die höchste Erhebung der Insel, war der Golm vor dem Zweiten Weltkrieg ein beliebtes Ausflugsziel. Berliner, die mit der Eisenbahn auf dem Weg nach Swinemünde waren, stiegen an einer nahe gelegenen Haltestelle zu einem Zwischenstopp aus, und sommerfrischelnde Swinemünder wanderten hinauf auf den Golm, um die Aussicht über ihre schöne Stadt und die Pommersche Bucht zu genießen. In den letzten beiden Kriegsjahren aber wurde die Ausflugsstätte zu einer riesigen Grabstätte. Zunächst wurde 1944 ein Soldatenfriedhof angelegt. Nach dem verheerenden alliierten Bombenangriff im März 1945 auf das mit Flüchtlingen überlaufene Swinemünde wurden die Toten hinauf auf den Golm gekarrt, um sie hier zu beerdigen. Über 20.000 zumeist namenlose Opfer fanden hier ihre letzte Ruhe. Heute ist der unter Naturschutz stehende Golm eine gepflegte, weitläufige Gedenkstätte, ein schauriges Idyll inmitten eines schönen Laubwaldes.

Die Kirche in Garz

Garz: Am derzeitigen Ende der B 110 liegt das hübsche kleine Dorf (zu den Plänen der Weiterführung der Bundesstraße nach Polen siehe Seite 63) zwischen dem Flughafen Heringsdorf, zu dem es allerdings von hier aus keinen direkten Zugang gibt, und dem Golm. Der Ortsname verrät, dass es sich um altes slawisches Siedlungsgebiet handelt, „Garz" stammt vom slawischen *gardec*, was in etwa „kleine Burg" bedeutet. Kein Geringerer als *Otto von Bamberg* war es, der Garz um 1124 das Christentum brachte. Ob der Pommernmissionar hierbei auch als Kirchengründer auftrat, ist wahrscheinlich, aber nicht gesichert. Die sehenswerte Dorfkirche jedenfalls stammt aus späterer Zeit (15. Jh.). Idyllisch von einem Kirchfried umgeben und von einer uralten Linde beschattet, ist in dem turmlo-

Am Hafen von Kamminke

sen Gotteshaus eine Dauerausstellung über den Golm untergebracht (in der Saison täglich 9–17 Uhr geöffnet).

• *Anfahrt* Am Ortseingang von Kamminke bei der einfachen Gaststätte Kellerberg (✆ 038376/29589), wo die Straße eine 90-Grad-Biegung hinunter zum Hafen beschreibt (hier ein paar Parkplätze), zweigt ein Weg nach Norden ab. Von dem geht wenig später ein Fußweg ab, der hinauf zum Golm führt.

Kamminke: Das alte, kleine Fischerdorf in Randlange schmiegt sich langgestreckt an einen Hügel, eingeklemmt zwischen Stettiner Haff, der deutsch-polnischen Grenze und mit dem Golm im Rücken. Am Hafen befinden sich ein einfacher, komfortloser Wohnmobilstellplatz und eine Fischräucherei mit Biergarten, der dank des weiten Haffblicks sehr beliebt ist. Von hier aus bietet die *Oderhaff Reederei Peters* Ausflugsfahrten über das Stettiner Haff an. Ein nettes Gasthaus findet sich in der Seitenstraße, die ein Stück vor dem Hafen nach Osten führt.

• *Verbindungen* Von Bansin über Heringsdorf und Ahlbeck fährt die **Buslinie U 16** Mo–Fr 6-mal täglich und Sa/So 2-mal täglich nach Garz und Kamminke.

• *Ausflugsfahrten* Die in Ueckermünde beheimatete **Oderhaff Reederei Peters** bietet u. a. Rundfahrten über das Stettiner Haff (2-mal täglich, außer Fr) an sowie Tagesfahrten nach Ueckermünde und Stettin (1-mal, Do). Da eine Mindestteilnehmerzahl notwendig ist, besser telefonisch erkundigen und reservieren. Altes Bollwerk 2, 17373 Ueckermünde, ✆ 039771/22426, ℻ 039771/23483, www.reederei-peters.de.

• *Übernachten/Essen & Trinken* **Gasthaus Haffblick**, zwei jungen Heringsdorfern ist es zu danken, dass das Gasthaus vor ein paar Jahren renoviert und wiedereröffnet wurde. Gemütlich und freundlich, auf der Karte natürlich vor allem Fisch, täglich 11.30–22 Uhr geöffnet, Di Ruhetag. Zudem stehen 8 Zimmer zur Verfügung. DZ mit Bad, TV und Frühstück 50 €, Reservierung empfehlenswert. Wiekstraße 12, 17419 Kamminke, ✆ 038376/20203, www.haffblick-kamminke.de.

Fischräucherei Klönsnack, mit Imbiss und Biergarten am Hafen, günstig und deftig, sehr freundlich, herrliche Aussicht über das Haff. Di Ruhetag.

Strand satt – auch entlang der Ostseeküste in der Inselmitte

Die Inselmitte

Usedoms Landenge. Auf dem schmalen Streifen, der Nord- und Südhälfte der Insel miteinander verbindet und das Achterwasser von der Ostsee trennt, liegen dicht an dicht kleine Seebäder.

Hinter dem weiten Sandstrand und den Dünen erstreckt sich ein vornehmlich aus Kiefern und Buchen bestehender Waldstreifen. Im Süden über die ganze Breite der Landenge, anderorts ganz schmal oder durchsetzt von Seebadbebauung. An der Achterwasserseite hingegen findet sich meist Wiesengrund, der in einen teils recht breiten Schilfgürtel entlang der Küstenlinie übergeht.

Die beiden schönsten Orte in der Inselmitte sind das Seebad Koserow mit dem knapp 60 m hohen Streckelsberg und die Doppelortschaft Loddin-Kölpinsee mit Hafen am Achterwasser und kleinem Seebad am Meer. Flankiert werden sie von dem wenig beschaulichen Seebad Zempin im Norden und dem weitgehend am Binnenufer gelegenen Seebad Ückeritz.

An Usedoms schmalster Stelle beträgt der Abstand zwischen Ostseestrand und Achterwasser nur etwa 300 m. Hier befinden sich das Atelier-Museum des Künstlers Otto Niemeyer-Holstein und südlich davon, am Waldrand, die Hotelanlage Forsthaus Damerow.

Seebad Ückeritz

ca. 1000 Einwohner

Ein freundliches, kleines Seebad ohne Ostseeblick, Ückeritz liegt auf der meerabgewandten Seite der Landenge. Lediglich ein kleiner Ortsableger samt Restaurant und Campingplatz verfügt über unmittelbare Strandnähe.

Vom langen Sandstrand wird der eigentliche Ort durch einen schmalen Waldstreifen getrennt. In südöstlicher Richtung und zum Kölpinsee hin erstrecken sich weitere Waldgebiete, was bisweilen zum Anlass genommen wird, Ückeritz als das waldreichste Ostseebad der Insel zu bezeichnen. Ein anderer Superlativ ist inzwischen Geschichte: Zu DDR-Zeiten – so hieß es zumindest – breitete sich hier der größte Campingplatz Europas aus, eine im Wald verborgene Zeltstadt, die Sommer für Sommer von Tausenden Urlaubern bevölkert wurde. Noch immer gibt es diesen lang gestreckten Campingplatz hinter den Dünen, nur deutlich verkleinert, modernisiert und sehr nett.

Auch am Zugang zum Hauptstrand (mit großem, gebührenpflichtigem Parkplatz) ist alles recht neu: schmucke Holzhäuser, in denen Ferienwohnungen, Cafés, Imbissbuden und Souvenirläden untergebracht sind. Etwas abseits und in Panoramalage hoch über dem Strand liegt das beliebte Restaurant-Café *Utkiek*. Am beliebten Strand selbst kann im Sommer reichlich Rummel herrschen.

Der Ort Ückeritz ist dagegen eher langweilig. Er erstreckt sich beidseitig der B 111, ist von nüchternen Neubauten geprägt und weist keine hervorstechenden Merkmale auf. Recht hübsch ist der kleine Hafen, bei dem sich eine Surfschule und Cafés befinden.

Zwischen dem Ort und dem Campingplatz liegt der *Wockninsee*, ein seit 1967 unter Naturschutz stehendes Moorverlandungsgebiet. Durch Versandung wird der meernahe, flache See immer kleiner. Durch das Biotop führt ein Naturlehrpfad, der sich mit Flora und Fauna des Feuchtgebietes beschäftigt. An diesem See – wahrscheinlich war er damals noch ein ganzes Stück größer – stand die erste Herberge Usedoms. Gebaut wurde sie 1388 von den Ückeritzer Bauern, Torfstechern und Fischern, denen die Mönche des nahe gelegenen Klosters Pudagla abverlangt hatten, in ihren Hütten Reisende zu beherbergen. Da sie das nicht wollten und sich andererseits der klösterlichen Forderung nicht einfach widersetzen konnten, schlugen sie als Alternative den Bau eines Gasthauses vor, und die Mönche willigten ein. Der Krug wurde während des Dreißigjährigen Krieges zerstört und nicht wieder aufgebaut. Wo sein genauer Standort gewesen ist, lässt sich heute nicht mehr ermitteln.

Die Inselmitte
Karte S. 112/113

Reisepraktisches

• *Information* **Kurverwaltung Ückeritz**, der übliche Service inklusive Zimmervermittlung. Mai–Oktober Mo–Fr 9–18 Uhr, Sa/So 9–12 Uhr, Oktober–April 9–16 Uhr. Haus des Gastes, Bäderstraße 5, 17459 Ückeritz, ✆ 038375/2520, 📠 038375/25218, www.ueckeritz.de.

• *Kurtaxe* 1,50 € in der Hauptsaison, 1 € in der Nebensaison, Kinder unter 14 J. frei.

• *Verbindungen* Mit der **UBB** etwa halbstündlich (im Winter stündlich) nach Süden zu den Kaiserbädern Bansin, Heringsdorf und Ahlbeck, in anderer Richtung über Koserow nach Zinnowitz. Von dort fährt die Hauptlinie nach Wolgast (und 9-mal täglich weiter nach Greifswald und Stralsund), die Seitenlinie zweigt nach Peenemünde ab (etwa 1-mal in der Stunde).

Übernachten/Essen & Trinken

• *Übernachten* **Hotel/Pension Nussbaum**, modernes, gepflegtes Haus, in dem man um das Wohl der Gäste bemüht ist, anbei ein schöner Garten, außerdem Wintergarten und Bar, ruhig in einer Seitenstraße am Ortsrand gelegen. DZ mit Bad, TV und Frühstück je nach Größe 92–110 €, EZ 75 €, Suite 110 €, Maisonette 110 €/2 Personen, 160 €/4 Personen. Im Winter geschlossen. Feldstraße 2, 17459 Ückeritz, ✆ 038375/2380, ℻ 038375/23888, www.nussbaumhof.de.

Pension Am Achterwasser, sehr freundlich geführte Pension in der Nähe des Hafens, neues Haus mit grüner Holzfassade zur Straßenfront und gelbem Wintergarten zum Achterwasser, auch nettes Café. Nur 5 Zimmer, daher Reservierung ratsam. DZ mit Bad, TV, Frühstück und Achterwasserblick ab 70 €, mit Terrasse 80 €, EZ auf Anfrage, in der Nebensaison günstiger. Keine Haustiere, im Januar zwei Wochen geschlossen. Hauptstraße 35, 17459 Ückeritz, ✆ 038375/20600, ℻ 038375/20643, www.pension-achterwasser.de.

Naturcamping Am Strand, ein traditionsreicher Zeltplatz, von dem es in DDR-Zeiten hieß, er sei der größte Europas. Heute geht es beschaulicher zu, aber noch immer erstreckt sich das Areal über einen schmalen Streifen hinter den Dünen von fast 4 km Länge und verfügt über insgesamt etwa 700 Stellplätze. Die hilfsbereit geführte Rezeption (ganztägig geöffnet) befindet sich am Anfang des Platzes (im roten Haus), hier im Sommer auch Fahrradverleih. Auf dem Campingplatz gibt's zwei Einkaufsläden und eine Gaststätte, außerdem verfügt er über neue oder renovierte Sanitäreinrichtungen. Erw. 3,50 €, Kinder (3–13 J.) 1,50 €, kleines Zelt 4,50 €, großes Zelt 5,50 €, Wohnmobil 6–7 €, Pkw 3,50 €, Strom 1,60 €, Hunde 3 €, auch Bungalows (ca. 40 €). Geöffnet von Mitte April bis Mitte Oktober, im Winter nur auf Voranmeldung. Am Strand, 17459 Ückeritz, ✆ 038375/20923 (Rezeption), Buchung und Infos (ganzjährig) über die Kurverwaltung.

Beim Campingplatz ducken sich ein paar blau gestrichene **Ferienhäuser** hinter den Dünen – hübsch, aber nicht ganz günstig: ab 135 € für 2 Personen, bis 199 € für 7 Personen (plus Endreinigung), Hunde 9 €/Tag), in der Nebensaison deutlich preiswerter. Infos unter Strandhäuser Blankenfohrt, Am Strand 29, 17459 Ückeritz, ✆ 038375/560 (Reservierung), www.strandhaeuser-blankenfohrt.de.

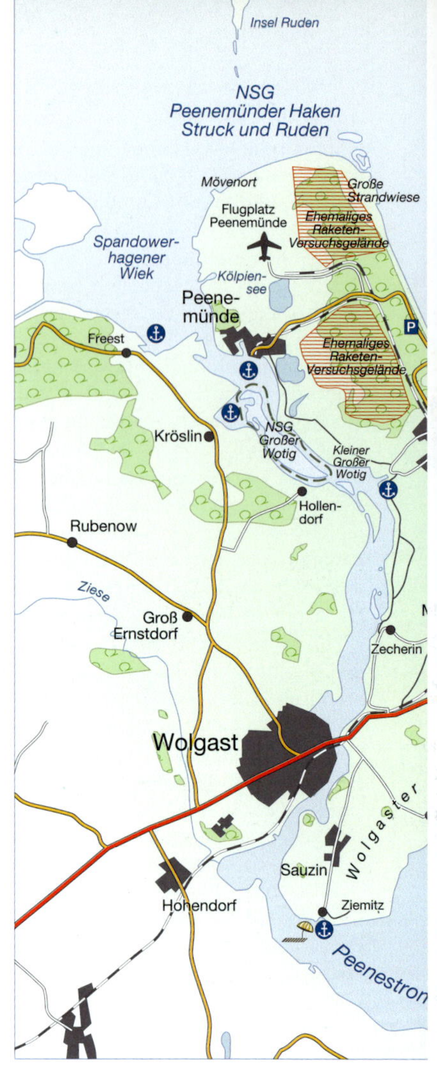

• *Essen & Trinken* **Deutsches Haus**, in einem urgemütlichen Gastraum wird pommersche Küche aus regionalen Zutaten serviert, die reichliche Auswahl auf der Speisekarte beschränkt sich nicht nur auf Fisch. Mittleres Preisniveau. Geradezu museal als Küche von 1900 ist der Eingangsbereich gestaltet. In dem traditionsreichen Haus ste-

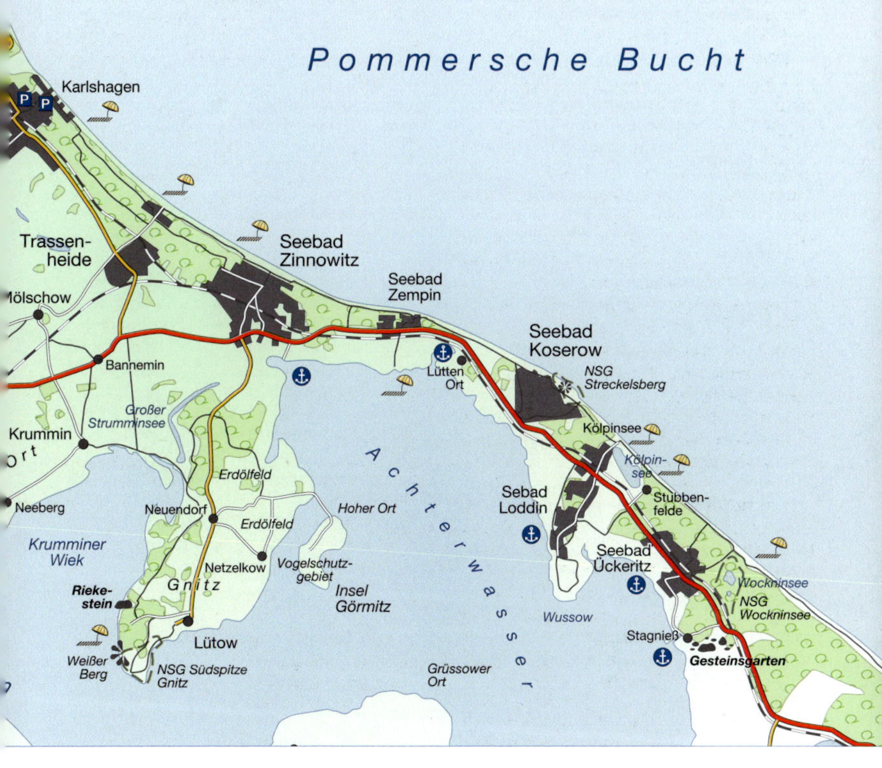

hen auch 3 Zimmer zur Verfügung (DZ mit Bad und Frühstück 50 €). Geöffnet 12–14.30 Uhr und 17.30–23 Uhr, Di Ruhetag. An der Durchgangstraße unweit vom Haus der Gastes gelegen. Nebenstraße 1, 17459 Ückeritz, ✆ 038375/20940, 📠 038375/20868, www.deutsches-haus-ueckeritz.de.

Restaurant/Strandcafé Utkiek, sehr beliebtes Lokal in schöner Lage über dem Strand, große Terrasse mit herrlichem Ausblick, auf der Speisekarte vor allem Fisch, auch Kaffee und Kuchen. Ganzjährig von morgens bis abends geöffnet, kein Ruhetag. Beim Hauptstrandzugang links auf den Dünen. ✆ 038375/20408.

Zwei nette Cafés befinden sich auch am Hafen von Ückeritz. Zum einen das zur Pension Achterwasser gehörige **(Eis-)Café** mit Wintergarten und Terrasse zum Achterwasser: leckerer hausgemachter Kuchen, im Sommer 11–21 Uhr, in der Nebensaison 13–18 Uhr, im Winter nachfragen. Zum anderen das **Café der Windsportschule** im blauen Pavillon.

Sport und Freizeit

• *Ausflugsfahrten* Achterwasserfahrten vom Hafen Stagnieß aus (siehe S. 115).

• *Baden* Da Ückeritz auf der meerabgewandten Seite der Landenge liegt, muss man, um zum Strand zu gelangen, erst den Waldstreifen durchqueren. Aber es lohnt, man findet einen herrlichen feinsandigen Strand vor, teils unterhalb der niedrigen Steilküste, etwa 30 m breit und ebenso weit flach ins Meer abfallend. Überwacht auf Höhe des Hauptstrandzugangs, Hundestrand 300 m Richtung Kölpinsee, 200 m weiter FKK-Strand. Außerdem erstrecken sich mehrere ausgewiesene Hundestrand- und FKK-Bereiche entlang des Campingplatzes.

• *Bootsverleih* Beim Hafen am Achterwasser, Tretboote 5 €/Stunde, 13,50 €/3 Stunden, Ruderboote 6 €/Stunde, 16 €/3 Stunden, Motorboot (5 PS, führerscheinfrei) 18 €/Stunde, 49 €/3 Stunden. Infos unter **Windsport Usedom** (s. u.).

• *Fahrradverleih* **Zweirad Awe**, am Eingang des Campingplatzes an der Ostsee und in der Hauptstraße im Ort. Tourenrad 5,50 €/Tag, MTB 7 €/Tag, Kinderrad 4 €/Tag, Anhänger 6 €/Tag, Bollerwagen 4 €/Tag, bei mehrtägiger Vermietung günstiger, auch Zubehör und Radwanderkarten. Hauptstraße 8, ✆ 038375/20938 oder 0172/5616598 (mobil).

• *Feste* Mitte Juli findet das **Ückeritzer Hafenfest** am Hafen Stagnieß statt.

• *Sportboothafen* Kleiner Hafen am Achterwasser, etwa 50 Gastliegeplätze, allerdings nur für Boote mit geringem Tiefgang, die Wassertiefe beträgt an der Zufahrt teilweise nur einen halben Meter (größere Boote können in den nahe gelegenen Hafen Stagnieß ausweichen). Im Hafen auch sanitäre Einrichtungen. Infos über die Kurverwaltung, ✆ 038375/2520.

• *Strandkorbverleih* Am Hauptstrand von Ückeritz, 4 €/Tag.

• *Wassersport* **Windsport Usedom**, großes Angebot, Segeln, Wind- und Kitesurfen, professionell geführt, flexible Kursgestaltung. Einige Preisbeispiele: *Segeln:* Schnupperkurs 25 €/2 Stunden, Anfängerkurs (auch Cat) 150 €/10 Stunden, Kindersegelkurs 100 €/10 Stunden, auch Scheine. *Windsurfen:* Schnupperkurs 20 €/Stunde, Anfängerkurs 100 €/8 Stunden, Aufbaukurs 49 €/2 Stunden. *Kiten:* Schnupperkurs 35 €/ Stunde, Anfängerkurs 189 €/8 Stunden. Auch Materialverleih: z. B. Jolle (17 €/Stunde bis 60 €/Tag), Katamaran (23 €/Stunde bis 57 €/Tag), Surfboard inkl. Segel (10 €/Stunde bis 85 €/10 Stunden), zudem Anzüge, außerdem Bootsverleih (s. o.). Die Station der Windsportschule befindet sich direkt beim Hafen am Achterwasser. Im dazugehörigen Café im blauen Pavillon herrscht entspannte Stimmung. Windsport Usedom, Hauptstraße 33, 17459 Ückeritz, ✆ 038375/ 20641 oder 0177/4935503 (mobil), 📠 038375/ 22394, www.windsport-usedom.de.

Südlich von Ückeritz

Usedomer Gesteinsgarten: Hinter dem schön und einsam am Waldrand gelegenen Forsthaus *Neu Pudagla* ist eine gewichtige Ausstellung zu bestaunen. In dem liebevoll angelegten Garten sind etwa 140 teilweise recht massige Findlinge zu einer Gesteinssammlung zusammengetragen worden. Die auch „Wanderer des Nordens“ genannten Felsbrocken wurden während der Eiszeiten von den gewaltigen Inlandsgletschern aus Skandinavien ins Gebiet der heutigen Ostseeküste transportiert. Bei einem Rundgang durch den Gesteinsgarten erfährt man, dass ein Stein keineswegs dem anderen gleicht: ob Granit oder Sandstein, Basalt, Quarzit, Porphyr oder Gneis, dazu kommen die sogenannten Konglomerate und diverse Fossilien-Einschlüsse, die sich zumeist in Kalksteinen finden. Wer genug von so viel Steinen hat, findet am Wegesrand auch noch einen Naturlehrpfad, der sich u. a. mit dem Lebensraum Streuobstwiese befasst. Im Gehöft um das Forsthaus ist außerdem eine kleine naturkundliche Ausstellung untergebracht. Der Gesteinsgarten ist von der B 111

Der kleine idyllische Hafen Stagnieß

bei Ückeritz beschildert, wer von den Kaiserbädern kommt, fährt noch vor Ückeritz links ab in den Wald.

Täglich 7.30–18 Uhr, Eintritt frei, Infos zu Führungen und Veranstaltungen: Forstamt Neu Pudagla, 17459 Ückeritz, 038375/20460, 038375/291137, www.forstamt-neupudagla.mvp.de.

Stagnieß: Kein Ort, sondern ein beschaulicher, kleiner Hafen, abgelegen zwischen Achterwasser und Waldrand. Hier liegt neben ein paar Motor- und Segelbooten auch die *MS Nordfriesland* vor Anker, mit der man auf Achterwasserrundfahrt gehen kann. Nahe am Wasser findet sich ein hübscher Naturcampingplatz. Nach Ückeritz führt ein gut befahrbarer Feldweg, in die andere Richtung durch den Wald zur B 111 eine kleine Asphaltstraße.

• *Sporthafen* Kleiner Hafen mit angrenzendem Campingplatz, etwa 20 Liegeplätze bei einer Wassertiefe von 1,50 m, Versorgung am Campingplatz, Infos ebenfalls (s. u.).

• *Ausflugsfahrten* Auf der *MS Nordfriesland* kann man zweistündige Achterwasserfahrten unternehmen, von 1-mal tägl. in der Nebensaison bis 3-mal tägl. (außer Mi) in der Hauptsaison: Erw. 9 €, Kinder (4–14 J.) 5 €. Außerdem werden in der Hauptsaison Mondscheinfahrten angeboten (nur mittwochs): Erw. 12 €, Kinder 6 €, inkl. Bustransfer von Zinnowitz oder Ahlbeck 16,40 €, Kinder 12,40 € (Reservierung erforderlich, 038377/40499). Ückeritzer Personenschifffahrt, Waldstraße 26, 17459 Ückeritz, 0171/6514769 (mobil), 038375/22533.

• *Übernachten* **Naturcampingplatz Hafen Stagnieß**, ruhig und abgelegen neben dem Hafen Stagnieß, freundlich, nicht allzu viel Schatten, gepflegte Sanitäreinrichtungen, etwa 200 Stellplätze, auch Bootsliegeplätze (bis 1,50 m Wassertiefe). Im kleinen Imbiss *Hafenblick* bekommt man morgens ein Frühstück und die Zeitung, abends wird der Grill angeworfen. Erw. 3,50 €, Kinder (3–13 J.) 1,50 €, Zelt je nach Größe 4–6 €, Wohnmobil je nach Größe 4–5,50 €, Pkw 4 €, Strom 1,50 €. Hauptstraße 32, 17459 Ückeritz, 038375/20423 (im Sommer) oder 038378/31504, 038378/29206.

Seebad Loddin-Kölpinsee

ca. 1100 Einwohner

Drei Gewässer in Loddin-Kölpinsee: die Ostsee auf der einen, das Achterwasser auf der anderen Seite und dazwischen ein bei Touristen und Schwänen beliebter Binnensee. Ein idyllischer Weg führt um den von Schilf und Wald umrahmten Kölpinsee herum. Der Name des Sees, der nur durch eine Düne von der Ostsee getrennt ist, ist slawischen Ursprungs und bedeutet so viel wie *Schwanensee* (*colpa* = Schwan). Hergeleitet wurde er von dem kleinen historischen Ort *Cölpin*, der an gleicher Stelle oder nahebei existiert haben soll und im Dreißigjährigen Krieg von Wallensteins Truppen zerstört wurde. Ab 1895 entstand am Kölpinsee eine kleine Urlaubskolonie, die bald vor allem bei UFA-Stars ein angesagtes Freizeitziel war (hier entspannten u. a. Willi Fritsch und Lilian Harvey, Brigitte Horney und Grete Weiser). Heute geht es weniger glamourös, sondern eher ruhig zu, die attraktive Lage zwischen Wald, See und Meer verspricht optimale Entspannung. Es wundert nicht, dass Kölpinsee nicht nur Urlaubsort, sondern auch Standort eines Kindersanatoriums und eines Rehazentrums ist.

Neben Kölpingsee besteht die kleine zersiedelte Gemeinde noch aus dem winzigen Ortsteil *Stubbenfelde* und dem Haupt der Gemeinde, dem am Achterwasser gelegenen Ort *Loddin*. Letzterer befindet sich oberhalb des *Loddiner Höft*, einer Halbinsel, die ins Achterwasser ragt. Ein einladender Spaziergang verspricht hübsche Ausblicke über das Binnengewässer.

• *Information* **Kurverwaltung Loddin**, an der B 111, Ecke Strandstraße. Juni–September Mo–Di 9–18 Uhr, Sa 9–12 Uhr, Juli/August auch So 9–12 Uhr, Oktober–Mai Mo–Fr 9–16 Uhr, Di bis 18 Uhr. Haus des Gastes, Strandstraße 23, 17459 Loddin, ✆ 038375/22780, 📠 038375/227818, www.seebad-loddin.de.

• *Kurtaxe* Mai–September 1,30 €, erm. 0,50 €, Oktober–April 0,65 €, erm. 0,25 €.

• *Verbindungen* Mit der **UBB** etwa halbstündlich (im Winter stündlich) über Ückeritz nach Heringsdorf und Ahlbeck, in anderer Richtung nach Zinnowitz, wo sich die Usedomer Bäderbahn verzweigt. Die Hauptlinie fährt nach Wolgast (und 9-mal täglich weiter nach Greifswald und Stralsund), die Seitenlinie nach Peenemünde (ca. 1-mal stündlich).

• *Baden* Herrlicher Sandstrand (am Hauptstrandzugang Kölpinsees überwacht), nach Koserow hin unterhalb einer Steilküste, dort auch Hundestrand. Ein weiterer befindet sich auf Höhe des Campingplatzes Stubbenfelde.

• *Bootsverleih* **Kikis Bootsverleih**, in herrlicher Lage am Achterwasser, auch netter Biergarten (s. u.). Ruder-, Paddel- oder Tretboot 8 €/Stunde, Motorboot (auch 5 PS, führerscheinfrei) 17–20 €/Stunde, Segelboote auf Anfrage. ✆ 038375/20802.

• *Fahrradverleih* **Fam. Hengstler**, Tourenrad 5,50 €/Tag, MTB 7 €/Tag, Kinderrad 4,50 €/Tag, auch Zubehör. Strandstraße 34, außerdem Verleihstation am Campingplatz Stubbenfelde, ✆ 038375/21167 oder 0173/3013496 (mobil).

• *Übernachten/Essen & Trinken* Außergewöhnliche **Ferienwohnungen** stehen in der restaurierten und rohrgedeckten **Alten Scheune** in Loddin und in schmucken „schwedenroten" **Holzhäusern** zur Verfügung. Infos unter www.alte-scheune-loddin.de bzw. www.schwedenrot.de.

Strandhotel Seerose, großes, modernes Haus mit 57 Zimmern – vom EZ mit Waldblick bis zur Suite mit eigener Sauna. Wellness- und Beautyangebot, Badelandschaft mit Hallenbad, Sauna und Dampfbad. Im Haus befinden sich zudem ein Restaurant mit Wintergarten und ein Bistro mit nettem Biergarten, hier gibt es auch Kleinigkeiten zu essen, außerdem Kaffee und Kuchen. DZ mit Bad, TV und Frühstück 97–157 € (je nach Aussicht und Größe), Studio 142–172 €, Suite 182–212 €, EZ 72–117 €, auch diverse Wellness- und Wochenend-Arrangements. Nahe am Strand gelegen, am Ende der Strandstraße (wer mit dem Auto kommt, gelangt allerdings nur über die Parallelstraße, die Jägerstraße, zum hoteleige-

Kikis: Biergarten und Bootsverleih

nen Parkplatz). Strandstraße 1, 17459 Loddin-Kölpingsee, ☏ 038375/540, 📠 038375/54199, www.strandhotel-seerose.de.

Pension/Restaurant Nixe, schönes Jugendstilhaus in der Waldstraße (die „obere" Straße in Kölpinsee, Beschilderung zur Rehaklinik oder zum Hotel Seerose folgen, dann linker Hand ein kurzes Stück auf einer Sandpiste in den Wald). Nettes Restaurant mit schöner Terrasse, neben den üblichen Fischgerichten auch Steaks. Die ruhig gelegene Pension verfügt nur über wenige Zimmer, Reservierung daher ratsam. DZ mit Bad, TV und Frühstück 80 €, EZ 60 €. Waldstraße 2, 17459 Loddin, ☏ 038375/20177, 📠 038375/20179.

Campingplatz Stubbenfelde, schöner, gut ausgestatteter Platz, teils im Wald südöstlich des Kölpinsees gelegen (im Ortsteil Stubbenfelde abbiegen, dann noch wenige hundert Meter), auch Ferien- und Blockhäuser (ab 93 €/4 Personen). Laden für die Grundausstattung vom Brötchen bis zum Zelthering, Restaurant, Saunalandschaft, Fahrradverleih (Tourenrad 5,50 €/Tag, MTB 7 €/Tag, Kinderrad 4,50 €/Tag; Fam. Hengstler, ☏ 038375/21167 oder mobil 0173-3013496). Erw. 4,80 €, Kinder (2–15 J.) 2,50 €, Stellplatz je nach Größe 6,50–8 €, unparzelliert ab 4,50 € (nur Zelt, mit Pkw 7 €), Strom 1,50 €, Hunde 1,80 €, geöffnet April bis Oktober. Waldstraße, 17459 Stubbenfelde, ☏ 038375/20606, 📠 038375/22186, www.stubbenfelde.de.

Café Am See, zwischen Kölpinsee und Ostseestrand gelegen, drinnen und draußen lässt es sich gemütlich sitzen, ideal für eine Pause, sympathisch und freundlich. Täglich 12–22 Uhr geöffnet, in der Nebensaison Mi/Do Ruhetag. Am See, ☏ 038375/20705.

Fischrestaurant Waterblick, am südlichen Ende von Loddin und etwas erhöht gelegen, daher herrlicher Blick von der maritim eingerichteten Gaststube über das Achterwasser. Auf der Karte findet sich natürlich vor allem Fisch aus den heimischen Gewässern, es gibt aber auch Fleischgerichte. Eher gehobenes Preisniveau. Unter dem Restaurant befindet sich eine kleine, nette Bar (nur abends geöffnet). Am Mühlenberg 5, 17459 Loddin, ☏ 038375/20294 oder 0172-5620294 (mobil), 📠 038375/20620, www.waterblick.de.

Kikis, sehr idyllischer Biergarten, umgeben von Schilf, mit rohrgedeckter Bar und winziger Kneipe beim Bootsanleger am Achterwasser (hier auch der Bootsverleih, s. o.). Durchgehend warme Küche, Kaffee und Kuchen, auch diverse Kleinigkeiten und Räucherfisch, täglich ab 10 Uhr geöffnet. Am Rand des Loddiner Höfts gelegen, ☏ 038375/20802.

Seebad Koserow

ca. 1700 Einwohner

Das größte unter den Seebädern an der Landenge erstreckt sich am Fuß einer für Usedom beträchtlichen Erhebung. Der fast 60 m hohe Streckelsberg mit seinem schönen, geschützten Mischwald bricht zur Ostsee hin an einer imposanten Steilküste ab.

Wie ein Keil schiebt sich Koserow vom eigentlichen Ortskern bei der Kirche und vom Rand des Streckelsberges zum „touristischen Zentrum“ am Hauptstrand mit der Seebrücke und den Salzhütten. Das Seebad erstreckt sich fast über die gesamte Breite der Landenge, nur die B 111 und ein schmaler Streifen Wiese trennen Koserow vom Achterwasser, während die Häuser an der Seeseite teils nahe an die Steilküste rücken. Die „Achse“ Koserows zweigt von der Bundesstraße ab und führt dann fast am Ostrand des Ortes entlang zum Hauptstrandzugang bei den Salzhütten. Von der Hauptstraße gehen die kleinen, teils ungepflasterten Seitenstraßen ab, die sich bis an den Strand und zum *Streckelsberg* hin erstrecken, um den sich übrigens allerlei Sagenhaftes rankt: das prächtige Vineta soll hier aufgeblüht und untergegangen sein (siehe auch Seite 18), der legendäre Freibeuter Klaus Störtebecker soll sich hier vor seinen hanseatischen Häschern versteckt und Meinholds *Bernsteinhexe* ihren verhängnisvollen Schatz gefunden haben.

„Der interessanteste aller bisher bekannten Hexenprozesse“ – Wilhelm Meinholds „Bernsteinhexe“

„Indem ich dem Publikum hiermit diesen tiefrührenden und fast romanartigen Hexenprozeß übergebe ... ertheile ich zuvörderst über die Geschichte des Manuskripts die folgende Auskunft: ...“ Unter dem Chorgestühl der kleinen Dorfkirche von *„Coserow auf der Insel Usedom“* habe der ehemalige Pfarrer einen spektakulärer Fund gemacht: die zweihundert Jahre alte Chronik eines seiner Vorgänger, der von dem erschütternden Hexenprozess gegen dessen eigene Tochter Maria berichtet.

Es war ein aufsehenerregendes Buch, eine literarische Sensation in der Mitte des 19. Jh. – und wurde zu einem kleinen Skandal. Zwar hatte der „Herausgeber“ Johann Wilhelm Meinhold, tatsächlich ehemals Pfarrer in Koserow, bald nach Erscheinen des Buches öffentlich gemacht, dass er die Geschichte nicht ge-, sondern erfunden hatte. Aber die spielerische Täuschung der Vorrede und der altertümliche Stil hatten bei einem Großteil der Leserschaft die Illusion eines authentischen Berichtes aus der entbehrungsreichen Zeit des Dreißigjährigen Krieges erzeugt.

Im beredten Titel der barocken Chronik – *Die Bernsteinhexe Maria Schweidler / Der interessanteste aller bekannten Hexenprozesse / Nach einer defecten Handschrift ihres Vaters, des Pfarrers Abraham Schweidler in Koserow auf Usedom* – deutet sich bereits an, wie geschickt Meinhold die Handschriften-Täuschung konstruiert: Dem *„defecten“*, in *„Schweinsleder gebundenen Manuscript“* fehlten die ersten Kapitel, ergo beginnt die „Chronik“ in medias res mit dem siebten Kapitel, das von den Verwüstungen Usedoms durch kaiserliche Truppen im Dreißigjährigen Krieg berichtet. Es folgt – eingebettet in einen stimmungsvollen Rahmen zeitgeschichtlicher Ereignisse – die Geschichte der Tochter des vermeintlichen Chronisten. Maria Schweidler findet beim Beerensuchen einen Bernsteinschatz, der die dringendste Not zwar lindert, aber auch ein missgünstiges Komplott auf den Plan ruft. Maria wird als Hexe denunziert und ihr der Prozess gemacht. Unter der Folter gesteht sie, entgeht aber am Ende dem Scheiterhaufen, weil ein Adliger sich auf ihre Seite schlägt und ihre Unschuld bezeugt.

Eine frühe Fassung der *Bernsteinhexe* sollte übrigens von einer Wiener Zeitung gedruckt werden, bevor sich die Zensur einschaltete: Meinhold hatte sich allzu freundlich über den Schweden Gustav Adolf geäußert. Jahre später veranlasste kein Geringerer als der preußische König Friedrich Wilhelm IV. den Druck des Buches.

Johann Wilhelm Meinhold wurde am 27. Februar 1797 in Netzelkow auf der Halbinsel Gnitz als Sohn eines Pfarrers geboren. Er studierte in Greifswald Philosophie und Theologie, musste aber aus Geldmangel sein Studium abbrechen. Er wurde Hauslehrer in Uckermünde, Rektor der Schule in Usedom/Stadt, schließlich Pfarrer: für fünf Jahre in Koserow, dann in Krummin. 1840 verlieh ihm die theologische Fakultät der Universität Erlangen die Doktorwürde. Früh wurde Meinhold auch literarisch tätig und fand u. a. Unterstützung in Gotthard Ludwig Kosegarten, Dichter und Professor für Theologie in Greifswald. Von Meinholds zahlreichen Arbeiten ist heute lediglich die *Bernsteinhexe* einigermaßen bekannt. Der eigenwillige Roman wurde bis heute immer wieder aufgelegt, aber Achtung: manche Ausgaben sind sprachlich geglättet. Mit der Modernisierung der auch für Meinholds Zeit altertümelnden Sprache verliert der Text aber auch einen beträchtlichen Teil seines Charmes.

Die Inselmitte
Karte S. 112/113

Erstmals urkundlich erwähnt wurde *Cuzerowe* im Jahr 1347. Der slawische Name (von *kos* = „Amsel“ oder *koze* = „Ziege“) verrät aber, dass der Ort deutlich älter ist. Möglicherweise befand sich hier eine der frühesten Wendensiedlungen auf der Insel. Bereits Ende des 13. Jh. erhielt das kleine Bauern- und Fischerdorf eine eigene Feldsteinkirche. Sehr früh erkundeten die ersten Badegäste das abgelegene Koserow. Angelockt von der Lektüre der *Bernsteinhexe* kamen bereits 1846 die ersten Besucher. Sechs Jahre später stand diesen eine Badeanstalt zur Verfügung. Doch trotz langer touristischer Tradition hat sich Koserow bis heute einen stillen Charme bewahrt. Die schönste Ecke befindet sich zweifellos beim Zugang zum Hauptstrand. Hier liegen im lichten Waldstreifen die Salzhütten von Koserow, das viel besuchte Wahrzeichen des Seebads (siehe auch unten). Am herrlichen Strand selbst reicht die 1993 erbaute Seebrücke weite 261 m hinaus ins Meer. Sie dient nicht nur zum Flanieren, sondern auch als Anlegesteg für die Ausflugsschiffe, die die Kaiserbäder ansteuern. Und schließlich beginnt hier der schöne Hochuferweg mit weiten Aussichten über den Streckelsberg und weiter bis ins benachbarte Seebad Kölpinsee.

• *Information* **Kurverwaltung Koserow**, an der Hauptstraße auf halbem Weg zwischen B 111 und den Salzhütten, geöffnet Juli/August Mo–Fr 9–18 Uhr (mittags zwei Stunden Pause), Sa/So 9–12 Uhr, Mai, Juni, September So geschlossen, Oktober–April nur werktags 9–16 Uhr. Hauptstraße 34, 17459 Koserow, ✆ 038375/20415, ✆ 038375/20417, www.seebad-koserow.de.

• *Kurtaxe* Erw. 1,50 €, erm. 0,50 €.

• *Verbindungen* Mit der **UBB** etwa halbstündlich (im Winter stündlich) über Koserow und Ückeritz nach Heringsdorf und Ahlbeck bzw. in anderer Richtung nach Zinnowitz. Hier verzweigt sich die Usedomer Bäderbahn. Die Hauptlinie fährt nach Wolgast (und 9-mal täglich weiter nach Greifswald und Stralsund), die Seitenlinie führt nach Peenemünde (ca. alle Stunde).

Schiff: Von Ostern bis Ende Oktober legt täglich außer So um 11.45 Uhr ein Fährschiff aus Zinnowitz von der Seebrücke zu den Kaiserbädern ab (und weiter nach Swinemünde), Rückfahrt am Nachmittag, das Seebrückenhopping zu den Dreikaiserbädern kostet für Erw. 6 € (einfach), für Kinder (4–11 J.) zahlt man die Hälfte, Fahrrad 5 €, Tickets an Bord. In andere Richtung legt das Schiff um 10.45 Uhr nach Zinnowitz ab (4 €). Adler Schiffe, Seebrücke, 17424 Heringsdorf, ✆ 038378/47790, ✆ 038378/477917, www.adler-schiffe.de.

• *Internet* Im Hotel Nautic.

• *Fahrradverleih* Fischstraße, Ecke Hauptstraße, ✆ 038375/20618.

• *Veranstaltungen* Anfang Juli findet das **Seebrückenfest** statt.

• *Übernachten/Essen & Trinken* **Hotel Nautic (5)**, modernes Hotel an der Hauptstraße, funktionale Zimmer, im Haus auch Schwimmbad, Sauna und Tagungsräume, außerdem Café, Restaurant (nicht teuer), Biergarten und Internetzugang. DZ mit Bad, TV und Frühstück 96 €, Suite 116 €, Suite für 4 Personen (3 Zimmer) 148 €, freie Sauna- und Schwimmbadnutzung, in der Nebensaison und bei wochenweiser Buchung günstiger. Triftweg 4, 17459 Koserow, ✆ 038375/2550, ✆ 038375/25555, www.hotel-nautic.

Pension Herkules (2), bodenständig-familiäres Haus in der Karlstraße (biegt von der Hauptstraße ab), alle Zimmer mit Bad und TV. EZ mit Frühstück 57 €, DZ 87 €. Es wird auch eine Ferienwohnung für 70 € vermietet (kein Frühstück). Ruhige Lage, ganzjährig geöffnet. Karlstraße 9, 17459 Koserow, ✆ 038375/20143, ✆ 038375/21697.

Forsthaus Damerow/Hotel Vineta (4), siehe Lüttenort/Damerow, S. 127.

Fischerboot am Strand von Koserow

Koserower Salzhütten (1), beliebtes Fischrestaurant, urig und eng, oft bis auf den letzten Platz besetzt. Auf der Karte vor allem fangfrischer Fisch. Mit eigener Räucherei und Verkauf. Am Strand bei den Fischern. ✆ 03875/20680, www.koserower-salzhütten.de.

Kelch's Fischrestaurant (3), das traditionsreiche Lokal gibt es schon seit über 100 Jahren. Urig-gemütliches Kapitänsambiente, riesige Auswahl an inselweit bekannt guten Fischgerichten, freundlicher Service, mittleres Preisniveau. Von Ostern bis Ende Oktober mittags und abends geöffnet, Di geschlossen. Karlstraße 9 (gleich neben der Pension Herkules), ✆ 038375/20458.

• *Camping* **Am Sandfeld (6)**, kleiner Platz mit etwa 150 Stellplätzen, ausreichend Schatten und neuen Sanitärenrichtungen. Keine Versorgungsmöglichkeit auf dem Platz, Supermarkt und Gaststätten aber in Laufweite. Erw. 5 €, Kinder (3–14 J.) 2,50 €, Zelt je nach Größe 4–6 €, Caravan 6–8 €, Pkw 2,50 €, Strom 1,50 €, Hund 2,50 €. Geöffnet von April bis September. Campingplatz Am Sandfeld, 17459 Koserow, ✆ 038375/20759, 📠 038375/21405, www.amsandfeld.de.

Sehenswertes

Kirche: Vor etwa 150 Jahren war die Koserower Kirche berühmt, denn sie war der fiktive Fundort der vermeintlichen alten Chronik, die Wilhelm Meinhold damals unter dem Titel *Die Bersteinhexe* veröffentlichte (siehe Kasten oben). Meinhold, dessen Buch einiges Aufsehen erregte, hatte von 1821 bis 1827 das Pfarramt inne und wurde nach eigenem Bekunden durch einen Eintrag im Kirchenbuch zum Verfassen der *Bernsteinhexe* angeregt. Die Kirche selbst, hübsch im alten Ortskern gelegen und umgeben von prächtigen Bäumen, wurde Ende des 13. Jh. aus Feldsteinen erbaut und im 15. Jh. beträchtlich erweitert. Zu ihrer Ausstattung gehört u. a. ein kostbarer, aufwendig geschnitzter Flügelalter, auf dem auch Pommernmissionar Otto von Bamberg abgebildet ist (oben rechts), und das sog. *Vineta-Kreuz* über dem Taufbecken. Der Legende nach sollen Koserower Fischer das Kruzifix aus dem Ostsee gefischt haben. Natürlich konnte es dann nur aus dem untergegangenen Vineta stammen (zu Vineta siehe Kasten auf S. 18). Tatsächlich aber handelt es sich wohl um eine schwedische Schnitzarbeit aus dem 15. Jh.

Eine der Salzhütten in Koserow

Salzhütten: Ab 1820 begann die Regierung in Berlin die Strandfischer auf Usedom zu fördern, um gleichzeitig die Versorgung der Bevölkerung sicherzustellen. Überall an der Ostseeseite wurden kleine, rohrgedeckte Häuschen errichtet, manche aus Backstein, andere als Fachwerk-Lehmhütten. Darin wurde das Salz eingelagert, das die Fischer steuerfrei erhielten und in das sie ihren Fang, vornehmlich Heringe, einlegen und haltbar machen konnten. Die meisten der Salzhütten fielen der Sturmflut von 1872 zum Opfer und wurden in den folgenden Jahren wiederaufgebaut. Heute sind nur noch wenige dieser pittoresken Baudenkmäler erhalten. Ein paar finden sich bei Zempin, das schönste Ensemble steht auf den Dünen von Koserow. 1986 rekonstruiert und kurz später unter Denkmalschutz gestellt, werden die Salzhütten heute für kulinarische, Verkaufs- und Ausstellungszwecke genutzt. Neben einem urgemütlichen und beliebten Fischrestaurant samt Räucherei und Verkauf (siehe Essen & Trinken) findet man einen kleinen Souvenirladen (hier gibt es auch diverse Strandutensilien) und ein winziges Museum, in dem Fischereigerätschaften zu sehen sind (Mai–September 11–15 Uhr).

Der Kölpinsee

Wanderung über den Streckelsberg und rund um den Kölpinsee

Charakteristik: Leichte Waldwanderung auf teils befestigten, teils sandigen Wegen. Achtung mit Kindern und Hunden: der Pfad führt zum Teil nahe an der ungesicherten Steilküste entlang.

Länge/Dauer: Insgesamt 10 km (reine Gehzeit knapp 3 Stunden), ohne Umrundung des Kölpinsees 7 km (gut 2 Stunden).

Einkehrmöglichkeiten: Am Anfang/Ende der Wanderung sowie im Seebad Kölpinsee.

Parken: An der Seebrücke in Koserow, an der Hauptstraße und bei den Salzhütten befinden sich ein paar kostenpflichtige Parkplätze.

Wegverlauf: Die einfache und trotz des für Usedom maximalen Anstiegs auf fast 60 m nicht sehr anstrengende Wanderung beginnt oberhalb der Seebrücke von Koserow und unweit der Salzhütten (WP 01). Von hier aus geht es weiter in südöstlicher Richtung, zunächst um das Ristorante *Isola Bella* herum, dann auf einem Fußweg über der Küste entlang. Nachdem man ein paar verlockende (aber zu ignorierende) Strandabgänge passiert hat, mündet der Weg nach etwa 10 Minuten auf einen großen Fuß-/Radweg (WP 02). Hier links halten. Kurz darauf geht es am Hotel *Wald und Meer* vorbei. Direkt hinter dem Hotel vom Radweg auf einen sandigen Wanderpfad abbiegen (WP 03), der an einem Holzgeländer entlang (sowie über ein paar Stufen) bergauf führt. Der Pfad über den Streckelsberg wird flankiert von ein paar Infotafeln. Als Markierung dient ein grünes Eichenblatt auf weißem Grund. Man kommt an zwei kleineren Aussichtpunkten vorbei und gelangt dann zum höchsten Punkt des

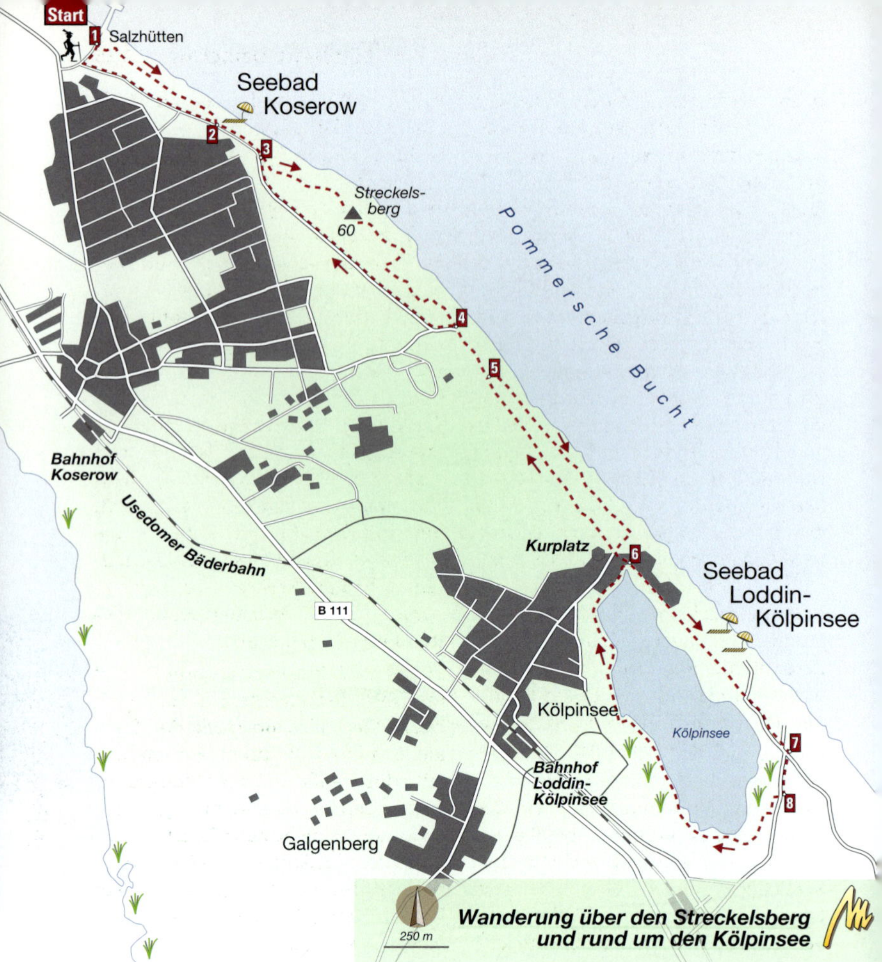

Streckelsberges mit einer hölzernen Aussichtsplattform an der Steilküste. Von hier hat man einen herrlichen Blick über die Ostsee, auf der einen Seite ist bei guter Sicht die Küste Rügens zu sehen, auf der anderen Seite die Nachbarinsel Wollin. Und geradeaus sollte man, glaubt man der Sage, das untergegangene Vineta im Meer erblicken können.

Beim Aussichtpunkt gabelt sich der Weg, hier links halten und weiter an der Steilküste entlang. Die folgenden Abzweigungen ignorieren und immer nahe an der Küste bleiben (weiterhin Markierung grünes Eichenblatt). Immer wieder ergeben sich herrliche Aussichten auf das Meer, nach einer Rechtsbiegung gibt der Wald auch den Blick auf das Usedomer Hinterland und das Achterwasser frei.

Schließlich fällt der Weg (teils recht steil) ab und mündet bei einem weiteren Aussichtspunkt wieder auf dem oben erwähnten Wander-/Radweg (WP 04). Hier geradeaus durch einen schönen lichten Laubwald. An einer größeren Kreuzung befindet sich links erneut ein Strandzugang, bei dem ein enger Pfad abzweigt (WP 05), der direkt an der Steilküste entlangführt (alle Abzweigungen ignorieren). Schließlich gelangt man zum Strandabstieg, der hinunter zum Hundestrand führt (dummerweise über eine Eisengittertreppe, die kaum ein Hund bewältigen dürfte). Weiter geradeaus erreicht man bald Kölpinsee und tritt im Rücken des Hotels *Seerose* aus dem Wald heraus. Man geht um das Hotel herum und gelangt so auf einem gepflasterten Weg hinab zum gleichnamigen See (WP 06). Reine Gehzeit bis hier etwa eine Stunde. Wer bereits genug hat, wandert von hier aus wieder zurück, entweder auf gleichem Weg oder auf einer der Alternativstrecken (siehe unten). Ein Abstecher rund um den Kölpinsee dauert etwa eine Stunde.

Am netten Restaurant/Café *Am See* vorbei geht es auf einem gepflasterten Weg am rechten Seeufer weiter. Schließlich erreicht man ein paar Häuser, darunter eine Imbissbude am See, durchquert den kleinen gleichnamigen Weiler Kölpinsee und trifft auf eine Teerstraße (WP 07). Hier rechts abbiegen (geradeaus führt der Weg weiter nach Ückeritz) und nach etwa 150 m (vorbei an den Holzbungalows des Campingplatzes Stubbenfelde) wieder rechts ab auf einen Fußweg (WP 08). Der Wiesenpfad führt zurück zum nahen Seeufer und wird bald zu einem feuchten Wurzelpfad im Waldstreifen, der das Seeufer säumt. Über weite Strecken verläuft der Weg nun auf Holzstegen über den morastigen Untergrund und wird von Geländern begrenzt (Achtung: manche der Querstreben sind recht morsch). Schließlich kommt man am großen Parkplatz des Seebads Kölpinsee heraus. Rechter Hand geht es zurück zum Ausgangspunkt des Rundweges um den See.

Für den Rückweg nach Koserow gibt es drei Möglichkeiten: 1. auf gleichem Weg, also oberhalb der Steilküste, zurück; 2. am Strand entlang (allerdings aufgrund des Untergrunds anstrengender; außerdem wegen Abbruchgefahr nicht nach Regen unterhalb der Steilküste wandern, Hinweisschilder beachten!); 3. auf dem breiten Rad-/Wanderweg, die einfachste Variante.

Lüttenort/Damerow

Die Taille Usedoms, von einem schmalen Wasserarm namens *Riek* so ordentlich eingeschnürt, dass zwischen dem Achterwasser und der Pommerschen Bucht gerade noch 300 m flaches Land der Ostsee trotzen. Früher gab es hier ein kleines Fischerdorf namens *Damerow*, das von der verheerenden Sturmflut 1872 (siehe auch Seite 15) nahezu völlig zerstört und von seinen Bewohnern schließlich aufgegeben wurde. Heute erinnert nur noch das hübsch am Waldrand gelegene alte *Forsthaus Damerow* an das untergegangene Dorf. Darin ist nunmehr ein Hotel untergebracht. Als man das Forsthaus erweiterte, wurde der Anbau, was einer gewissen Folgerichtigkeit nicht entbehrt, *Hotel Vineta* genannt.

Lüttenort hingegen ist keine Ortschaft, sondern war die Wahlheimat und Arbeitsstätte des Künstlers *Otto Niemeyer-Holstein* (1896–1984). Direkt an der schmalsten Stelle Usedoms gelegen, verdankt das Atelier seinen Namen dem

Segelboot des Künstlers, dem „Lütten“, mit dem Niemeyer-Holstein bereits in den 1930er Jahren über das Achterwasser gekreuzt war.

Atelier Otto Niemeyer-Holstein: In nur einem großen Ausstellungsraum, der *Neuen Galerie,* erhält man einen guten Einblick in das Werk des Künstlers, das stark von der Ostseeküste der Insel Usedom inspiriert war – seiner „großen Geliebte“, wie Niemeyer-Holstein den Ostseestrand nannte. Eine sehr schöne und sehenswerte Ausstellung, die durch den Skulpturengarten mit Werken verschiedener befreundeter Künstler sowie durch Wohnhaus und Arbeitsatelier Niemeyer-Holsteins ergänzt wird. Letztere sind nur im Rahmen einer Füh-

Otto Niemeyer-Holstein (1896–1984)

Zur Malerei kam der gebürtige Lübecker Otto Niemeyer (den Namenszusatz Holstein legte er sich 1917 auf Anraten eines Künstlerfreundes zu) durch den Krieg, genauer gesagt durch eine schwere Verwundung, die er sich 1915 als Kriegsfreiwilliger im Ersten Weltkrieg zuzog. Bei einem Erholungsaufenthalt in der Schweiz griff er 1917 erstmals zum Pinsel, und bereits 1918 begab sich Niemeyer-Holstein nach Ascona, seinerzeit ein bedeutendes kulturelles Zentrum, wo er nicht nur die Bekanntschaft Alexej von Jawlenskys und Arthur Segals machte, sondern ihm schon 1919 auch eine erste eigene Ausstellung ermöglicht wurde.

Es folgten weitere Reisen – u. a. nach Paris und Florenz – und weitere Ausstellungen. 1925 ließ sich die Familie Niemeyer-Holstein zunächst in Berlin nieder, 1933 dann an der Landenge zwischen Koserow und Zempin, dem *Lüttenort.* Während der Nazi-Zeit lebte Otto Niemeyer-Holstein zurückgezogen hier auf der Insel in seinem Lüttenort, wo ab 1942 auch die jüdische Schwiegermutter des Künstlers versteckt gehalten wurde. Die künstlerische Laufbahn Niemeyer-Holsteins war unterdessen durch das Nazi-Regime unterbrochen, ab 1943 wurde der Maler zum Dienst bei der Reichsbahn auf Usedom verpflichtet.

Nach Kriegsende verlief die Karriere Niemeyer-Holsteins zunächst schleppend. Zwar konnte er seinen Beruf wieder frei ausüben, musste sich aber mit Nebenerwerbstätigkeiten über Wasser halten – u. a. mit Ausflugsfahrten auf seinem Segelschiff *Orion.* Diverse Ausstellungen im In- und Ausland brachten ab Ende der 1950er Jahre endlich ein größeres Renommee. 1961 wurde Niemeyer-Holstein eine große Ausstellung in der Berliner Nationalgalerie ermöglicht, 1964 erkannte man ihm den Professorentitel zu, später wurde er Präsident der Ostsee-Biennale und sammelte in den 1960er Jahren neue Inspirationen bei Reisen u. a. nach China und nach Usbekistan. Der SED-Parteiprominenz war Niemeyer-Holstein allerdings bald ein Dorn im Auge, die Staatssicherheit observierte ihn, und 1969 wurde der Künstler von seiner Position als Biennale-Präsident zum funktionslosen Ehrenpräsidenten weggelobt. Am 20. Februar 1984 starb Otto Niemeyer-Holstein in Lüttenort. Sein Grab befindet sich auf dem Friedhof in Benz.

rung zu besichtigen. Die dauert etwa eine Stunde und erlaubt auch einen Blick in den ersten hiesigen Wohnsitz des Künstlers, einen ausrangierten Berliner S-Bahn-Waggon, den Niemeyer 1933 hierher bringen ließ. Das Atelier sollte übrigens laut testamentarischer Verfügung nach Niemeyer-Holsteins Tod unverändert bleiben und der gesamte *Lüttenort* zu einem Ort der Begegnung und der Kultur werden. Entsprechend werden hier auch wechselnde Ausstellungen, Vorträge, Lesungen Liederabende und Konzerte veranstaltet, im Sommer wird darüber hinaus eine Malschule organisiert.

Vom 15. April bis 15. Oktober tägl. 10–18 Uhr (Neue Galerie und Garten), Eintritt 3 €, Schüler/Studenten 1,50 €, nur Garten 1,50 €. Führungen durch Wohnhaus und Atelier tägl. 11, 12, 14 und 15 Uhr, Dauer ca. 1 Std., maximal 15 Personen, Erw. 7 €, Schüler und Studenten 3,50 €. Vom 16. Oktober bis 15. April nur Mi, Do, Sa und So 10–16 Uhr, Führungen um 11 und 14 Uhr. ✆ 038375/20213 oder ✆ 038375/22004, 038375/22005, www.atelier-otto-niemeyer-holstein.de.

Künstlerrefugium: Niemeyer-Holsteins Lüttenort

• *Übernachten/Essen & Trinken* **Forsthaus Damerow/Hotel Vineta**, die Namensdopplung rührt daher, dass an das ältere, jüngst renovierte Forsthaus das große und schöne Hotel angebaut wurde, nahebei einige Bungalows und Ferienhäuser. Die Anlage befindet sich in Alleinlage am Waldrand (direkt bei der Landenge). Im Eingangsbereich des Hotels gibt es einen hübschen Wintergarten, tagsüber Lobby, abends Cocktailbar, Restaurant im Forsthaus-/Jägerstil, mittlere bis gehobene Preisklasse. Großer Wellnessbereich mit Hallenschwimmbad und Sauna, außerdem Tennisplatz, Kanuverleih (9 €/Stunde, Kanusteg am Achterwasser) und Fahrradverleih (5 €/Tag). DZ mit Bad, TV und Frühstück ab 102 €, Juniorsuite 126 €, Appartement von 130 € (2 Personen) bis 176 € (4 Personen), Sauna- und Schwimmbadnutzung frei, Hunde auf Anfrage (9 €); in der Nebensaison deutlich günstiger. Forsthaus Damerow/Hotel Vineta, 17459 Koserow/Damerow, ✆ 038375/560, 038375/56400, www.forsthaus-damerow.de oder www.wellnesshotel-vineta.de.

Seebad Zempin

ca. 900 Einwohner

Das kleinste Seebad auf Usedom und das wohl am wenigsten einladende. Abgesehen von einem inselweit bekannten Fischrestaurant und einem hübschen Campingplatz ist nicht viel los. Der meisten Häuser des Ortes erstrecken sich entlang der B 111 (bzw. der parallel verlaufenden Waldstraße) und – dem Achterwasser zugewandt – entlang der Fischerstraße, der Stichstraße zum schlichten Hafen. Zum im Westen gelegenen traditionsreichen Campingplatz hin zieht sich ein lichter Wald, der den Großteil des Ortes vom schönen Strand mit kurzer Promenade trennt. Auch wenn bereits Ende des 19. Jh. die ersten Urlauber in das kleine Fischerdorf kamen und Zempin in den 1930er

Jahren sogar über eine Seebrücke verfügte (die bald wieder verfiel), hat der Tourismus bis heute lediglich in überschaubarem Maße Fuß gefasst.

• *Information* **Fremdenverkehrsamt**, an der Straße, die zum Achterwasser führt, nahe der Hauptstraße (B 111), überschaubarer Informationsfluss, geöffnet in der Hauptsaison Mo–Fr 7.30–18 Uhr, Sa/So 9–12 Uhr, Nachsaison Mo–Fr 8–12 Uhr und 13–16 Uhr. Fischerstraße 1, ✆ 038377/42162, ℻ 038377/42415, www.seebad-zempin.de, seebad-zempin@t-online.de.

• *Verbindungen* Mit der **UBB** etwa halbstündlich (im Winter stündlich) über Koserow und Ückeritz nach Heringsdorf und Ahlbeck bzw. in anderer Richtung nach Zinnowitz. Hier verzweigt sich die Usedomer Bäderbahn. Die Hauptlinie fährt nach Wolgast (und 9-mal täglich weiter nach Greifswald und Stralsund), die Seitenlinie führt nach Peenemünde (ca. alle Stunde).

• *Baden* Überwachter Strand auf Höhe der Verlängerung der Seestraße, Hundestrand im Osten und beim Campingplatz.

• *Fahrradverleih* **Rolf Magosch**, Tourenrad 4,50 € (3-Gang) bzw. 5 € (7-Gang), MTB 5 €, Kinderrad 3 €, Anhänger 5 €, auch Bollerwagen (1,50 €). ✆ 038377/43768.

• *Strandkorbverleih* Beim kleinen Kiosk im östlichen Abschnitt des Strandes sowie im Westen in der Nähe des Campingplatzes, etwa 4 €/Tag.

• *Übernachten* In einem kleinen Ortsteil im Wald befinden sich zwei einfache Hotels mit nüchternem Äußeren, beide im mittleren Preissegment: die **Pension Dünenhaus** (mit Café und Fahrradverleih, Oberförsterweg 16, 17459 Zempin, ✆ 038377/42151, ℻ 038377/35962, www.pension-duenenhaus.de) und das **Hotel Wikinger** (mit Restaurant, Seestraße 6, 17459 Zempin, ✆ 038377/750, ℻ 038377/75123, www.hotel-wikinger.de).

Campingpark Am Dünengelände, hübscher Platz im Mischwald auf den Dünen zwischen Zempin und Zinnowitz, in direkter Strandnähe, mit kleinem Laden, „Spelunke" mit Biergarten, neue Sanitäranlagen, Spielplatz, Veranstaltungen und Fahrradverleih. Erw. 6 €, Kinder (3–16 J.) 3,50 €, Hund 2 €, Zelt/Wohnmobil zwischen 5 und 8 € (nach Größe und Lage), Pkw 4,50 €, Strom 2 €, in der Nebensaison günstiger, ganzjährig geöffnet. Campingweg 1, 17459 Zempin, ✆ 038377/41363, ℻ 038377/41364, www.camping-zempin.de.

• *Essen & Trinken* **Tau'n Fischer un sin Fru**, sehr beliebtes, uriges Fischrestaurant, freundlich, von der Hauptstraße aus erreichbar, aber etwas zurückgesetzt, gemütlicher überdachter Biergarten, auch Verkauf von (Räucher-)Fisch, im Restaurant werden frische Fischspezialitäten serviert (aus eigenem Fang). Januar geschlossen, Oktober bis April Mi und Do Ruhetag, sonst mittags und abends geöffnet. Waldstraße 11, ✆ 038377/40054.

Achterwasserstrand auf der Halbinsel Gnitz

Der Norden

Das verkleinerte Spiegelbild der südlichen Inselhälfte: die Küste zur Pommernschen Bucht ein langer Sandstrand, ein von Bäderarchitektur geprägtes traditionsreiches Seebad und ein beschauliches Hinterland an Peenestrom und Achterwasser. Eine außergewöhnliche historische Bedeutung erlangte der Inselnorden durch die Einrichtung der Raketenforschungsanstalt Peenemünde.

Ende der 1930er Jahre suchte das deutsche Militär einen abgeschiedenen, aber gut erreichbaren Ort, weitläufig genug, um neuartige Waffen von damals beispielloser Reichweite zu testen: Raketen. *Wernher von Braun*, der so brillante wie umstrittene Raketenforscher (siehe auch S. 26/27), wurde auf Usedom fündig. Peenemünde war ein abgelegener Ort in wenig besiedelter Gegend, durch einen ausgebauten Hafen und die Eisenbahn ans Festland angebunden, und verfügte mit der Ostsee über ein riesiges Testgebiet. Ein Großteil der nördlichen Inselhälfte wurde zum Sperrgebiet – und später im Krieg, nachdem die Alliierten die Bedrohung durch die Waffenschmiede erkannt hatten, zum Opfer schwerer Bombenangriffe. Heute ist Peenemünde vor allem eine (noch immer abgeschiedene) Museumsmeile: Hier finden sich das *Historisch-Technische Informationszentrum Peenemünde*, die *Phänomenta*, ein *Spielzeugmuseum*, das *U-Boot-Museum U 461* sowie, etwas außerhalb, das *Pommersche Bettenmuseum*.

Von den drei Seebädern Karlshagen, Trassenheide und Zinnowitz sticht Letzteres hervor: dank der hübschen Bäderarchitektur an der Strandpromenade und des kulturellen und sportlichen Angebots. Das große Kapital auch dieser Seebäder ist natürlich der lange, breite, feindsandige, flach ins Meer abfallende, herrliche Strand. Im Hinterland bemerkenswert sind vor allem die zwischen Achterwasser und Krumminer Wiek gelegene idyllische Halbinsel Gnitz mit dem Weißen Berg an der Südspitze sowie die alte Kirche in Krummin.

Seebad Zinnowitz

ca. 4000 Einwohner

Einstmals „Perle der Ostsee“ genannt, arbeitet das von einem schönen Mischwald umgebene Seebad daran, an vergangenen Ruhm anzuknüpfen. Zinnowitz ist das größte und schönste Seebad im Norden und das einzige, das mit den glanzvollen Kaiserbädern im Süden mithalten kann. Hier blitzt ein wenig Glamour auf im ansonsten eher beschaulichen und nüchternen Nordwesten der Insel.

Bäderflair schlägt dem Besucher vor allem an der Strandpromenade entgegen: auf der einen Seite die teils prächtigen Fassaden der Hotels, auf der anderen der herrliche, 40 m breite Sandstrand. Auf einem überschaubaren Kilometer lässt es sich hier wunderbar flanieren. Genau in der Mitte der Promenade reicht die 1993 erbaute Vineta-Brücke über 300 m ins Meer hinaus. Der Brückenvorplatz, das an die Ostsee verlagerte „Zentrum“ des Ortes, wird flankiert vom *Musikpavillon* und dem *Preußenhof,* in dem ein hübsches Museumscafé und ein kleines Heimatmuseum untergebracht sind. Ganz in der Nähe (an der Ecke zur Dünenstraße) befindet sich auch die Kurverwaltung. Das strandnahe, „touristische“ Zinnowitz, das von den repräsentativen Bäderarchitekturbauten geprägt wird, ist relativ klein. Gerahmt wird es von zwei Attraktionen: der *Bernsteintherme* am westlichen Rand und den Bühnen von Zinnowitz: dem *Theater Blechbüchse* und der *Freilichtbühne,* auf der im Sommer die opulenten Vineta-Festspiele stattfinden.

Auf der anderen Seiten des Ortes führt eine hübsche Kopfsteinpflasterallee zum kleinen Hafen am Achterwasser. Am Weg befindet sich ein Shop für Segler und Angler, der auch Boote und Fahrräder verleiht, im Hafen selbst der Yachtclub. Hier legt auch ein Fahrgastschiff zu Rundfahrten auf dem Achterwasser ab.

Geschichte

Zinnowitz gehört zu den ältesten Siedlungen auf Usedom. Erste Erwähnung fand der wendische Ort namens *Tzys* 1309 in einer Schenkungsurkunde an das Kloster Crummin. Mit der Reformation und der Auflösung des Klosters wurde das Dorf zurück in die Besitzungen des Herzogs von Pommern-Wolgast überführt. Nach dem Dreißigjährigen Krieg, der auch Tzys, das bald *Zitz* heißen sollte, mit voller Wucht überrollt hatte, begannen ruhigere Zeiten unter schwedischer Flagge. Auf die Schweden folgten die Preußen, und mit ihnen kam Veränderung, als unter *Friedrich II.* 1751 die fünf ansässigen Bauern ins Hinterland um- und acht neue Familien aus Mecklenburg und Schweden angesiedelt wurden. Die Neusiedler hatten in ihrer alten Heimat Milchwirtschaft betrieben

Die Seebrücke von Zinnowitz

MOVENPICK

und sollten ihr Know-how nach Usedom importierten. Eine Goldgrube sollte Zinnowitz, wie der Ort inzwischen hieß, aber nicht werden. *Friedrich Wilhelm III.* verkaufte die königliche Domäne an den reichen Kommerzialrat Krause aus Swinemünde. Die Erben Krauses wiederum teilten das Land auf und veräußerten es an Kolonisten.

Ein zarter Aufschwung sollte sich erst einstellen, als das Bad in der kalten Ostsee zur Mode wurde. Im Jahr 1851 erhielt Zinnowitz als dritter Inselort nach Heringsdorf und Swinemünde den sog. „Badekonsens", d. h. die Genehmigung für den Seebadbetrieb. Das erste Hotel nahm seinen Betrieb auf, und bald wurden auch streng nach Geschlechtern getrennte Badeeinrichtungen geschaffen: auf Holzpfählen ruhende Konstruktionen, von denen die Badenden ins Meer steigen konnten. Doch der eigentliche Aufschwung kam erst mit der Anbindung an das Bahnnetz im Jahr 1863; in dessen Folge erhöhte sich die Einwohnerzahl von Zinnowitz bis zum Ausbruch des Ersten Weltkrieges um das Vierfache.

In den Zwischenkriegsjahren nahm die touristische Entwicklung beachtliche Ausmaße an, dennoch konnte Zinnowitz nie ganz an den Glanz der drei Kaiserbäder heranreichen. Ganz und gar glanzlos war übrigens die damalige Eigendarstellung von Zinnowitz, das sich bereits vor der Machtübernahme der Nationalsozialisten als „deutschnationales Volksbad" bezeichnete. Doch mit der deutschtümelnden Seebadherrlichkeit sollte es bald ganz vorbei sein, denn 1938 wurde der Ort der Heeresversuchsanstalt Peenemünde unterstellt und zum militärischen Speergebiet erklärt, was bis Kriegsende so bleiben sollte.

Nach dem Krieg wurde Zinnowitz zum „ersten Seebad der Werktätigen" erklärt. Wie andernorts auf der Insel auch wurden 1953 im Zuge der *Aktion Rose* die Hotelbesitzer als vermeintliche Wirtschaftsverbrecher kriminalisiert und enteignet. Das Immobilienkapital von Zinnowitz nutze die SDAG (Sowjetisch-Deutsche-Aktiengesellschaft) Wismut für die Einrichtung von Ferienheimen für die Bergleute aus den berühmt-berüchtigten Uranerzminen im Erzgebirge. Nach 1989 wurde Zinnowitz in gewisser Weise reprivatisiert und „grundrenoviert" und ist nunmehr neben den drei Kaiserbädern das beliebteste Urlaubsziel auf Usedom.

Reisepraktisches

• *Information* **Kurverwaltung Zinnowitz**, sehr freundlich und kundig, neben den üblichen Infos auch Zimmervermittlung, Verkauf von Karten, geführte (Rad-)Wanderungen, Ortsrundgänge und Kartenvorverkauf. Mai–September Mo–Fr 9–18 Uhr, Sa/So 10–15 Uhr, Oktober–April Mo–Fr 9–16 Uhr. Die Kurverwaltung befindet sich in einem hübschen Backsteingebäude nahe der Seebrücke. Neue Strandstraße 30, 17454 Zinnowitz, ✆ 038377/4920 oder 038377/49213, 📠 038377/42229, www.zinnowitz.de.

Weitere Zimmervermittlungen: **Bäder Tourist**, Dünenstraße 10a, 17454 Zinnowitz, ✆ 038377/40807 oder 038377/41215, 📠 038377/41514, www.baeder-tourist.de. **ORZ**, Dünenstraße 9, 17454 Zinnowitz, ✆ 038377/39393, 📠 038377/39446, www.ostseereiselust.de.

• *Verbindungen* In Zinnowitz verzweigt sich die **UBB**. Etwa halbstündlich (im Winter stündlich) führt die Hauptlinie nach Heringsdorf und Ahlbeck bzw. in anderer Richtung nach Wolgast (und 9-mal täglich weiter nach Greifswald und Stralsund), die Seitenlinie zweigt hier nach Peenemünde ab (ca. alle Stunde).

Schiff: Von Ostern bis Ende Oktober legt täglich außer So um 11 Uhr ein Fährschiff von der Seebrücke zu den Kaiserbädern ab (via Koserow und weiter nach Swinemünde), Rückfahrt am Nachmittag, das Seebrückenhopping kostet bis zu den Kaiserbädern für Erw. 8 €, für Kinder (4–11 J.) zahlt man die Hälfte, Fahrrad 5 €, Tickets an Bord. Adler Schiffe, Seebrücke, 17424 Heringsdorf, ☎ 038378/47790, 📠 038378/477917, www.adler-schiffe.de.

Touristenbahn: Das Bimmelbähnchen *Vineta* fährt im Sommer als „Gemeindebus" z. B. zum Seglerhafen (Erw. 1 €, Kinder 0,50 €) oder auch nach Lütow auf der Halbinsel Gnitz (Erw. 2,50 €, Kinder 1 €). Außerdem im Programm sind Stadtrundfahrten (30 Min., Erw. 2,50 €, Kinder 1 €) und Ausflüge in die Nachbarorte, z. B. nach Karlshagen (Erw. 6,50 €, Kinder 3 €). Über den etwas unübersichtlichen Fahrplan erkundigt man sich am besten vor Ort, Infos in der Kurverwaltung oder bei Müller Tours, Waldstraße 30, ☎ 038377/40499 oder 0172/3247463 (mobil), 📠 038377/40448, www.muellertours.com.

• *Ausflugsfahrten* **Achterwasserrundfahrt** auf dem Fahrgastschiff *Flicka*, April–Oktober Abfahrt 3-mal täglich (11, 14 und 17 Uhr) im Seglerhafen, Dauer 2 Stunden, Verpflegungsmöglichkeit an Bord, Erw. 9 €, Jugendliche (12–16 J.) 7 €, Kinder (4–12 J.) 5 €. Infos unter ☎ 0172/3103331 oder 0173/6910511 (jeweils mobil), www.fgs-flicka.de.

Inselrundfahrten mit dem Bus ins Hinterland (Dauer ca. 6 Stunden), zu den Kaiserbädern (5 Stunden, Erw. 12 €, Kinder 8 €) und nach Peenemünde (ca. 5 Stunden, Erw. 8 €, Kinder 4 €); jeweils nur im Sommer, außer im August. Müller Tours, Waldstraße 30, ☎ 038377/40499 oder 0162/1065361 (mobil), 📠 038377/40448, www.muellertours.com.

• *Taxi* **Taxizentrale** am Bahnhof, ☎ 038377/40567; **Roland Orpel**, ☎ 038377/42222

Noch sind nicht alle Villen in Zinnowitz renoviert

Übernachten/Essen & Trinken/Nachtleben (siehe Karte S. 135)

Das Übernachtungsangebot in Zinnowitz ist recht gut, die Preise allerdings gleichen sich mehr und mehr denen der Kaiserbäder an, sodass der Ort als günstige Nobel-Seebad-Alternative nur noch bedingt durchgeht. Nicht sonderlich umfassend hingegen ist die Gastro-Szene in Zinnowitz. Bis auf wenige Ausnahmen ist man auf die Hotelrestaurants angewiesen.

• *Übernachten/Essen & Trinken* **Strandhotel Preußenhof (3)**, traditionsreiches Hotel (erbaut Ende des 19. Jh.) in bester Lage über der Seebrücke, als Ausweichmöglichkeit bieten sich u. a. die dazugehörigen Häuser *Strandpalais Prinz von Preußen* und *Luise von Preußen* an. Im Preußenhof finden sich außerdem das gehobene Fischrestaurant *Belle Epoche*, das *Museumscafé* und eine große Wellness-Landschaft. DZ mit Bad, TV und Frühstück 125 €, Suite/Seeseite 178 €, Turmsuite 212 €. Dünenstraße 10, 17454 Zinnowitz, ☎ 038377/390, 📠 038377/39510, www.schoener-inseln.de.

Hotel/Restaurant Asgard (13), in der wiederaufgebauten Jugendstilvilla, einstmals das *Baltische Haus*, ist das freundliche Hotel untergebracht, sympathische Leitung, großes Angebot im Haus: das *Café Wien* mit herrlicher Aussicht, die *Bar Sinatra* und das *Restaurant Asgard*, außerdem Hallenbad, Beautycenter mit großem Wellness-

Angebot (siehe auch unten Stichwort „Wellness"), Fahrradverleih und diverse Arrangements. DZ mit Bad, TV und Frühstück je nach Größe und Lage (Seeseite) 90–120 €, EZ 70–75 €, Hunde (auf Anfrage) 7,50 €. Auch Appartements. Dünenstraße 20, 17454 Zinnowitz, ✆ 038377/4670, 📠 038377/467124, www.hotelasgard.de.

***** **Strandhotel (7)**, elegantes Haus in den prägnanten Pastell-Farben der Travel-Charme-Hotels, nahe der Kurverwaltung, mit Restaurant, Veranda, luxuriös, Preise entsprechend: DZ mit Bad, TV und Frühstücksbuffet 168 € (mit Seeblick 196 €), Maisonette 198 € (mit Seeblick 228 €), EZ 119 €, Juniorsuite ab 132 €, Hunde auf Anfrage (16 €), diverse Arrangements. Dünenstraße 11, 17454 Zinnowitz, ✆ 038377/38000, 📠 038377/38555, www.strandhotel-zinnowitz.de.

***** **Palace-Hotel (2)**, macht seinem Name alle Ehre: ein gediegener Bäderpalast am Strand, zwei noble Restaurants (entsprechend kostenintensiv), Swimmingpool, Sauna, Whirlpool, Wellness-Angebot, diverse Arrangements. DZ mit Bad, TV und Frühstück zwischen 160 und 220 € (mit/ohne Balkon und/oder Seeseite), EZ 90–100 €. Strandpromenade (Anfahrt über Dünenstraße 8), 17454 Zinnowitz, ✆ 038377/3960, 📠 038377/39699, www.zinnowitz-palacehotel.de.

**** **Seeschlösschen (10)**, Appartementhotel, 1897 erbaut und sorgsam renoviert, Preise je nach Größe und Lage vom Appartement *Königin Luise* (30 m^2, Seeseite) zu 95 € über *August der Starke* (2 Räume, 55 m^2, Landseite) zu 135 € bis zu *Ludwig XIV.* (Turmsuite) zu 165 €. Frühstücksbuffet 7,50 €/Pers. Dünenstraße 15, 17454 Zinnowitz, ✆ 038377/4800, 📠 038377/48049, www.seeschloesschen-zinnowitz.de.

Vineta (1), drei Häuser: Chalet, Hotel und Residenz, an der Strandpromenade nahe der Bernsteintherme gelegen, mit Restaurant und Pub sowie Wellnessbereich. DZ mit Bad, TV und Frühstück je nach Größe und Ausstattung 84–130 €, EZ 51–75 €, Suite 138 €, in der Nebensaison deutlich günstiger. Strandpromenade 1, 17454 Zinnowitz, ✆ 038377/350, 📠 038377/35160, www.hotel-vineta.de

Hotel Dünenschloss (8), gediegen, mit Restaurant, 100 m vom Strand entfernt, DZ mit Bad, TV und Frühstück um die 90 €, EZ ca. 60 €, Suite 110 €. Neue Strandstraße 27, 17454 Zinnowitz, ✆ 038377/790, 📠 038377/79259, www.hotel-duenenschloss.de.

Hotel und Ristorante Primavera (12), italienische Pizzeria (ergiebige Karte) samt nettem kleinem Hotel, nur sieben Zimmer, mitten im Ort. DZ mit Bad, TV und Frühstück 70–89 €. Zum Haus gehört auch das *mäxx*, tagsüber Café, abends Cocktailbar. Neue Strandstraße 24, 17454 Zinnowitz, ✆ 038377/42046, 📠 038377/36172, www.primavera-mäxx.de.

Pension Lachmöwe (15), sehr sympathisch, günstig und freundlich, im Zentrum von Zinnowitz, aber ruhig in einem Hinterhof gelegen, nur neun Zimmer, daher Reservierung ratsam. DZ mit Bad, TV und Frühstück je nach Größe 55–60 €, EZ 30 €, Mehrbettzimmer 89 €. Waldstraße 2, 17454 Zinnowitz, ✆ 038377/35440 oder 0170/1556499 (mobil), 📠 038377/35628, www.pension-lachmoewe.de.

Campingplatz Pommernland (16), schöner Waldcamping am Westrand von Zinnowitz (unweit von Therme und Strand), Pension und Blockhäuser (für 2, 4 und 6 Pers., zwischen 80 und 110 €/Tag). Mit Restaurant, Imbiss, kleinem Laden, Waschmaschinen etc. Fahrradverleih auf dem Platz. Erw. 5,25 €, erm. 4,25 €, Zelt je nach Größe 4–7 €, Wohnmobil 9–11 €, Pkw 3 €, Hund 3 €, Strom einmalig 2 €, dann 1,50 €/Tag. Dr.-Wachsmann-Straße 40, 17454 Zinnowitz, ✆ 038377/40348 oder 038377/40177, 📠 038377/40349, www.camping-pommmenland.m-vp.de.

Kartoffelburg (11), hier dreht sich alles – natürlich – um die Kartoffel, dementsprechend gewichtet auch die Karte: Kartoffelkroketten gibt es (an panierter Hühnerbrust), Kartoffelbrei (mit Kalbsleber) oder – unser Tipp – Kartoffelpuffer (mit Lachs und Sahnemeerrettich), daneben finden sich aber auch Salate, kartoffelfrei. Günstig. Dünenstraße 36, ✆ 038377/35843.

• *Café* **Museumscafé (4)**, im Hotel Preußenhof am Vorplatz der Seebrücke. Ein bisschen gute alte Zeit in Zinnowitz, ob zum Frühstück, zum Mittag- oder Abendessen oder einfach nur zum Kaffee in stilvollem historischem Ambiente, nicht zu teuer. ✆ 038377/39450.

• *Nachtleben* **mäxx (14)**, Café und Cocktailbar, Tische auch draußen auf der Strandstraße, freundlich, im Sommer auch tagsüber, im Winter ab 17 Uhr. Neue Strandstraße 24, ✆ 038377/36171.

Disko Hühnerstall, Do–Fr ab 22 Uhr, Möskenweg 24, ✆ 038377/43050, www.tanzlokal-huehnerstall.de.

Übernachten
1 Vineta
2 Palace-Hotel
3 Strandhotel Preußenhof
7 Strandhotel
8 Hotel Dünenschloss
10 Seeschlösschen
12 Primavera
13 Asgard
15 Pension Lachmöwe
16 Campingplatz Pommernland
Essen & Trinken
3 Belle Epoche
11 Kartoffelburg
12 Ristorante Primavera
13 Asgard
Cafés
4 Museumscafé
14 mäxx
Einkaufen
5 Strandbuchhandlung
6 Pier 14
9 Phillip-Otto-Runge-Buchhandlung
17 Weinhaus Kehnappel
Zinnowitz
150 m
Bernsteintherme
Seebrücke
Musikpavillon
Theater Blechbüchse
Ostseebühne
Kurverwaltung/ Bibliothek
Clubkino
UBB Bahnhof
Hafen
B-111
Ahlbecker Straße
Wolgast, Peenemünde
Koserow, Kaiserbäder, Anklam

Badebetrieb im Seebad Zinnowitz

Sport und Freizeit/Kultur/Einkaufen (siehe Karte S. 135)

• *Baden* Breit und feinsandig, steinfrei, flach ins Meer abfallend und geadelt von der Blauen Flagge – der Strand von Zinnowitz lässt fast keine Wünsche offen. Am Hauptstrand rechts und links der Seebrücke von der DLRG überwacht, FKK-Abschnitt im Westen, Hundestrand im Osten.

• *Bootsverleih* **Alb Maritimshop**, auf dem Weg zum Seglerhafen (das gelbe Haus rechts am Anfang der Kopfsteinpflasterallee), Ruderboot von 7,50 €/1 Stunde bis 31 €/8 Stunden, 5-PS-Außenborder von 15,50 €/1 Stunde bis 49 €/8 Stunden; auch Verleih und Verkauf von Anglerzubehör sowie Fahrradverleih: 3-Gang-Tourenrad 5 €/Tag, 7-Gang-Tourenrad 6 €/Tag, auch Kinderräder und Zubehör, bei längerer Leihfrist günstiger. Ahlbecker Straße 30, ✆/℻ 038377/40298 oder 0162/2107468 (mobil).

• *Einkaufen* **Phillip-Otto-Runge-Buchhandlung (9)**, Neue Strandstraße 25, ✆/℻ 38377/41849; **Strandbuchhandlung (5)**, Neue Strandstraße 29, ✆/℻ 38377/42276. Beides sind hübsche, freundliche Buchhandlungen, in denen man neben der richtigen Strandlektüre auch eine Auswahl an Regionalia findet.

Pier 14 (6), trendige, sportliche Klamotten, nicht ganz günstig. An der Neuen Strandstraße, Ecke Dünenstraße (Stammgeschäft in Heringsdorf auf der Seebrücke, ✆ 038378/28825).

Weinhaus Kehnappel (17), wer den feinen Tropfen für das Strandpicknick sucht, wird hier fündig. Reiche Auswahl an internationalen und heimischen Weinen, außerdem Sekt und Spirituosen, auch Degustation. Neue Strandstraße 49, ✆ 038377/36889.

• *Fahrradverleih* **Köditz**, Mai–August tägl. 8.30–12 Uhr und 16–18 Uhr, in der Nebensaison nur Mo–Fr 8.30–12 Uhr und 16–18 Uhr, November–Februar nach Vereinbahrung. Oiestraße 1, ✆ 0170/4105866 (mobil).

Kruggel, Mai–August tägl. 9–12 Uhr und 13–19 Uhr, in der Nebensaison Mo–Fr 9–12 Uhr und 16–18 Uhr, Sa/So 9–12 Uhr, November–Februar So geschlossen. Dr.-Wachsmann-Straße 5, ✆ 038377/42869 oder 0172/9617256 (mobil).

Die Preise der Verleiher sind weitgehend identisch: Tourenrad 5 €/Tag, MTB 6 €, Trekkingrad 8 €, Rad mit Anhänger 8,50 €, Kinderrad 3 €, auch Nachläufer, Bollerwagen und Zubehör, in der Nebensaison und bei längerer Leihfrist etwas günstiger.

Fahrradverleih auch in der Nähe des Seglerhafens bei **Alb Maritimshop**, siehe *Bootsverleih*.

• *Sport* **Sportpark Barge**, Tennis, Badminton, Squash, Tischtennis, Kegeln, Fitness, Sauna, geöffnet Mo–Fr 12–22 Uhr, Sa/So 10–22 Uhr. Möskenweg 24, ✆ 038377/43050, www.barge.de.

• *Sportboothafen* **Zinnowitzer Yachtclub**, Sanitäranlagen, Strom etc., 40 Liegeplätze, Kran, ✆ 038377/43881.

• *Strandkorbverleih* Über die Hotels, bei diversen Verleihern direkt am Hauptstrand oder unter ✆ 038377/40148 (Fr. Borchardt) bzw. ✆ 038377/42668 (Hr. Krüger). Ein Strandkorb kostet in der Regel 6 €/Tag.

• *Theater/Kino* **die blechbüchse**, auch „Das Gelbe Theater". Schauspiel, Konzerte, Varieté, Lesungen, Bühne der Vorpommerschen Landesbühne in einer ehemaligen Lagerstatt für Strandkörbe oberhalb der Freilichtbühne. Heringsdorfer Weg, ✆ 038377/40936, Karten und Infos auch unter ✆ 03971/208925, www.blechbuechse.de.

Clubkino Zinnowitz, zwei Säle, Programm nach Aushang. Neue Strandstraße 20, ✆ 038377/42036, www.club-kino.de.

• *Therme* Auch bei schlechtem Wetter kann man gemütlich im Meerwasser baden – in der **Bernsteintherme**, einem toprenovierten Wohlfühltempel mit 800 m² Meerwasserbad, Thermalbad mit Außenbecken, Sauna mit Strandzugang, römischem Dampfbad, diversen Massagen. Erw. 7 €/3 Stunden, Tageskarte 9 € (mit Thermalbad und Saunanutzung 11 € bzw. 15 €), Kinder bis 16 J. 4 €, Tageskarte 6 € (8 € bzw. 12 €), Geburtstagskinder haben freien Eintritt (2 Stunden Meerwasserbad), ganzjährig und täglich von 10 bis 22 Uhr geöffnet. Am westlichen Ende der Dünenstraße (Parallelstraße zur Strandpromenade). ✆ 038377/35500, ✆ 038377/355025, www.bernsteintherme.de.

• *Veranstaltungen* Allen voran natürlich die **Vineta-Festspiele** auf der Freilichtbühne; außerdem: **Osterfeuer und Vineta-Umzug** (Ostersamstag und -sonntag); **Folktage** (Mitte Juli), **Zinnowitzer Jazz- und Bluestage** (Anfang August), **Seebrückenfest** (am letzten Septemberwochenende).

Vineta-Festpiele

Theaterspektakel rund um das sagenhafte Vineta; gespielt, getanzt und gesungen wird auf der Freilichtbühne, flankiert von Feuerwerk und Lasershow. Jedes Jahr wird ein neues Stück aufgeführt, 2006 zum 10-jährigen Jubiläum sind es „Die Elfenkrieger". Gespielt wird meist im Juli und August (Mo, Di, Do und Sa). Erw. je nach Platz 17–25 €, erm. 14–22 €, Karten und Infos unter ✆ 03971/208925 oder 038377/40936 (Freilichtbühne), www.vineta.de, bzw. über die Kurverwaltung.

• *Wassersport* **Sail Away Usedom**, jede Menge Kurse, Windsurfen, Jollen, Katamarane, Preisbeispiele (Grundkurse): Cat 180 €/12 Stunden, Jolle 150 €/12 Stunden, Surfen 125 €/12 Stunden. Ansonsten zahlt man: Cat 30 €/Stunde, 90 €/Tag; Jolle 15 €/Stunde, 50 €/Tag; 2er-Kajak 8 €/Stunde, 30 €/Tag; Surfausrüstung 8–18 €/Stunde, 35–55 €/Tag. Standorte am Ostseestrand (Aufgang Q, Nähe Bernsteintherme) und am Achterwasser in der Hafenstraße beim Bootsanleger, ✆ 038377/36018 oder 0171/2122676 (mobil), www.sail-away-usedom.de.

• *Wellness* **Beautycenter**, im Hotel Asgard, das komplette Programm: diverse Packungen, Bäder, Massagen, Peeling, Kosmetik, Sauna, auch Arrangement-Angebote. Dünenstraße 20.

Wellness World, im Strandhotel Preußenhof, 800 m², steht dem Beautycenter in nichts nach. Dünenstraße 10.

Massagen auch in der **Bernsteintherme**, siehe *Therme*.

Der Norden Karte S. 112/113

Sehenswertes

Heimatmuseum: Die liebevoll gestaltete, kleine Ausstellung über die Geschichte von Zinnowitz und die Entwicklung des Bäderwesens ist im Hotel Preußenhof untergebracht. Bademoden und Strandkörbe, Sonnenschirme und Badekarren vermitteln einen Eindruck von den Kindertagen des Strandurlaubs. Außerdem werden zahlreiche alte Ansichtskarten, Dokumente, Fotos etc. sowie eine kleine Bernsteinkollektion präsentiert. Die Exponate wurden weitgehend von Zinnowitzer Bürgern gespendet. Um Gestaltung und Betrieb kümmert sich die *Historische Gesellschaft zu Seebad Zinnowitz.* Im Anschluss empfiehlt sich ein Besuch im schmucken Museumscafé nebenan.

Ⓞ Im Sommer Mo–Fr 13–17 Uhr, Sa/So 15–18 Uhr, im Winter nur Sa/So oder auf Anfrage. Kein Eintritt, eine kleine Spende versteht sich von selbst. Im Preußenhof, Dünenstraße 10, Infos im Hotel oder unter ☏/℡ 038377/40536 (Historische Gesellschaft).

Halbinsel Gnitz

Noch im Mittelalter war der Gnitz eine Insel. Doch der schmale Wasserweg verlandete im Lauf der Jahrhunderte, davon übrig geblieben ist lediglich der lang gestreckte, von Sumpfstreifen umgebene *Große Stumminsee.* Während der östliche Teil der Halbinsel von Heide, Weide- und Ackerland geprägt ist, sind die im Westen gelegenen Hügel zu weiten Teilen von schönen Mischwäldern bestanden. Unbedingt lohnenswert ist ein Ausflug zum gerade einmal 32 m hohen *Weißen Berg.* Die unter Naturschutz stehende Südspitze der Halbinsel mit schilfreicher Binnen- und hoher Steilküste samt herrlicher Aussicht über das Achterwasser gehört zu den idyllischsten Ecken Usedoms. Vor allem gegen Abend ist es hier sehr stimmungsvoll.

Der größte Ort auf dem Gnitz – insgesamt leben keine 400 Einwohner auf der abgelegenen Halbinsel – ist das im Ortsbild weitgehend unspektakuläre **Neuendorf.** Ungewöhnlich aber ist das ehemalige Kapital des Dorfes: Erdöl, das in den 1960er Jahren unter den Wiesen und Äckern gefunden wurde. Gefördert hat man in Hochzeiten bis zu 300.000 Tonnen jährlich, was Neuendorf den Beinamen „Dallas der DDR“ einbrachte. Mittlerweile sind die Ölquellen allerdings nahezu versiegt. Heute stehen nur noch wenige der Förderpumpen in der Umgebung von Neuendorf. Aber auch die übrig gebliebenen Pumpen, die sich wie riesige eiserne Heuschrecken über die vorpommerschen Wiesen erheben, geben heute noch ein bizarres Bild ab.

Am Ostufer liegt das abgeschiedene **Netzelkow** mit seiner hübschen Kirche. Ein Vorgängerbau wurde bereits im 13. Jh. erwähnt. Die heutige turmlose Backsteinkirche stammt aus dem 15. Jh. (leider nur unregelmäßig geöffnet). Weniger idyllisch zeigt sich der kleine Hafen des Ortes. Berühmtester Sohn von Netzelkow ist *Wilhelm Meinhold,* Pfarrer von Koserow, später von Krummin und Autor der *Bernsteinhexe* (siehe Seite 118/119).

Vor dem Hafen liegt im Achterwasser die Insel **Görmitz,** genauer gesagt die Halbinsel, da sie über einen Damm mit Usedom verbunden ist. Görmitz wurde vor kurzem verkauft. Was aus dem Vogelschutzgebiet, das zahlreichen Vogelarten als Brut- und Rastplatz dient, in Zukunft geschehen soll, ist derzeit noch ungewiss.

Das idyllische **Lütow** ist das südlichste Dorf der Halbinsel. In dem winzigen Weiler findet sich eines der gemütlichsten Cafés der ganzen Insel. Von hier aus lässt sich auch eine kleine Wanderung zum Weißen Berg an der Südspitze der Halbinsel unternehmen (s. u.), bei der sich herrliche Blick über das Achterwasser eröffnen. Etwa einen Kilometer westlich von Lütow erstreckt sich mitten im Wald ein schöner Campingplatz in abgeschiedener Lage. Am Ortsrand

Flaches Land und glückliche Kühe in Usedoms Norden

des kleinen Weilers stößt man auf ein Großsteingrab, das bereits 1826 erstmals inspiziert wurde. Damals wurden die riesigen Deckenplatten abgetragen und einer neuen Funktion zugeführt: Sie dienten als Fundament des Pfarrhauses von Netzelkow. 1936 wurde erneut gegraben, dabei fand man Waffen, Gefäße und Schmuck. Heute ist das Megalithgrab rekonstruiert, zu viel sollte man sich aber nicht davon erwarten.

• *Übernachten* Im **Gutshaus** von Neuendorf, einem bis 2005 sorgsam restaurierten Fachwerkhaus, sind mehrere Ferienwohnungen untergebracht, die je nach Größe zwischen 75 € (für 2 Personen) und 90 (bis zu 5 Personen) pro Tag kosten (wie üblich nur wochenweise buchbar); außerhalb der Hauptsaison wird's günstiger. Infos unter Gutshaus Neuendorf, Dorfstraße 4, 17440 Lütow, OT Neuendorf, ✆ 038377/39930, 📠 038377/39931, www.gutshausneuendorf-usedom.de.

Naturcamping Usedom, großer Campingplatz mitten im Wald und nahe der Steilküste am Weißen Berg, etwa 1 km westlich von Lütow (im Ort rechts ab). Mit Gaststätte *Pott & Pan* (Regionales, auch Kaffee und Kuchen), kleinem Laden für das Nötigste, diversen Sportmöglichkeiten, Fahrradverleih (Tourenrad 5 €/Tag, MTB 6,50 €) und Bootsverleih (Ruderboot 2,50 €/Stunde, 20 €/Tag; Kanu 10 €/3 Stunden, 25 €/Tag). Verbindung (etwas sporadisch) mit der Vineta-Bahn, einem Elektro-Bimmelbähnchen, nach Zinnowitz (Aushang beachten). Erw. 3,30 €, Kinder (3–14 J.) 2 €, kleines Zelt 3,60 €, großes Zelt 4,60 €, Wohnmobil ab 5 €, Pkw 2 €, Strom 1,50 €, Hunde 1,50 €; auch kleine Bungalows und Ferienhäuser. Naturcamping Usedom, Zeltplatzstraße 20, 17440 Lütow, ✆ 038377/40581, 📠 038377/41553, www.natur-camping-usedom.de.

• *Essen & Trinken* **Galeriegarten Café**, ein kleines Idyll im idyllischen Lütow, herrlicher Biergarten, guter Kaffee, köstlicher Kuchen, rundum nett und gemütlich, dabei günstig. März–Oktober täglich 10–19 Uhr. ✆ 038377/40190.

Der Norden Karte S. 112/113

Auf dem Weißen Berg

Kurze Wanderung zum Weißen Berg

Die Rundwanderung (insgesamt knapp 6 km, reine Gehzeit 1,5 Stunden) beginnt an der Straße in Lütow, die zum *Naturschutzgebiet Südspitze Gnitz* führt (hier am Straßenrand gegebenenfalls das Auto abstellen) und in der auch das *Galeriegarten Café* liegt. Am Ortsende wird die Straße zu einem Feldweg, später Wanderweg, der nahe am Achterwasserufer verläuft. Oft ist die Sicht auf das Binnengewässer durch Bäume und Sträucher versperrt, zuweilen aber eröffnen sich schöne Ausblicke, z. B. bei kleinen Sandbuchten, die sichtlich auch als Viehtränke dienen. Es geht nämlich zunächst an Weideland entlang (die Elektrozäune standen bei unserem letzten Besuch nicht unter Strom, was aber keine Garantie ist ...). Schließlich entfernt sich der Weg ein wenig vom Ufer, man schneidet die flache Südspitze des Gnitz ab und gelangt auf zunehmend sandigem Boden an den südlichen Rand des Hügels mit dem etwas übertriebenen Namen *Weißer Berg*.

Rechter Hand geht nun ein durch eine Senke führender Pfad ab (diesen ignorieren), geradeaus weiter beginnt über einen sandigen Wurzelpfad der

„Aufstieg" auf den 32 m hohen Weißen Berg. Dabei ergeben sich (insbesondere oberhalb der Steilküste) herrliche Ausblicke auf das Achterwasser, die Halbinsel Lieper Winkel, den Peenestrom und die gegenüberliegende Küste um das kleine Städtchen Lassan. Nachdem man ein wenig die Steilküste entlanggegangen ist, geht es weiter zum Naturcamping. Beim Parkplatz am Eingang des Campingplatzes führt die asphaltierte, aber wenig befahrene Straße zuerst durch den Wald, dann über Weideland zurück nach Lütow.

Wolgaster Ort

Krummin und Neeberg: Von der B 111 führt eine der schönsten Lindenalleen der Insel hinab nach *Krummin* (ca. 250 Einwohner) an der gleichnamigen Bucht, dem Krumminer Wiek: ein idyllisches Dorf mit hübschem Hafen und einer bemerkenswerten Kirche. St. Michael ist der einzig nennenswerte Überrest mittelalterlichen Klosterlebens auf Usedom. Nach dem Mitte des 12 Jh. gegründeten Kloster Grobe bei Usedom/Stadt, von dem heute nichts mehr zu sehen ist, war *Crominio* die zweite (und letzte) Klostergründung auf der Insel. Das Land um Krummin stiftete der Pommernherzog *Bogislaw IV.* 1302 seiner Tochter Jutta und ihren Mitschwestern im Zisterzienserkloster von Wollin, das seinen Betrieb 1288 aufgenommen hatte. Mit der Gründung des Tochterklosters Crominio wollte Bogislaw seiner Tochter vermutlich zu einer klerikalen Karriere verhelfen. Tatsächlich wurde Jutta 1323 Äbtissin von Crominio, das den Zisterzienserinnen in Wollin bald den Rang abgelaufen und sich bereits 1305 vom Mutterkloster emanzipiert hatte. Im Dreißigjährigen Krieg wurde das prächtige Kloster dann allerdings zerstört und verlassen.

Dass den Pommernherzögen bereits vor der Klostergründung an der Kirche von Krummin gelegen war, zeigt das Baumaterial. Backsteinbauten waren Prestigesache. Usedom aber war zu abgelegen, zu menschenleer und zu arm, als dass sich eine Ziegelbrennerei in der Gegend gelohnt hätte. Die frühen Kirchen auf Usedom sind aus Feldstein gebaut, nur St. Michael zu Krummin wurde auf den heute noch sichtbaren Grundmauern einer älteren Feldsteinkirche Ende des 13. Jh. aus Backstein errichtet. In den folgenden Jahrhunderten wurde das Gotteshaus diverse Male beschädigt, wiederauf- und umgebaut. Die letzten größeren strukturellen Veränderungen, Glockenturm und Seitenanbauten, wurden Mitte des 19. Jh. auf Initiative *Friedrich Wilhelms IV.* hinzugefügt. (Der berühmteste „Hausherr" nach Äbtissin Jutta war übrigens *Johann Wilhelm Meinhold*, Pfarrer von Krummin zwischen 1827 und 1844 und Autor der *Bernsteinhexe*, die er hier zu Papier brachte.)

Etwa 2 km westlich von Krummin liegt der Weiler *Neeberg* (ca. 200 Einwohner). Das kleine, abgeschiedene Dorf am Krumminer Wiek lohnt einen Abstecher bzw. Zwischenstopp vor allem wegen des gemütlichen und beliebten Restaurants *Fischstübchen*, das maritime Pendant zum *Jagdstübchen* in Krummin.

• *Sportboothafen* **Naturhafen Krummin**, gemütlicher Hafen (2 m Wassertiefe) mit 150 Liegeplätzen, neuen Serviceeinrichtungen. Hafenservice Hoppe, ✆ 03836/201660 oder 0172/4014703 (mobil), www.naturhafen.de.

• *Übernachten/Essen & Trinken* **Restaurant/ Pension Jagdstübchen**, das waidmännische Interieur begegnet einem bereits an der Eingangstür, dementsprechend natürlich viele Wildgerichte (aber auch der unver-

meidliche Fisch sowie Steak), nicht teuer, freundlicher Service, Restaurant ganzjährig mittags und abends geöffnet (außer November). Im Haus auch 2 DZ mit Bad, TV und Frühstück zu 50 € (nur Pfingsten bis Oktober). Am Ortsrand von Krummin Richtung Neeberg, Schwarzer Weg 4a, 17440, ✆ 03836/206574, 03836/234851.

Naschkatze, kleiner Gartenimbiss bei der Krumminer Kirche, auch für Kaffee und Kuchen.

Floating Houses, auf Pontons schwimmende, zweistöckige Ferienhäuser im Krumminer Hafen, drei Schlafzimmer, Bad und Wohnbereich, Platz für bis zu 8 Personen, 128 €/Tag, außerhalb der Hauptsaison günstiger. Infos unter Nordicon Yachting, Grünauer Straße 1–3, 12557 Berlin, www.floatinghouse.de.

Restaurant/Pension Fischstübchen, urgemütliche Gaststube mit dunklem Gebälk im rohrgedeckten Haus, sehr beliebtes Restaurant, oft bis auf den letzten Platz besetzt (zum sommerlich sonntäglichen Mittagessen also besser reservieren), große Portionen zu kleinen Preisen, im Sommer auch Terrasse. DZ mit Bad, TV und Frühstück 55 €, keine EZ. Dorfstraße 17, 17440 Neeberg, ✆ 03836/603322 oder 0172/5611025 (mobil), 03836/600022, www.fischstuebchen.de.

Sauzin und Ziemitz: Südlich des Ortsteils Wolgaster Fähre wird der Wolgaster Ort gänzlich abgeschieden. Eine Stichstraße führt durch sanft gewelltes Acker- und Weideland, umgeben von Schilfufern des Peenestroms und des Krumminer Wieks. Zuerst passiert man das unspektakuläre *Sauzin* (ca. 400 Einwohner) und gelangt schließlich nach *Ziemitz* (ca. 300 Einwohner) mit seinem kleinen Hafen an der stumpfen Südspitze des Wolgaster Ortes.

Sportboothafen **Sportboothafen Ziemitz**, kleiner Hafen (2 m Wassertiefe) mit den üblichen Einrichtungen, ✆ 03836/206769 oder 0160/2714981 (mobil), www.hafen-ziemitz.de.

Nördlich der B 111: Gegenüber von Wolgast, diesseits der markanten blauen Brücke, liegen die unauffälligen und von der B 111 und den Bahnschienen durchschnittenen Weiler *Wolgaster Fähre* und *Mahlzow*. Von Letzterem führt eine kleine, ausbaufähige Straße in nördlicher Richtung nach *Zecherin,* einem kleinen, hübschen Hafen. Hier bietet sich ein netter Spaziergang auf dem Deich entlang des Peenestroms an. Auf halbem Weg nach Trassenheide passiert man *Mölschow* mit dem gleichnamigen Kulturhof (gleich bei der Straße).

Kulturhof Mölschow, mit Schau-Handwerksstätten (u. a. töpfern, Teppiche knüpfen und flechten), Ausstellung, landwirtschaftlichem Freilichtmuseum (heißt hier Erlebnisbereich) und Jugendhandwerkerhof. Außerdem Gaststätte. Besonders interessant auch für Kinder. Mai–Oktober Mo–Fr 10–18 Uhr, Sa/So 11–18 Uhr; November–April Di–Fr 10–16 Uhr, Sa/So 11–16 Uhr (landwirtschaftlicher Erlebnisbereich im Winter geschlossen). Eintritt Erw. 4 €, Kinder 1,50 €, Kombikarte Kulturhof, Jugendhandwerkerhof und Freilichtbereich 7,50 € (Kinder 2,50 €), ✆ 038377/39922.

Seebad Trassenheide

ca. 950 Einwohner

Als abgelegenes, stilles Seebad mit nicht einmal 1000 Einwohnern präsentiert sich Trassenheide. Durch das kleine Dorf führt zwar die Straße nach Peenemünde (die Gleise der Bäderbahn rahmen den Ort dagegen ein), das touristische Angebot aber findet sich etwa einen Kilometer vom Ortskern entfernt auf der anderen Seite des Kiefernwaldes am Strand. Hier gelangt man vom großen Parkplatz an einer Kreuzung zum neu angelegten Strandvorplatz, dem Park samt Konzertmuschel und zum zentralen Strandzugang. Die Abgeschiedenheit und natürlich der fast 4 km lange, steinfreie, flach ins Meer abfallende Strandabschnitt sind das große Plus des kleinen Seebades. In letzter Zeit erfreut sich der ruhige Ort allerdings zunehmender Beliebtheit, nicht zuletzt wegen des strandnahen Campingplatzes, des Wassersportangebots und des in der Heide Richtung Karlshagen gelegenen Reiterhofes. Zur Nebensaison wirkt der von Fischräucher- und Imbissbuden flankierte Strandvorplatz aber etwas seelenlos.

Am Strand im Norden der Insel

Trassenheide geht auf eine Siedlung wahrscheinlich aus dem 18. Jh. zurück und hieß ursprünglich „Hammelstall". Einen kleinen Wachstumsschub erlebte der Ort 1823, als von Staats wegen ein paar Fischer in der, wie es hieß, „öden, abgelegenen Strandgegend" angesiedelt wurden. Als Anfang des 20. Jh. der Bädertourismus auch auf die Nordhälfte der Insel übergriff, überdachte man den unvorteilhaften Namen Hammelstall und entschied sich schließlich für die Umbenennung in Trassenheide, angelehnt an die Försterei Trassenmoor. Doch einer touristischen Karriere stellte sich für knapp zehn Jahre die Heeresversuchsanstalt Peenemünde entgegen. Trassenheide geriet in das militärische Sperrgebiet und hatte nicht nur die Wissenschaftler der Raketenforschungseinrichtung zu beherbergen, sondern auch unzählige Zwangsarbeiter. Bei dem verheerenden Bombenangriff von 1943 wurde der Ort fast vollständig zerstört. Nach dem Krieg setzte der Tourismus langsam wieder ein.

Reisepraktisches/Sport und Freizeit

• *Information* **Kurverwaltung des Seebades Trassenheide**, im Haus des Gastes an der Kreuzung im Ort, freundlicher Service, auch Zimmervermittlung, geöffnet im Sommer Mo–Fr 9–18 Uhr (Mi bis 19 Uhr), Sa/So 10–15 Uhr, Oktober–April Mo–Fr 9–17 Uhr (Mi bis 19 Uhr), Sa/So geschlossen. Strandstraße 36, 17449 Trassenheide, ✆ 038371/20912, 📠 038371/20913, www.seebad-trassenheide.de.

• *Kurtaxe* Wird von Mai bis September fällig: Erw. 1,50 €/Tag, Kinder, Schüler, Studenten 0,60 €.

• *Verbindungen* Das kleine Trassenheide verfügt über zwei Bahnhöfe! Vom *Bahnhof Trassenmoor* geht es etwa alle Stunde mit der **UBB** nach Peenemünde und vom *Bahnhof Trassenheide* ca. halbstündlich (im Winter stündlich) nach Wolgast (9-mal täglich weiter nach Greifswald und Stralsund) bzw. in die andere Richtung ebenfalls etwa halbstündlich (im Winter stündlich) nach Heringsdorf und Ahlbeck.

• *Baden* Der fast 4 km lange, stein- und buhnenfreie Sandstrand fällt flach in die Ostsee ab, in Ortsnähe überwacht, FKK-Bereich Richtung Karlshagen, Hundestrand Richtung Zinnowitz (auf Höhe des Campingplatzes). Auch über dem Strand von Trassenheide weht die Blaue Flagge.

• *Fahrradverleih* **Hertel**, in der Alten Försterei (auf halbem Weg zum Strand), 3-Gang-Tourenrad 5 €/Tag, MTB und Trekking-Rad 6 €/Tag, auch Kinderräder, Nachläufer, Bollerwagen und Zubehör, bei längerfristigem Verleih günstiger. In der Försterei 2 zur Hochsaison 9–18 Uhr, in der Nebensaison 9–14 Uhr, ansonsten nach telefonischer Vereinbarung, im Sommer auch am Campingplatz Ostseeblick täglich 9–11 Uhr, ✆ 038371/20923 oder 0170/2362241 (mobil). **Hahn**, am Ortsausgang Richtung Karlshagen (hinter der Bushaltestelle Post), einfache, günstige Räder mit oder ohne Gangschaltung ab 2 €/Tag, auch Zubehör, zur Saison tägl. 9–19 Uhr. Bahnhofstraße 33, ✆ 038371/21168. Weitere Fahrradverleihe in den Hotels Waldhof und Kaliebe.

• *Reiten* Siehe unter „Übernachten" Reit- und Ferienhotel Friesenhof.

• *Schmetterlingsfarm* In einer riesigen Halle im Gewerbegebiet (Straße Richtung Zinnowitz, kurz hinter dem Bahnhof Trassenheide links) tummeln sich etwa 1000 Schmetterlinge auf und über exotischen Pflanzen. Angeschlossen ist ein Café. Februar/März 10–17 Uhr, April–Oktober 10–19 Uhr, November/Dezember 10–16 Uhr, Januar geschlossen. Erw. 7,50 €, Kinder bis 14 J. 5 €, Schüler (über 14 J.) und Rentner 6 €, Familienticket (2 Erw., 3 Kinder) 17,50 €. Wiesenweg 5, ✆ 038371/28218, 📠 038371/21105, www.schmetterlingsfarm.de.

• *Strandkorbverleih* Im Sommer ab 8 Uhr am Strandvorplatz, ✆ 038371/20556 oder 038371/21830.

• *Taxi* **W. Juderjahn**, ✆ 038371/20577.

• *Veranstaltungen* Unter anderem **Pfingstfest** (2006 am 4. Juni) und **Sommernachtspartys mit Musik und Feuerwerk** (1-mal im Juli, 1-mal im August).

• *Wassersport* **Sportstrand Usedom**, Surfkurse (Schnupperkurs 44 €/3 Stunden, Basiskurs 69 €/6 Stunden), Katamarankurse (Schnupperkurs 59 €/3 Stunden, Basiskurs 99 €/6 Stunden), jeweils auch Scheinerwerb und Materialverleih, außerdem Wasserski-/Wakeboard (16 €/10 Min.), Bananaboat (6,50 €/10 Min.) und Kajak-Verleih (7 €/Stunde, 32 €/Tag). Station in Trassenheide beim Strand, Reservierungs-Hotline ✆ 0700/34341000, www.sportstrand.de.

Übernachten/Essen & Trinken

*** **Kaliebe**, das strandnahe, vor wenigen Jahren renovierte Haus ist ganzjährig geöffnet und befindet sich auf halbem Weg zum Campingplatz in der Zeltplatzstraße (ein Stück vor dem Strandvorplatz rechts). Auf dem riesigen, waldbestandenen Grundstück gibt es auch Ferienwohnungen in finnischen Blockhäusern. DZ 85 €, EZ 71 €, Suite 120 €, Blockhaus (4 Pers.) 120 €, Ferienwohnungen (2 Pers.) ab 65 €, alle mit Bad, TV und Frühstück, außerhalb der Hauptsaison günstiger, bei nur einer Übernachtung 6 € Zuschlag, Hunde 6–10 €, auch zahlreiche Arrangements. Außerdem Sauna (6 €), Wellnessangebot, Fahrradverleih (5 €/Tag). Das dazugehörige Restaurant darf sich mit diversen lokalen Auszeichnungen dekorieren, große Karte, natürlich viel Fisch, aber auch Steaks, viele regionale Spezialitäten, mittleres Preisniveau. Zeltplatzstraße 5, 17449 Trassenheide, ✆ 038371/520, 📠 038371/52299, www.kaliebe.de.

Strandidyll, freundliches, gutshausartiges Hotel, außen und innen mit Hang zu prägnanten Modefarben, 50 m zum Strand. DZ mit Bad, TV und Frühstücksbuffet 85 €, Ferienwohnung 90 €, in der Hauptsaison nur wochenweise buchbar (auch DZ). Strandstraße 13, 17449 Trassenheide, ✆ 038371/2680, www.strandidyll-trassenheide.de.

*** **Waldhof**, gehört zu den Seetel-Hotels und erfüllt im Rahmen der drei Sterne auch diesen Anspruch, allerdings zu entsprechenden Preisen. Fünf Häuser in schöner Alleinlage im Kiefernwald, 20 Min. zu Fuß zum Strand (auch hauseigener Shuttle-Service mit der Kutsche). Regionale Gerichte bietet das Restaurant mit hübschem Wintergarten, außerdem gibt's einen Fahrradverleih. DZ mit Bad und TV je nach Größe 96–108 €, EZ 67 €, Frühstücksbuffet 8 €/Person, Hunde 10 €, auch Ferienwohnungen. Hotel Waldhof, 17449 Trassenheide, ✆ 038371/500, 📠 038371/20561, www.seetel.de, waldhof@seetel.de.

Friesenhof, Reit- und Ferienhotel, großes, unübersehbares Gehöft in Alleinlage, Richtung Karlshagen gelegen (linker Hand). Landhotel, auch Appartements, Restaurant, Wintergarten, Sauna. DZ mit Bad, TV und Frühstück je nach Größe 66–69 €, Appartement 77 €. Zur Reitanlage gehören Außenreitplatz, Reithalle und Stallungen (auch mit Gastboxen), angeboten werden Reitstunden, Strandritte und Kutschfahrten. Außerdem Fahrrad- (5 €/Tag) und Quadverleih (35 €/2 Stunden, 120 €/8 Stunden). Bahnhofstraße 48, 17449 Trassenheide, ✆ 038371/2610, 📠 038371/26111, www.friesenhof-usedom.de.

Campingplatz Ostseeblick, schöner Waldcamping direkt hinter den Dünen, etwa 300 Stellplätze, neue Sanitäreinrichtungen, kleiner Laden und Gaststätte. Kleines Zelt (inkl. 1–2 Pers.) 13 €, großes Zelt (inkl. 6 Pers.) 23 €, Wohnmobil (inkl. 4 Pers.) 17,50 €, Pkw 3,50 €, Hund 3 €, Strom 1,80 € pro Tag, Duschmarken 1 €. April–Oktober geöffnet. Zeltplatzstraße, 17449 Trassenheide, ✆ 038371/20949 (November–März ✆ 038371/20928), 📠 038371/28472, (November–März 📠 038371/20913), www.seebad-trassenheide.de.

Seebad Karlshagen

ca. 3100 Einwohner

Karlshagen ist erst kürzlich (seit 2001) und als voraussichtlich letzter Ort in den Kreis der Seebäder Usedoms aufgenommen worden. Der Ort erstreckt sich zwischen dem ehemaligen Militärhafen am Peenestrom, der zu einem Fischerei- und Sporthafen umfunktioniert wurde, und dem herausgeputzten

Eisernes Sonnenbad: Skulptur am Strandvorplatz

Am Strand von Karlshagen

Kurplatz am Hauptzugang zum Strand. Obschon dreimal so groß, hat Karlshagen viel mit dem Nachbarort Trassenheide gemein: Die Hauptstraße führt durch den eigentlichen Ort, die Strandstraße (wenngleich etwas bebauter als in Trassenheide) durch den Kiefernwald zum herrlichen Sandstrand, und in Strandnähe geht rechter Hand eine Zeltplatzstraße zu einem Waldcamping ab. Und schließlich teilen sich beide Orte auch einige Jahre ihrer Geschichte.

Karlshagen ist ein vergleichsweise junger Ort. Erst 1829 schlug Regierungsrat *Carl von Triest* vor, hier eine Fischerkolonie anzusiedeln, die sich ihrem Initiator zu Ehren *Carlshagen* nannte. Der einsetzende Bädertourismus im 19. Jh. streifte auch das am nördlichsten gelegene strandnahe Dorf Usedoms, entwickelte sich aber im Vergleich zu den Kaiserbädern in einem eher bescheidenen Rahmen. Die Einrichtung der Heeresversuchsanstalt Peenemünde betraf auch Karlshagen und erstickte den überschaubaren Tourismus im Sperrgebiet. Der Fischereihafen wurde zum Militärhafen, das kleine Dorf zur Wohnstatt der Wissenschaftler und Techniker der Raketenforschungsstation, aber auch zum Standort des Arbeitslagers der Kriegsgefangenen und später des KZs. Die alliierten Bombenangriffe auf die Heeresversuchsanstalt zerstörten dann allerdings weniger die militärischen Anlagen als die Unterkünfte der Zwangsarbeiter und damit weite Teile des Ortes Karlshagen. Auch nach dem Krieg blieb das Militär präsent. Denn in Karlshagen lebte ein Großteil der in Peenemünde stationierten Soldaten der Nationalen Volksarmee mit ihren Familien. Gleichzeitig aber kam auch der Tourismus zurück in den Ort, in Form von Betriebsferienheimen und eines riesigen Zeltplatzes.

Heute erstreckt sich das weitläufige Dorf zwischen dem Hafen am Peenestrom und dem Kurplatz am Hauptzugang zum Strand. Ein Ortszentrum lässt sich kaum ausmachen, am ehesten noch entlang der Hauptstraße. Der Fischereihafen wurde in den letzten Jahren auch zu einem Sporthafen umfunktioniert. Nagelneu ist der Ortsteil am Strand: Hinter dem Rondell, von dem die Zeltplatzstraße abzweigt, findet sich der Kurplatz, in dessen Mitte sich die Skulptur einer Sonnenbadenden mit Schirm räkelt. Nahebei steht auch die Konzertmuschel, drum herum gibt es diverse Imbissbuden und Cafés.

Reisepraktisches

• *Information* **Touristinformation Karlshagen**, an der Hauptstraße, nett und hilfsbereit, nebenan Zimmervermittlung (Bäder Tourist, ✆ 038371/20815, ✆ 038371/28162, www.baeder-tourist.de). Mo–Fr 9–18 Uhr, Sa/So 9–12 Uhr, Oktober–April Mo–Fr 9–16 Uhr (Do bis 18 Uhr), Sa/So geschlossen. Hauptstraße 16, 17449 Karlshagen, ✆ 038371/20758, ✆ 038371/28537, www.karlshagen.de.

• *Kurtaxe* Wird von Mai bis September in zwei Stufen erhoben: Mai, Juni und September Erw. 1,50 €/Tag, Kinder, Schüler, Studenten 0,50 €, Juli/August 1,80 €, erm. 0,50 €.

• *Verbindungen* Etwa alle Stunde fährt die **UBB** zum einen in Richtung Peenemünde und zum anderen Richtung Süden nach Zinnowitz. Dort muss man umsteigen, um etwa halbstündlich, im Winter stündlich, nach Wolgast zu gelangen (und 9-mal täglich weiter nach Greifswald und Stralsund) bzw. in die andere Richtung nach Heringsdorf und Ahlbeck.

• *Taxi* **W. Juderjahn** (Trassenheide), ✆ 038371/20577; **Roland Orpel** (Zinnowitz), ✆ 038377/42222.

Übernachten/Essen & Trinken

**** **Strandhotel**, das wohl erste Haus am Ort, direkt an der Strandpromenade und dennoch ruhig gelegen (am Ende der Strandstraße rechts). Stilvolle Einrichtung in der Lobby und in den 20 Zimmern, stilvoll auch das Restaurant (nur abends und mit Reservierung, 3-Gänge-Menu ca. 24 €), nobler Wellnessbereich, nur Nichtraucherzimmer, Hunde auf Nachfrage. DZ mit Bad, TV und Frühstück 90 €, mit Seeblick 100 €, Giebelstudio/Maisonette 110 bzw. 120 €, EZ zwischen 67,50 und 90 €, in der Nebensaison deutlich günstiger. Strandpromenade 1, 17449 Karlshagen, ✆ 038371/2690, ✆ 038371/269199, www.strandhotel-usedom.de.

Peenemünder Eck, freundliches Gasthaus mit Pension am Anfang der Strandstraße, Ecke Hauptstraße, gutbürgerliche Küche, v. a. natürlich Gerichte mit heimischem Fisch, nicht teuer, die meisten Hauptgerichte unter 10 €. Mit weinumranktem Garten, allerdings direkt an der Durchgangsstraße, auch nette Zimmer und Ferienwohnungen. DZ mit Bad, TV und Frühstück 65 €, Ferienwohnung für 2 Pers. 55 €, für 4 Pers. 80 €, in der Nebensaison deutlich günstiger. Strandstraße 1a, 17449 Karlshagen, ✆ 038371/21815, ✆ 038371/28310, www.peenemuender-eck.de.

Dünenschloss Karlshagen, in einem der Bäderarchitektur nachempfundenen, neu erbauten Haus am Rondell (in Strandnähe), 10 Doppelzimmer, 3 Appartements und 3 Suiten, dahinter großer Garten, im Haus Restaurant und Eiscafé. DZ mit Bad, TV und Frühstück 80 € (mit Balkon oder Terrasse 100 €), Suite 105 € (mit Balkon 110 €), App. 100 € (mit Balkon 120 €). Strandstraße 11, 17449 Karlshagen, ✆ 038371/2620, ✆ 038371/26245, www.duenenschloss-karlshagen.de.

VeerMaster, das Restaurant befindet sich am Yacht- und Fischereihafen (etwa 1 km von der Durchgangsstraße entfernt). Unaufdringliches maritimes Interieur, große, natürlich fischlastige Karte, aber auch gute Fleischgerichte, nicht teuer, im Sommer täglich ab Mittag durchgängig geöffnet, im Winter ab 17 Uhr und nur am Wochenende ganztägig. Am Hafen 2, ✆ 038371/21012.

Dünencamp, schöner Waldcampingplatz, lang gestreckt hinter den Dünen, also in unmittelbarer Strandnähe, neue Sanitäreinrichtungen, auch behindertengerecht, rund 350 meist schattige Stellplätze, Spielplatz und -zimmer, Kiosk, Waschmaschinen, Fahrradverleih. Wohlorganisierte Anlage, gemischte Stellplätze von Zelten, Wohnwagen und Wohnmobilen. Ganzjährig geöffnet. Erw. 4,50 €, erm. (3–17 J.) 3 €, Zelt je nach Größe 7–11 €, Wohnmobil 10 €, Pkw 3 €, Hunde 3 €, Strom 2 € pro Tag, in der Nebensaison günstiger. Dünencamp, Zeltplatzstraße, 17449 Karlshagen, ✆ 038371/20758, ✆ 038371/28537, www.karlshagen.de.

Der Norden
Karte S. 112/113

Sport & Freizeit

• *Baden* Der herrliche, breite Sandstrand fällt familienfreundlich flach in die Ostsee ab, am Hauptstrand überwacht, FKK-Bereich und Hundestrand Richtung Trassenheide. Auch das Ostseebad Karlshagen darf die Blaue Flagge über dem Strand hissen.

Zwischen Karlshagen und der Abzweigung zum Flugplatz Peenemünde befindet sich unweit der Straße (man muss nur durch ein Wäldchen) ein schier endloser feiner, sehr seichter **Sandstrand**. Es gibt zwei größere Parkplätze, der erste am nördlichen Ortsausgang von Karlshagen (gebührenpflichtig), der zweite auf halber Strecke im Wald (ebenfalls gebührenpflichtig). Es gibt mehrere Übergänge von der Straße. Im Sommer mit Imbisswagen, FKK mischt sich mit Textil, es gibt auch einen Hundeabschnitt.

• *Fahrradverleih* **Holtz**, im Sommer 9–13 Uhr (Rückgabe 17–18 Uhr), Peenestraße 3, ✆ 038371/21985 oder 0175/5221985 (mobil); **Strand 18**, zur Saison 9–12 Uhr, auf halbem Weg zum Strand (bei der Post), Strandstr. 18, ✆ 038371/2460. Tourenfahrräder jeweils ab 5 €/Tag.

• *Naturschutzzentrum* Informationen über Flora und Fauna sowie die Naturschutzgebiete der Insel, geöffnet Mai–September Di–Fr 10–18 Uhr, Sa/So 10–17 Uhr, Oktober–April Di–So 10–17 Uhr, Mo jeweils geschlossen. Am Strand gelegen, am Rondell links in die Dünenstraße, ✆ 038371/21749 oder 038371/21750.

• *Sportboothafen* Der moderne **Yacht- und Fischereihafen** verfügt über etwa 110 Liegeplätze (Strom, sanitäre Einrichtungen) und liegt gut 1 km vom „Ortskern" entfernt. Beim Hafen befinden sich auch eine Imbissbude, eine Fischräucherei, neue Appartementhäuser und das Restaurant Veer-Master (s. o.), Infos beim Hafenmeister unter ✆ 038371/20066.

• *Strandkorbverleih* **Holtz**, im Sommer ab 9 Uhr beim DLRG-Turm, ✆ 038371/21985, 5 €/Tag; **Kargoll**, ab 8 Uhr am Strandhauptzugang, ✆ 038371/20400, 6 €/Tag.

• *Wassersport* **Sportstrand Usedom**, bei Aufgang B, Surfkurse (Schnupperkurs 44 €/3 Stunden, Basiskurs 69 €/6 Stunden), Katamarankurse (Schnupperkurs 59 €/3 Stunden, Basiskurs 99 €/6 Stunden), jeweils auch Scheinerwerb und Materialverleih, außerdem Wasserski-/Wakeboard (16 €/10 Min.), Bananaboat (6,50 €/10 Min.) und Kajak-Verleih (7 €/Stunde, 32 €/Tag). Station am Südende des Dünencamps. Sportstrand Usedom, Zeltplatzstraße, 17449 Karlshagen, Reservierungs-Hotline ✆ 0700/34341000, www.sportstrand.de.

Peenemünde

ca. 300 Einwohner

Weit über die Grenzen Mecklenburg-Vorpommerns bekannt, steht Pennemünde gleichermaßen für bedeutende Pionierleistungen der Raumfahrtgeschichte und für menschenverachtendes Unrecht. Das uralte Fischerdorf selbst hat aufgrund seiner abgeschiedenen, gleichzeitig aber exponierten Lage eine wechselhafte Geschichte hinter sich.

An der „Mündung" des Peenestroms gelegen, hatte der kleine Ort, der bereits 1282 urkundlich erwähnt wurde, im Mittelalter eine wichtige strategische Position inne. Um Zugriff auf eine der wichtigen Handelsrouten der Ostsee, den Weg nach Stettin, zu erlangen, wurde die *Peenemünder Schanze* befestigt, von der heute aber kaum noch etwas zu sehen ist. Am 26. Juni 1630 streifte der Mantel der Geschichte erstmals Peenemünde, als der schwedische König *Gustav II. Adolf* mit seinen Truppen hier landete, um dem deutschen Protestantismus zu Hilfe zu eilen. In den folgenden Jahrhunderten blieb die Schanze umkämpft. Immer wieder schlugen sich dänische, schwedische, brandenburgische und preußische Truppen um die Befestigungsanlage, bis schließlich *Friedrich der Große* die Schanze Mitte des 18. Jh. schleifen ließ.

Bevor im 19. Jh. der Bädertourismus auf Usedom begann, war Peenemünde mit gerade einmal 500 Einwohnern der drittgrößte Ort auf der Insel – nach Swinemünde und Usedom/Stadt. Doch während Ahlbeck und Heringsdorf im Süden bald zu mondänen Kaiserbädern erblühten, blieb Peenemünde ein ruhiges Fischerdorf, in das sich kaum ein Berliner verirrte. Die abgeschiedene Lage wurde Peenemünde schließlich zum Verhängnis. 1936 wurde die *Heeresversuchsstelle* (ab 1938 *Heeresversuchsanstalt*) *Peenemünde* eingerichtet, ihr Leiter war *Wernher von Braun* (siehe auch S. 26/27). Die Bewohner wurden evakuiert, ihr Dorf fiel der Abrissbirne zum Opfer, und der ganze Norden Usedoms wurde zum militärischen Sperrgebiet erklärt. An Stelle des alten Peenemünde entstand das gigantische geheime Forschungslabor, in dem Raketen zu militärischen Zwecken, also als Massenvernichtungswaffen, entwickelt wurden. 1942 startete erstmals eine Rakete – zunächst A 4 (Aggregat 4), später V 2 (Vergeltungswaffe 2) genannt –, die an den Rand des Weltalls kratzte (siehe auch Kasten S. 152/153). Nachdem die Alliierten Wind von der Entwicklung der vermeintlichen Wunderwaffe Hitlers bekommen hatten, wurde Peenemünde wiederholt Ziel alliierter Bombenangriffe. Der schwerste erfolgte in der Nacht zum 18. August 1943, als 600 Flugzeuge der Royal Air Force 1800 Tonnen Bomben über Peenemünde abwarfen: 733 Menschen starben, vor allem Kriegsgefangene, Zwangsarbeiter und KZ-Häftlinge, die Wissenschaftler blieben zum größten Teil verschont.

Auch nach Ende des Krieges wurde das Gebiet weiter militärisch genutzt. Nachdem die Sowjets gemäß dem Potsdamer Abkommen weite Teile der Heeresversuchsanstalt demontiert hatten, bezogen in den 1950er Jahren die Flotte der DDR den Hafen und die Luftstreitkräfte den Flugplatz von Peenemünde. Die meisten Gebäude des heutigen Peenemünde stammen aus dieser Zeit. Der Peenemünder Haken samt Dorf blieb Sperrgebiet bis zur Übernahme der NVA durch die Bundeswehr (1990) und der Auflösung des Marinestützpunktes (1996). Seither hat der (Tages-)Tourismus Fuß gefasst und ist nach fast sechzigjähriger militärischer Präsenz einer der wenigen Arbeitgeber der Gegend. Heute wird der Ort von leerstehenden Plattenbauten und verwaisten Militärgebäuden dominiert – alles etwas trostlos und wenig ansehnlich.

Das Übernachtungsangebot in Peenemünde ist überschaubar, besser sieht es mit der Verpflegung aus, was dem eben erwähnten Umstand geschuldet ist, dass fast ausschließlich Tagesausflügler in den Norden der Insel kommen. Zu sehen gibt es in Peenemünde dagegen mehr als genug: allen voran natürlich das *Historisch-Technische Informationszentrum Peenemünde* in und um das Kraftwerk der ehemaligen Heeresversuchsanstalt. Ganz in der Nähe haben sich die *Phänomenta*, eine Art physikalisches Erlebnismuseum zum Anfassen, sowie jüngst ein *Spielzeugmuseum* angesiedelt. Im Hafen liegt nicht nur das sowjetische U-Boot *U 461* in musealem Ruhestand vor Anker, sondern auch das Wikinger-Restaurant-Schiff *Vidar*. Etwas deplatziert am alten Flughafen wartet schließlich das *Pommersche Bettenmuseum* auf Besucher; außerdem kann man von hier aus zu einem Rundflug über das Sperrgebiet am Peenemünder Haken starten oder das Gelände im Rahmen einer Bustour erkunden (siehe S. 157).

Am Friedhof findet sich die *Gedächtniskapelle Peenemünde*, die an die Opfer der hiesigen Geschehnisse erinnern soll. Sie wurde 1876 als Friedhofskapelle erbaut, weil die Peenemünder, die zur Gemeinde Kröslin auf dem Festland gehörten, bei schwerer See oder zugefrorenem Peenestrom keine Möglichkeit hatten, die dortige Kirche zu erreichen. Das kleine Gotteshaus überstand sowohl die Einrichtung der Heeresversuchsanstalt als auch die Bombardierungen im Zweiten Weltkrieg. Ende des 20. Jh. war die Kapelle derart baufällig, dass sie 1993 originalgetreu rekonstruiert werden musste.

• *Verbindungen* Mit der **UBB** etwa im Ein-Stunden-Takt von Peenemünde nach Zinnowitz und zurück. In Zinnowitz Anschluss an Wolgast (und weiter nach Greifswald und Stralsund) oder in anderer Richtung an die Kaiserbäder Heringsdorf und Ahlbeck.

Die **Personenfähre** zum Festland (Peenemünde – Freest – Kröslin und zurück) legt stündlich ab, erste Fahrt um 10 Uhr, letzte um 18 Uhr (in der Nebensaison 16 Uhr, dann nach Kröslin nur alle 2 Stunden). Fahrradtransport möglich. Erw. 3 €, Kinder (5–11 J.) 2 €, Fahrrad 1 €, Hund 1 €. Apollo Fahrgastschifffahrt, Zum Hafen 1, 17449 Peenemünde, ✆ 038371/20829, ℻ 038371/28529.

• *Ausflugsfahrten* Zur **Insel Ruden** (Dauer 3 Stunden, davon 1 Stunde Landgang) in der Hauptsaison außer Mi und Fr 2-mal tägl., in der Nebensaison nur 1-mal. Erw. 9,50 €, Kinder (5–11 J. 6,50 €), Hund 1 € (auf der Insel Leinenzwang). Zur **Greifswalder Oie** (Dauer 5 Stunden, davon 2 Stunden Landgang) 1-mal täglich (in der Nebensaison nicht Mi und So). Erw. 16 €, Kinder (5–11 J.) 8 €, keine Hunde. Anmeldung in beiden Fällen erforderlich. Apollo Fahrgastschifffahrt, Zum Hafen 1, 17449 Peenemünde, ✆ 038371/20829, www.schifffahrt-usedom.de.

Auf die Insel **Rügen**: im Sommer 1-mal tägl. nach Göhren (2 Stunden), nach Sellin (2,5 Stunden) und nach Binz (3,5 Stunden), von dort weiter zu den Kreidefelsen. Inselhopping-Ticket: Erw. 20 €, Kinder (4–12 J.) 10 €. Adler Schiffe, ✆ 038378/47790, www.adler-schiffe.de.

• *Übernachten/Essen & Trinken* **Café & Pension Am Deich**, in Peenemünde beschildert, etwas abgelegen, aber das ist hier ja alles. Recht nette Zimmer mit Bad und TV. EZ 54 €, DZ 64 €. Café im Erdgeschoss, hier gibt es Frühstück ab 3,90 €. Feldstr. 1a, 17449 Peenemünde, ✆ 038371/28582, ℻ 038371/28512, www.usedom-hotel.de.

Die Flunder, angesichts der Lage direkt am Hafen gut besuchtes und nicht ganz günstiges Restaurant, auf der Karte vor allem Fisch, Wintergarten und Terrasse mit Blick auf den Hafen und das U-Boot, im Sommer mit Eiscafé und Grillstand, zur Saison tägl. 10–20 Uhr geöffnet, im Winter Mo, zuweilen auch Fr Ruhetag. Hafenpromenade 7, ✆ 038371/21995.

Vidar, Erlebnisgastronomie auf einem zum Restaurant umgebauten alten Dreimaster. An Bord und unter Deck gibt es Piratenschmaus für wenig Geld, die Gerichte sind so bodenständig wie ihre Namen drastisch: Putengeschnetzeltes heißt „Gerupfter Papagei", die Schweinehaxe kommt als „John Silver's Gebeine" daher, und der Matjes wird zum „Seeungeheuer". Natürlich kann man auch einfach nur einen „Freibeuterkaffee" zu sich nehmen – vielleicht mit „Noch'nem Backversuch" (Pflaumenkuchen)? Zur Saison wird Fr und Sa der „7-Gänge-Piratenfraß" mit dazugehörigem Spektakel vorgesetzt (55,55 €/Pers., Reservierung erforderlich, ✆ 0700/47473333). Die Vidar ist ganzjährig 7–21 Uhr geöffnet, ✆ 038371/28499.

Sehenswertes

Historisch-Technisches Informationszentrum: Im Mai 1937 zog die Raketenforschungsabteilung der Wehrmacht unter Walter Dornberger und Wernher von Braun nach Peenemünde. Sie bildeten die militärische und technische Leitung der *Heeresversuchsanstalt Peenemünde Ost*, während der Luftwaffe *Peenemünde West* unterstand. Die Forschungseinrichtung war eine der größten und die modernste ihrer Zeit. Der Ort war gut gewählt: Abgeschieden und dank des Hafens doch gut erreichbar, es lagen keine größeren Städte in der Nähe, dafür aber boten die Ostsee und die karg bewohnte Insel Usedom ein ideales Terrain, um mit Raketen zu experimentieren. In kürzester Zeit entstanden unter strengster Geheimhaltung ein Kraftwerk, Entwicklungsfabriken, eine Anlage zur Herstellung von flüssigem Sauerstoff, Prüfstände und Abschussrampen, neue Hafenanlagen, ein Flugplatz, ein Überschall-Windkanal sowie Wehrmachtskasernen und Wohnungen für die Wissenschaftler, Techniker und Offiziere – sowie Baracken für die Kriegsgefangenen, KZ-Häftlinge und Zwangsarbeiter. Zwischen 10.000 und 15.000 Arbeiter waren unter unmenschlichen Bedingungen an Entwicklung und Produktion der *Vergeltungswaffen 1 und 2 (V 1, V 2)* beteiligt. Nach dem Ende des Krieges, der Demontage durch die Sowjets und der Auflösung des Marine- respektive NVA-Stützpunktes sind heute v. a. noch das Kraftwerk, der Bunker sowie die Ruine der Sauerstofffabrik erhalten.

Das Kraftwerk von Peenemünde

„Vergeltungswaffen" – die V 1 und die V 2

Als die Ersten der „Wunderwaffen" im Juni 1944 auf englischem Boden einschlugen, wusste die politische und militärische Führung, was geschehen war. Die Bevölkerung aber stand den heftigen Detonationen, die fast ohne Vorwarnung erfolgten, ratlos und geschockt gegenüber. Der Bombenterror hatte eine neue Dimension erreicht: Bomberstaffeln ließen sich abschießen, mit Sprengstoff beladene Raketen waren dagegen kaum abzuwehren.

Die deutschen „Wunderwaffen", die die Kriegswende bringen sollten, wurden in Peenemünde entwickelt. Die Luftwaffe arbeitete im *Werk West* an der *Fi 103* (nach dem Hersteller *Fieseler Werke* in Kassel benannt), die später V 1 genannt wurde. *Robert Lusser* konstruierte diesen unbemannten Flugkörper, der von einem Katapult oder einem Flugzeug aus gestartet werden konnte. Die 7,7 m lange Fi 103 (Spannweite 5 m) hatte bei einer Geschwindigkeit von etwa 640 km/h eine Reichweite von über 300 km (Flughöhe 500–2000 m) und konnte etwa 850 Tonnen Sprengstoff transportieren. Da die V 1 vor allem aus Holz bestand und leicht zu produzieren war, wurden ab Juni 1944 Tausende geflügelte Bomben abgefeuert, vor allem auf London und Antwerpen. Wegen der relativ geringen Geschwindigkeit und Flughöhe konnte die V 1 von der alliierten Luftwaffe abgewehrt werden, u. a. dadurch, dass britische Jagdflieger die kurzen Flügel der Rakete mit ihren eigenen Flügeln leicht berührten und sie so aus der Bahn warfen. Andere Flügelbomben schlugen wegen der hohen Zielungenauigkeit wirkungslos auf. Dennoch fielen der V 1 Tausende von Menschen zum Opfer, vor allem Zivilisten.

Auch die V 2 hatte zunächst einen anderen Namen: *Aggregat 4* oder kurz *A 4*. Die V 2 war eine ballistische, flügellose Rakete und ebenfalls eine Terrorwaffe, die sich nicht vorrangig gegen militärische Einrichtungen des Gegners richtete, sondern v. a. gegen die Zivilbevölkerung, eine Waffe, die den Feind in die Knie zwingen sollte. Der Vater der V 2 war *Wernher von Braun* (siehe auch Seite 26/27), der zwar von der Raumfahrt träumte, aber bereits seit 1932 ziviler Angestellter des Heereswaffenamtes war. Als er 1937 die technische Leitung im *Werk Ost* übernahm, war er gerade einmal 25 Jahre alt und arbeitete gerade an der A-3-Rakete. Nach diversen Fehlschlägen gelang am 3. Oktober 1942 der erste erfolgreiche Start von Aggregat 4. Die 14 m lange Rakete erreichte eine maximale Fluggeschwindigkeit von 5400 km/h, eine Gipfelhöhe von 85 km und damit erstmals den Rand des Weltalls. Die Reichweite betrug zunächst 190 km, später 300 km, die Zielgenauigkeit wurde von erst 4 km auf später 500 m optimiert.

Rüstungsminister *Albert Speer* zeigte sich begeistert. Auch *Hitler*, der zunächst mit der neuen Technologie nichts anfangen konnte, ließ sich in einem Gespräch mit Dornberger und von Braun im Juli 1943 vom Nutzen der Rakete als Terrorwaffe im Zermürbungskrieg gegen die britische Zivilbevölkerung überzeugen. Ab sofort räumte er dem Forschungsprojekt höchste Priorität ein. Aggregat 4 galt fortan als kriegsentscheidende Waffe, mit der die Kriegswende eingeleitet werden sollte, und wurde von Propagandaminister *Joseph Goebbels* in *Vergeltungswaffe 2* umgetauft. Für den Bau der Raketen wurden Kriegsgefangene und KZ-Häftlinge aus anderen Lagern nach Usedom gebracht und hier interniert. Verantwortlich für die Ausführung und Organisation war SS-Chef *Heinrich Himmler.*

In der Nacht zum 18. August 1943 flog eine britische Staffel einen schweren Bombenangriff auf Peenemünde. Zerstört wurden dabei allerdings in erster Linie die Baracken der Zwangsarbeiter, weniger die Versuchseinrichtungen und Produktionsstätten. Dennoch wurde die Produktion der Waffen in einen unterirdischen Stollen bei Nordhausen im Harz verlegt, wo das Leiden der Arbeitssklaven seine Fortsetzung fand. Von den bis zu 11.000 Häftlingen sollten kaum 600 das Kriegsende erleben.

Die V 2

Erstmals zum Einsatz kam die V 2 am Morgen des 8. September 1944. Ihr Ziel war Paris, wenige Stunden später detonierten dann zwei weitere Raketen in London. Bis Jahresende sollten über 1500 folgen. Gegen die V 2 gab es keine Abwehrmöglichkeit, mit Überschallgeschwindigkeit stürzten die ballistischen Waffen vom Himmel. Gleichzeitig wurden die Angriffe mit der V 1 fortgesetzt.

Die Forschung unter der Leitung von Brauns ging indes weiter. *„Wir wollen nicht vergessen"* – so sein Kommentar zu den ersten Einschläge der V 2 in London –, *„dass diese Schüsse nur den Anfang einer neuen Epoche markieren – das Zeitalter des Flugs mit Raketenantrieb."* Die Planung sah folgende Stufen vor: A 8 war als bemannte Rakete konzipiert, deren Pilot sich nach Zielfixierung aus dem Flugkörper schleudern sollte. Mit A 9/10 wollte man die erste Interkontinentalrakete bauen, potentielles Angriffsziel war die Ostküste der USA. A 11 schließlich sollte von Braun seinem eigentlichen Ziel näher bringen: dem Weltraum. All diese Projekte kamen jedoch über die Planungsphase nicht hinaus. Nach Kriegsende aber ging die Geschichte der V 1 und der V 2 weiter. Erstere gilt als Vorläuferin heutiger Marschflugkörper, Letztere bildete die technische Grundlage der Raumfahrt.

Der Norden
Karte S. 112/113

Ein **Rundgang durch das Historisch-Technische Informationszentrum** beginnt in der Bunkerwarte. In dem ehemaligen Luftschutzbunker sind heute die Kasse sowie ein sehr gut sortierter Buchverkauf untergebracht. Auf dem großen Freigelände sind einige Ausstellungsstücke zu sehen, von Flugzeugen und Hubschraubern aus Beständen der NVA bis zum Kohlekran des Kraftwerks, am wichtigsten ist hier natürlich ein originalgetreues Modell der V 2. Im Hafen liegt außerdem auch ein Museumsschiff vor Anker – nicht sehr spektakulär und etwas modrig. Im Kraftwerk, das selbst ein bedeutendes technisches Denkmal darstellt, ist auch ein Museumscafé untergebracht.

Im Anbau des Kraftwerks ist die gelungene und informative Ausstellung zu sehen. Als leitendes Motiv vorangestellt ist ihr der deutsche Titel von Thomas Pynchons Roman *Gravity's Rainbow* (1973): *Die Enden der Parabel.* Wie in dem großen Roman steht hier die Flugbahn der V 2 symbolisch für die Spannung zwischen sensationellem technologischem Fortschritt und dem Sieg über die Schwerkraft einerseits und dem Absturz in die Barbarei durch die Produktion und den Einsatz der Massenvernichtungswaffen andererseits. Dementsprechend widmet sich die Ausstellung zunächst anhand von Dokumenten, Originalteilen und Infotafeln den Anfängen der Raumfahrt, um dann den Bogen zu schlagen zur rein militärischen Nutzung der Technologie und speziell zur Raketenforschung in Peenemünde. Man hört die Stimmen von Zeitzeugen, die als Zwangsarbeiter in dem Werk litten, sieht Originalaufnahmen der Raketen-Versuche und wird per Installation an die Wirkung eines Raketeneinschlags erinnert. Ein weiterer Ausstellungsabschnitt informiert über die Entwicklung der Raketenforschung nach dem Zweiten Weltkrieg. Eindrucksvoll: Im Erdgeschoss sind Spinde aufgebaut. Hinter den Türen verbergen sich die Biographien von Menschen, die an der V 2 gearbeitet haben, ganz gleich, ob als Techniker oder Kriegsgefangene, Wissenschaftler oder Zwangsarbeiter.

⌚ April–September täglich 9–18 Uhr, Oktober–März 10–16 Uhr (November–März Mo Ruhetag). Erw. 5 €, erm. 4 € (Kombiticket mit Phänomenta 9 €, erm. 7 €). Das Fotografieren ist in den Ausstellungsräumen nicht gestattet. Historisch-Technisches Informationszentrum (HTI), Im Kraftwerk, 17449 Peenemünde, ☏ 038371/5050, 📠 038371/505111, www.peenemuende.de.
Café auf dem Gelände des HTI.

Phänomenta: Physik zum Anfassen und Ausprobieren. Anhand diverser Versuchsanordnungen werden physikalische Phänomene anschaulich gemacht. Wie man mit ein wenig Muskelkraft einen Trabi hochheben kann; wie man mit einem Trommelschlag aus zwei Metern Entfernung eine Kerze zum Erlöschen bringt; wie man mit seinen Fingern Blitze schleudern kann und vieles mehr. Oder wie wäre es mit ein wenig Bewegung: vertikal in einem kleinen Klettergarten oder sozusagen dreidimensional im Astronautentrainer. Insgesamt sind es mehr als 250 Experimente und Ausstellungsstücke, mit denen man sich das weite Spektrum der Physik näherbringen lassen kann. In der Phänomenta ist außerdem das italienische Restaurant *La Piazza* untergebracht.

⌚ Mitte März bis Ende Oktober täglich 10–18 Uhr sowie 20. Dezember bis 4. Januar 10–16 Uhr. Erw. 5 €, erm. 4 € (Kombiticket mit dem HTI 9 €, erm. 7 €). Phänomenta Peenemünde, Museumsstraße 12, 17449 Peenemünde, ☏ 038371/26066, 📠 038371/26088, www.phaenomenta-peenemuende.de.

Auf dem Gelände des HTI

Spielzeugmuseum: Jüngst hat sich zum geschichtsträchtigen HTI und der spielerisch-physikalischen Phänomenta ein ganz und gar verspieltes Museum gesellt. Unzählige Spielwaren sind hier zusammengetragen worden und werden in 15 Räumen präsentiert: in die Jahre gekommene Teddys, denen man die dargebrachte Zuneigung ansieht, Puppen samt -küchen, diverse Tierfiguren und Autos und so fort. Zahlreiche Exponate stammen aus den Kinderzimmern Ostdeutschlands. Natürlich schlägt sich auch die historische Bedeutung Peenemündes auf das Kinderwelt-Sammelsurium nieder: in Form von Zinnsoldaten und diversem anderen „Kriegsgerät".

Mai–September (sowie Weihnachten bis Silvester) täglich 9.30–18 Uhr. Erw. 4,50 €, erm. 3 €. Spielzeugmuseum Peenemünde, Museumsstraße 14, 17449 Peenemünde, 038371/25656, 038371/25658.

Maritim Museum (U 461): Das (nach eigenen Angaben) größte U-Boot-Museum der Welt liegt im Hafen von Peenemünde vor Anker. Das Unterseeboot der Juliett-Klasse war 1962 vom Stapel gelaufen und stand bis 1993 als Teil der 58. U-Boot-Brigade in sowjetischen Diensten. Das dieselbetriebene U 461 gehört mit knapp 86 m Länge bei ca. 10 m Breite und 7 m Tiefgang zu den größten je gebauten konventionellen Unterwasserkreuzern und war für den Seekampf konzipiert. Bestückt mit Torpedos und Marschflugkörpern, musste das U-Boot auftauchen, um Letztere von Abschussrampen abfeuern zu können. Unter Wasser konnte das Boot maximal 33 Tage bleiben, was angesichts der Enge und der sanitären Verhältnisse für die etwa 80 Mann starke Besatzung eine Tortour gewesen sein muss. Einen Eindruck davon erhält man beim Durchqueren des oberen Decks (nur dieses ist zugänglich): Durch enge Luken voneinander getrennt, gelangt man durch Torpedoraum, Mannschafts- und Offi-

Der Norden
Karte S. 112/113

Ausgedient: U 461

ziersquartiere (geradezu luxuriös die Kabine des Kapitäns), Kontrollzentrale und Navigationsraum (hier ist auch das markante *Ping* des Sonars zu hören, dass man aus diversen U-Boot-Filmen kennt) sowie Kombüse und Maschinenraum. Im U-Boot-Shop direkt am Pier gibt es jede Menge „Fanartikel" zu erwerben: Juliett-T-Shirts und -Caps, Hammer-und-Sichel-Abzeichen, Bücher usw.

Ⓞ Ganzjährig täglich geöffnet, Juli bis Mitte September 9–21 Uhr, Mitte September bis Oktober und April–Juni 10–18 Uhr, November–März 10–16 Uhr. Erw. 5,50 € (2 Erw. 10 €), auch Familientickets (2 Erw. + 1 Kind 11 €; 2 Erw. + 2 Kinder 12 €). ✆ 038371/28565, 📠 038371/263917, www.u-461.de.

Der Peenemünder Haken

Die Vegetation im Norden ist abwechslungsreicher, als es auf den ersten Blick erscheint: Es finden sich Kiefernwälder auf den Binnendünen und Mischwälder in der Nähe des Dorfes, Sümpfe, Salzwiesen, Trockenrasen und Schilfgürtel. An der Nordküste wurde bereits 1925 das 1870 Hektar große *Naturschutzgebiet Peenemünder Haken, Struck und Ruden* eingerichtet, das zum Großteil Wasserfläche im Greifswalder Bodden umfasst. Vor allem die immer wieder trockenfallenden Untiefen (Windwatten) sind als Rastplätze für zahlreiche Vogelarten von Bedeutung.

Mit der Errichtung der Heeresversuchsstelle im Jahr 1936 wurde der Haken weiträumig bis hinunter nach Trassenheide militärisches Sperrgebiet – und blieb es auch, als nach Kriegsende die Marine der DDR und die Luftstreitkräfte der NVA hier Stützpunkte errichteten. Erst nachdem die Streitkräfte der DDR im Zuge der Wiedervereinigung in der Bundeswehr aufgegangen und die Stützpunkte geschlossen worden waren – 1991 wurde das Jagdfliegergeschwader aufgelöst, 1996 der Marinestützpunkt –, konnte der Peenemünder Haken wieder ohne Passierschein betreten werden. Aber noch immer sind weite Teile im Norden Usedoms Sperrgebiet: westlich des Flughafens und westlich von Peenemünde. Entsprechende Zutrittsverbote und Warnhinweise sollten dringend ernst genommen werden. 60 Jahre Militärpräsenz haben Spuren hinterlassen, und noch sind die Reste vor sich hin rottender Munition und Landminen nicht vollständig geräumt.

Der Flughafen ist aber wieder in Betrieb, nun zu zivilen Zwecken. Von hier aus starten **Rundflüge über Usedom und Rügen.** Wer einen Ausflug mit Bodenhaftung über den Peenemünder Haken bevorzugt, kann eine **Busrundfahrt** unternehmen. Und schließlich befindet sich hier seit 1998 das **Pommersche Bettenmuseum,** eine schicke Sammlung von Schlafhauben und -gewändern sowie Wärmflaschen, dazu allerlei Wissenswertes über die Schlafkultur im Laufe der Jahrhunderte. Sehenswert beispielsweise, wie man sich in Mittelalter und Renaissance bettete. Zu besichtigen gibt es zudem eine bunte – und recht eng gestellte – Bettensammlung von der Kinderwiege bis hin zu Schneewittchens gläsernem Sarg, außerdem allerlei Möbel und auch etwas Ramsch. Eine besondere Rolle wird dem Bett als Erotik-Schauplatz zuteil. Im Verlauf des Rundgangs wandelt sich das Bettenmuseum mehr und mehr zum Militärmuseum, in dem auch das eine oder andere Feldbett aufgestellt ist. Viele Alltagsgegenstände stammen aus der DDR.

Pommersches Bettenmuseum: Nur von April bis Oktober tägl. 10–17 Uhr, im Winter nur nach telefonischer Voranmeldung. Erw. 3 €, ermäßigt 2 €. Am Flugplatz 2, 17449 Peenemünde, ☏ 038371/28295, 📠 038371/20352, www.peenemuende-info.com.

• *Rundflüge* Über den Peenemünder Hafen 40 €, Kinder 25 € (15 Min., Preise bei voller Auslastung, ansonsten 99 €/Flug), 30-Min.-Rundflug über den Greifswalder Bodden (inkl. Mönchgut/Rügen und Greifswald) oder Usedom 55 €, Kinder 40 € (bzw. 140 €) oder großer 60-Min.-Rundflug über Rügen 100 €, Kinder 70 € (bzw. 260 €). Außerdem Lufttaxi, Inselhopping (z. B. zum Flughafen Güttin/Rügen, einfach 49 €/Pers., oder nach Bornholm/Dänemark, hin und zurück 199 €) und Fallschirmspringen. Wem das zu langweilig ist, kann in der angeschlossenen Flugschule auch selber fliegen lernen. Usedomer Fluggesellschaft, Flughafen Peenemünde, 17449 Peenemünde, ☏ 038371/28523 oder 0176/70077790 (mobil), Buchungs-Hotline ☏ 0700/33334747 (0,12 €/Min.), 📠 038371/26582, www.usedomer-fluggesellschaft.de.

• *Busrundfahrten* Während der Saison 3-mal täglich, Erw. 4 €, Kinder 2 €. Infos erteilt das Bettenmuseum (s. o.).

Der Norden
Karte S. 112/113

Insel Ruden und Greifswalder Oie

Ruden: Das kleine Eiland nördlich von Usedom – kaum mehr als eine von Kiefern bestandene Düne – ist (fast) unbewohnt und steht bereits seit 1925 unter Naturschutz; heute ist es in das *Naturschutzgebiet Peenemünder Haken, Struck und Ruden* integriert. Früher diente Ruden als Lotseninsel, später als Zollstation. Heute leben auf der Insel eine Familie und eine Schafherde. Ruden kann im Zuge einer Ausflugsfahrt besucht werden.

Greifswalder Oie: Das kleines Naturparadies in der Ostsee war seit 1935 militärisches Sperrgebiet. Nachdem die Marine 1990 abgerückt war, wurde die Insel unter Naturschutz gestellt. Heute kann sie im Rahmen einer Ausflugsfahrt mit kurzem Landgang besucht werden. Der markante Leuchtturm (samt Nothafen) stammt übrigens aus dem Jahr 1855.

Ausflugsfahrten mit Landgang zu beiden Inseln kann man von Wolgast (Nord-Ost-Reederei) sowie von Freest und von Peenemünde (Apollo Fahrgastschifffahrt) aus unternehmen, Infos in den Abschnitten zu den jeweiligen Orten.

Kanuten auf der Peene

Auf dem Festland

Für die meisten Urlauber, die sich auf dem Weg nach Usedom befinden, ist sie nur ein Durchgangsgebiet: die Festlandküste entlang des Peenestroms. Aber auch in dieser vornehmlich ländlich geprägten Gegend finden sich sehenswerte Ecken, die einen Zwischenstopp oder einen Ausflug lohnen. Dazu zählen vor allem die Altstadt von Wolgast und Anklam mit seinem Otto-Lilienthal-Museum. Etwas abseits liegt zudem der eine oder andere Übernachtungstipp.

Wolgast

ca. 13.000 Einwohner

Der nördliche Brückenschlag nach Usedom. Entstanden um eine wehrhafte Burg, die über den Peenestrom wachte, entwickelte sich der alte Marktflecken im 15. Jh. zu einem schmucken Städtchen. Heute geht es in Wolgast beschaulich zu.

Am Rande einer strukturschwachen Region gelegen, führt der Touristenstrom Richtung Usedom mitten durch die Stadt – aber eben nur hindurch. Nur wenige legen, so kurz vor dem Ziel und den Strand bereits vor Augen, einen Zwischenstopp ein. Dabei ist ein Abstecher in die hübsche Altstadt und den kleinen Hafen durchaus zu empfehlen. Zwar steht die Burg nicht mehr, aber zwischen der Insel, auf der die prächtige Residenz ehemals thronte, und dem Markt erstreckt sich entlang der engen Gassen ein schmuckes Gebäudeensemble. Im Zentrum der zum Teil verkehrsberuhigten Altstadt liegt der Rathausplatz. Mitten auf dem Platz befindet sich freistehend das *Rathaus*. Das hübsche Gebäude wurde im Mittelalter errichtet, brannte aber – grob gesprochen – einmal pro Jahrhundert ab. Die heutige Gestalt mit den geschweiften Giebeln der Schaufassade, gekrönt von einem kleinen Türmchen, stammt aus dem frühen 18. Jh. Vor dem Portal steht der Rathausbrunnen aus dem Jahr 1936, dessen Relieftafeln Szenen aus der Stadtgeschichte zeigen. Rechts hinter dem Rathaus liegt die *Kaffeemühle,* ein Fachwerkhaus mit auffälliger Dachkonstruktion, das heute das Stadtmuseum beherbergt. Etwas oberhalb des Rathausplatzes überragt die wuchtige Kirche *St. Petri* die Dächer der Altstadt. Das Gotteshaus ist eines der wenigen Beispiele der norddeutschen Backsteingotik in dieser Gegend, dafür aber ein bedeutendes.

Der Altstadt vorgelagert ist die *Schlossinsel.* Hier lagen einst die Fischerboote vor Anker. Heute befindet sich neben dem Museumshafen mit der 1890 erbauten Sundfähre *Stralsund* ein Sportboothafen. Von der ruhigen Schlossinsel reicht die *Wolgaster Brücke* über den Peenestrom nach Usedom. Die erste Brücke ersetzte ab 1934 den Fährverkehr und wurde ihrerseits 1997 von der neuen Klappbrücke abgelöst. Das in sattem Blauton gehaltene Bauwerk, futuristisch und imposant, ist das jüngste Wahrzeichen der Stadt.

Südlich von Schlossinsel und Altstadt erstreckt sich Industriegebiet, und Industrie heißt in Wolgast von alters her vor allem eins: Schiffsbau. Seit mehr als drei Jahrhunderten werden hier Schiffe vom Stapel gelassen. Die heutige Werft, die *Peene-Werft,* gibt es seit über fünfzig Jahren und ist größter Arbeitgeber der Stadt. Hier befindet sich auch ein riesiger alter Speicher, von dem es heißt, es sei der größte historische Fachwerkspeicher an der Ostsee. 1835 erbaut, erhebt sich das Gebäude über einem Grundriss von 80 m Länge und 18 m Breite; der Speicher verfügte einst über ein riesiges Fassungsvermögen. Ein weiterer sehenswerter Speicher von geringeren Ausmaßen steht auf der Schlossinsel.

Geschichte: Die erste gesicherte Erkenntnis über eine vorchristliche Siedlung stammt aus dem frühen 12. Jh.: Als der Pommernfürst *Wartislaw I.* 1128 den Ort eroberte, berichten Quellen von einem Marktflecken mitsamt Tempelanlage und einer Burg. Im Zuge der Eroberung kam *Otto von Bamberg* auf seiner zweiten Missionsreise nach Wolgast, zerstörte nach anfänglichem Widerstand der Bevölkerung den Tempel und ließ an dessen Stelle eine Kirche, den Vorgängerbau von St. Petri, errichten. Die deutsche Einwanderungswelle Anfang des 13. Jh. schwappte auch bis Wolgast und ließ die ersten städtischen Strukturen entstehen. Bereits vor 1259 erhielt Wolgast das Stadtrecht und 1282 sogar das lübische Recht. Dass Wolgast dennoch nicht die Selbstständigkeit anderer Hansestädte erlangen sollte, war der steten Präsenz des Lehnsherrn geschuldet. Seit der Teilung des pommerschen Herzogtums im Jahr 1295 nämlich war die Stadt Sitz der herzoglichen Linie Pommern-Wolgast, und die Fürsten achteten darauf, dass ihre Städte nicht zu viel bürgerliches Selbstbewusstsein entwickelten. Um 1300 begannen die Herzöge vor den Toren der Stadt auf der kleinen Insel im Peenestrom mit dem Bau einer Burg.

Seine Blütezeit erlebte Wolgast im 15. und 16. Jh., nunmehr hemmte die Anwesenheit der Fürsten nicht die Entwicklung der Stadt, sondern förderte sie. Die St.-Petri-Kirche wurde in ihrer heutigen Form fertiggestellt. Handwerk und städtisches Leben erblühten, sichtbar an den schmucken Häusern in der Altstadt. Vorstädte wuchsen außerhalb der festen Stadtmauern. Vor allem aber die Burg repräsentierte die Blütezeit: Diverse Um- und Ausbauten sollten auf der Insel bis 1625 ein prächtiges Residenzschloss entstehen lassen.

Der Dreißigjährige Krieg, der Pommern so gründlich verwüstete, dass bis heute jedes Kind das Schlaflied vom Maikäfer kennt, ließ auch Wolgast nicht ungeschont: Die Residenz wurde von kaiserlichen Truppen erobert und geplündert, Teile der Stadt wurden niedergebrannt. Schließlich kamen die Schweden, um den deutschen Protestantismus zu retten, und blieben. Nach dem Tod der letzten Pommernfürsten fand sich Vorpommern – und damit auch Wolgast – unter der Flagge der drei Kronen wieder.

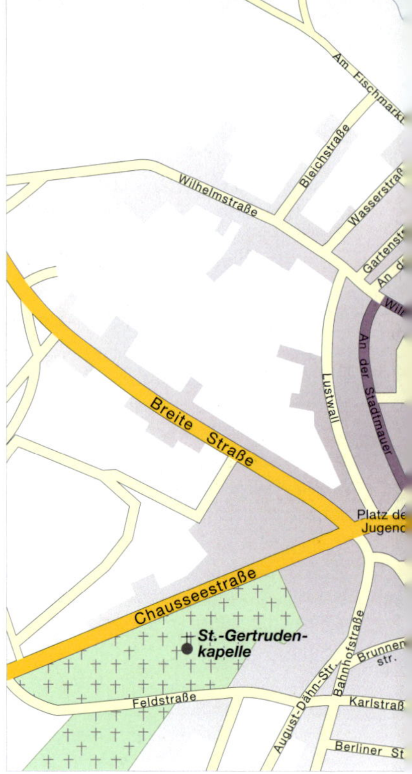

1675 mussten die Schweden bei Fehrbellin eine schwere Niederlage gegen die Brandenburger einstecken, und Letztere zogen nach Vorpommern. Das Schloss von Wolgast wurde von brandenburgischen Truppen unter Beschuss genommen und schwer beschädigt, der Pulverturm explodierte, und auch die Schlosskapelle wurde zerstört. Die dunkelste Stunde der Stadt sollte aber noch kommen: Während des Großen Nordischen Krieges rächte sich Zar *Peter I.* an dem letzten großen schwedischen König *Karl XII.*, indem er Wolgast gründlich niederbrennen ließ. Die gesamte Altstadt wurde zur Beute der Flammen, lediglich fünf Häuser und ein Teil der Kirche blieben verschont.

Die Altstadt wurde wieder aufgebaut, das Schloss nicht. Vielmehr musste die Ruine der ehemaligen Residenz als Steinbruch herhalten. Der Wiederaufbau der Stadt wurde angegangen, ohne den Grundriss zu verändern, weswegen sich Wolgast heute mit einem etwas ungewöhnlichen Stadtbild präsentiert: eine Altstadt auf mittelalterlichem Grundriss, aber ohne sichtbare mittelalterliche Bausubstanz.

Reisepraktisches/Freizeit

• *Information* **Wolgast-Information**, im Rathaus, freundlich und gut ausgestattet, geöffnet Mo–Fr 9–17 Uhr, Sa 10–14 Uhr. Rathausplatz 6, 17438 Wolgast, ✆/℻ 03836/600118, www.wolgast.de.

• *Verbindungen* Mit der **UBB** vom Bahnhof Wolgast (Hafen) etwa halbstündlich (im Winter stündlich) nach Usedom bis zu den Kaiserbädern Bansin, Heringsdorf und Ahlbeck, in anderer Richtung 9-mal täglich

nach Greifswald und Stralsund. Mehrmals tägl. außerdem auch mit dem **Regionalexpress** der DB nach Greifswald und Anklam, zwischen 7 und 19 Uhr ca. stündlich.

Busse fahren vor dem Bahnhof ab: von 7 bis 18 Uhr ca. stündlich über Lubmin nach Greifswald sowie 8-mal tägl. nach Anklam.

• *Ausflugsfahrten* Die **Nord-Ost-Reederei Wolgast** veranstaltet von Mai bis September Hafenrundfahrten (1 Std., Erw. 5 €, erm. 3 €), Ausflugsfahrten zur Insel Ruden mit Landgang (4,5 Std., Erw. 15 €, erm. 10 €) und Achterwasser-Rundfahrten (2 Std., Erw. 10 €, erm. 8 €), auch Abend-, Charter- und Angelfahrten. Abfahrt jeweils Wolgast/Stadthafen, die genauen Abfahrtstermine können variieren. Infos unter Nord-Ost-Reederei Wolgast, Straße der Freundschaft 16, 17438 Wolgast/Mahlzow, ✆ 03836/203220, 📠 03836/202902.

Tages- oder Abendtörns mit dem Segelschoner *Weiße Düne* (mit Imbiss), Anmeldung erforderlich. Hafenstraße 1b, ✆ 0173/1948167 (mobil).

• *Angeln* Zahlreiche Anbieter (Angelfahrten, Zubehör und Bootsverleih), hier einige Adressen: **Angeln – Exklusiv**, Bahnhofstraße 7, ✆ 03836/601954, www.angeln-exklusiv.de; **Angelservice Borg**, Burgstraße 13, ✆ 03836/234636, www.angeln-usedom.de; **Boots- und Angelcenter**, Schlossstraße 8, ✆ 03836/234698; **Meier's Anglerladen**, Lange Straße 5, ✆ 03836/203435, www.meiersanglerladen-wolgast.de.

• *Sporthafen* Am nördlichen Ende der Schlossinsel, 40 Liegeplätze, Sanitäranlagen, Kran, Slipanlage, Service, Zubehör und Reparatur, Wassertiefe 2,5 m. Hafenstraße 13, ✆ 03836/23670, www.hornwerft.de.

• *Wassersport* **Segelschule Rückenwind**, u. a. Schnupper-, Standard- und Intensivkurse, Sportbootführerschein, Törns und Segelschein, auch Charter. Hier werden auch *Floating Houses* vermietet (die Appartementhäuser schwimmen in Kröslin wenige Kilometer nördlich von Wolgast; siehe dort). Büro im Alten Speicher, Hafenstraße 4, ✆ 03836/600013, 📠 03836/234750, www.segelschule-rueckenwind.de.

Brückenöffnungszeiten der Wolgaster Brücke (B 111)

5.40–5.55 Uhr, 7.40–7.55 Uhr (beide im Sommer, im Winter: 8.40–8.55 Uhr), 12.40–12.55 Uhr, 16.40–16.55 Uhr und 20.40–20.55 Uhr sowie unregelmäßig auch 23.30–23.45 Uhr.

Übernachten/Essen & Trinken (siehe Karte S. 160/161)

Hotel Peenebrücke (4), freundliches Stadthotel mit großzügig bemessenen Zimmern, zentrale Lage nahe der Brücke zur Schlossinsel, damit aber auch direkt an der Durchgangsstraße, mit Fahrradverleih (für Hotelgäste) und großem Parkplatz. DZ mit Bad, TV und Frühstück 77 €, Appartement 92 €, EZ 69 €, Hunde 8 €. Burgstraße 2, ✆ 03836/27260, 📠 03836/272699, www.hotel-peenebruecke.de.

Neptun (5), Fischrestaurant und Pension in einem schönen Fachwerkhaus am Hafen, auf der Südseite der Schlossinsel gelegen. In der gemütlichen, stilvoll eingerichteten Gaststube oder im schönen Biergarten gibt es natürlich jede Menge Gerichte mit frisch gefangenem Fisch. Im Haus stehen auch fünf Zimmer zur Verfügung (mit Bad, TV und Frühstück). DZ 75 €, EZ 40 €, Suite 100 €. Hafenstraße 1, ✆ 03836/233691, 📠 03836/233692, www.neptun-pension.de.

Restaurant Ratsstuben (3), neben dem Rathaus und damit natürlich sehr zentral, auf der Karte finden sich zur Abwechslung auch Nicht-Fischgerichte, nicht teuer, So Ruhetag. Rathausplatz 8, ✆ 03836/232870.

Alter Speicher (2), in einem – der Name verrät es – historischen Speicher auf der Schlossinsel, gemütliche, maritim geprägte Kneipe, uriges Ambiente unter altem Holzgebälk, im Sommer mit Biergarten, auch einfache, günstige Gerichte (natürlich auch Fisch). Täglich geöffnet. Hafenstraße 4, ✆ 03836/205994.

Fischer Klaus (1), ebenfalls auf der Schlossinsel gelegenes Fischrestaurant mit Blick auf den Museumshafen (neben dem Alten Speicher). Hafenstraße 6, ✆/📠 03836/234272.

Sehenswertes

St. Petri: Die dreischiffige Basilika ist ein eindrucksvolles Beispiel norddeutscher Backsteingotik. Das mächtige Gotteshaus steht etwas erhöht. Die wuchtige Wirkung der Kirche entsteht einerseits durch den massigen Turm, andererseits durch die vergleichsweise hohen Seitenschiffe, deren Bedachung sich noch ein Stück über die Giebel der Altstadt erhebt. Ein erster Kirchenbau war bereits während der Christianisierung entstanden. Bischof *Otto von Bamberg* ließ 1128 das wahrscheinlich hölzerne Gotteshaus an Stelle des niedergerissenen heidnischen Tempels errichten. Der Bau der heutigen Kirche wurde in der zweiten Hälfte des 14. Jh. begonnen und war wahrscheinlich um 1415 abgeschlossen. Seine Bedeutung erhielt St. Petri u. a. dadurch, dass es den Herzögen von Pommern-Wolgast als Begräbniskirche diente. Im Laufe der Jahrhunderte wurde St. Petri mehrmals das Opfer von Bränden (1512, 1628, 1713, 1920). Vor allem der große Stadtbrand von 1713 setzte der Kirche arg zu. Zum Teil musste auch das Gewölbe wiederhergestellt werden, nachdem der hölzerne Turm mitsamt geschmolzenem Kupferbeschlag eingestürzt war und das Mittelgewölbe zertrümmert hatte. Der Turm selbst erhielt zu dieser Zeit den ungewöhnlichen achteckigen Aufbau.

Auch im Inneren wirkt St. Petri imposant, dank der Höhe des Mittelschiffs und der ebenfalls verhältnismäßig hohen Seitenschiffe aber deutlich eleganter als von außen. Über vier Säulenpaare erhebt sich ein Sterngewölbe, die Seitenschiffe werden von Kreuzrippengewölben abgeschlossen. Nach dem letzten

Das alte Rathaus

Brand 1920 kamen einige alte Wandmalereien im Chor wieder zum Vorschein, darunter der *Teufelstanz* und diverse Heiligenabbildungen, zum Beispiel die der Hl. Katharina (mit dem Rad in der Hand), die des Hl. Erasmus (im kochendem Kessel) oder des Hl. Bartholomäus (mit dem Messer).

⌚ Werktags 10–17 Uhr, So nur für den Gottesdienst. Turmbesteigung 1,60 €, erm. 0,80 €, letzter Einlass zur Turmbesteigung 16.30 Uhr.

Kaffeemühle: Das stadtgeschichtliche Museum ist in einem der ältesten Gebäude der Stadt untergebracht. Es wurde Mitte des 17. Jh. als Kornspeicher errichtet, überstand den Stadtbrand von 1713, diente später als Wohn-, dann bis in die Mitte des 20 Jh. als Gasthaus, bis 1955 das Heimatmuseum einzog. Den originellen Namen verdankt das historische Gebäude nicht einer Funktion, sondern seiner ungewöhnlichen Dachkonstruktion, die dem Fachwerkhaus vage die Form einer Kaffeemühle (natürlich fehlt die Kurbel) verleiht. Im ersten Stock kann man sich über die Geschichte der Stadt informieren – über die slawische und die hanseatische Zeit, über Wolgast als pommerschen Residenzsitz, als Handelsplatz und traditionsreichen Werftstandort. Im ehemaligen Kornboden geben historische Werkstätten Einblick in Handwerke und Gewerbe, beispielsweise die des Schusters oder des Apothekers. Außerdem sind wechselnde Ausstellungen in der Kaffeemühle untergebracht. Sehenswert ist aber nicht nur das Museumsinterieur, sondern auch das alte Gebäude selbst. Und schließlich befindet sich in der Kaffeemühle auch noch ein nettes Museumscafé.

⌚ Juni–August Di–Fr 10–18 Uhr, Sa/So 10–16 Uhr, September–Mai Di–Fr 10–18 Uhr, Sa/So 10–16 Uhr. Erw. 5 €, erm. 3 €. Rathausplatz 6, 17438 Wolgast, ☎/📠 03836/203041.

Rungehaus: Im Geburtshaus *Philipp Otto Runges* werden Leben und Werk des bedeutenden romantischen Malers veranschaulicht. Wer hier allerdings einen

„echten Runge“ sucht, sei es ein Gemälde oder auch nur eine Skizze, der sucht vergeblich, man muss sich mit Reproduktionen und Grafiken zufriedengeben. Diese aber geben einen interessanten Überblick über die künstlerische Entwicklung des Malers, seine theoretischen Grundlagen, die Symbolsprache im Zyklus *Die Zeiten*, Runges berühmte Farbenlehre, seinen Einfluss auf die Moderne usw. Nicht zuletzt verdient aber auch das Ende der 1990er Jahre restaurierte Gebäude selbst Beachtung.

Ⓘ Juni–August Di–Fr 10–18 Uhr, Sa/So 10–16 Uhr, September–Mai Di–Fr 10–17 Uhr, Sa/So 10–14 Uhr. Erw. 3 €, erm. 2 €. Kronwiekstraße 45, 17438 Wolgast, ✆/℻ 03836/202000.

„Unterdes lauter schöne Sachen gemacht“ – Der Maler Philipp Otto Runge

Wie so viele Künstler hätte Philipp Otto Runge eigentlich etwas anderes werden sollen. Wenn es nach seinem Vater, einem ehrbaren Reeder und Schiffsausrüster, gegangen wäre, hätte sein zweiter Sohn, der am 23. Juli 1777 in Wolgast auf die Welt kam, den Beruf des Kaufmanns ergriffen. Obwohl der stets kränkelnde Junge schon früh eine künstlerische Begabung erkennen ließ, schickte der Vater den Achtzehnjährigen nach Hamburg, wo er bei seinem älteren Bruder eine Kaufmannslehre begann. Doch Daniel Runge erkannte das Talent Philipp Ottos, finanzierte ihm den Zeichenunterricht und überzeugte schließlich den Vater 1799, seinen begabten Sohn auf die damals äußerst renommierte Kunstakademie in Kopenhagen zu schicken. Nach zweijährigem Studium ging Runge nach Dresden, um dort seine Studien abzuschließen. In der sächsischen Residenzstadt sammelte sich damals die junge romantische Bewegung, die Runges weiteres künstlerisches Schaffen stark beeinflussen sollte.

In Dresden heiratete er die Kaufmannstochter *Pauline Bassange* und zog mit ihr zurück nach Hamburg, aus der Ehe sollten vier Kinder hervorgehen. Um seine Familie zu ernähren, stürzte sich Runge in eine Reihe von Unternehmungen. So gründete er eine Werkstatt für Wandmalerei, verdingte sich als Gebrauchsgrafiker – so geht das heutige französische Skatblatt auf einen seiner Entwürfe zurück – und war natürlich auch als Maler tätig. Zudem sammelte er ganz im Sinne der romantischen Bewegung alte Sagen und Märchen, die Geschichte *Van den Fischer und syne Fru* ist durch Runge überliefert. Doch der Kreis an Auftraggebern war im wenig kunstinteressierten Hamburg zu klein, als dass Runge von seiner Arbeit hätte leben können. Bis an sein Lebensende musste sein Bruder Daniel für den Unterhalt der Familie aufkommen.

Dennoch entstanden in Hamburg die wichtigsten Gemälde Runges, in denen er versuchte, neue Wege in der Malerei zu gehen. Sein bekanntestes Werk *Die Hülsenbeckschen Kinder* vermeidet jede Form verniedlichender Darstellung und läßt stattdessen die Kinder des Geschäftspartners von Daniel Runge als ungezügelte Naturgewalten erscheinen.

Runge arbeitete auch an einem theoretischen Kunstprogramm, das zu einer Verbindung aller Künste führen sollte und wohl am deutlichsten in seinem Bild *Der (kleine) Morgen* Gestalt wird. Runge versuchte hier, eine epochenübergreifende, vielschichtige Bildsprache zu finden, die sich u. a. aus christlichen Motiven, aber auch aus einer reichen Blumen- und Pflanzenornamentik zusammensetzte.

In diese neue Bildsprache sollte auch Runges auf den drei Grundfarben beruhende Farbenlehre einfließen, die der Maler am Ende seines Lebens entwickelte und über die er auch mit Goethe einen regen Briefwechsel unterhielt. Der Weimarer Dichterfürst zeigte sich durchaus an dem jungen Künstler interessiert, da er ja selber eine Farbenlehre aufgestellt hatte. Doch einen Zugang zu den Werken Runges fand Goethe nicht: *„Wir glauben, Ihre sinnvollen Bilder nicht eben ganz zu verstehen, aber wir verweilen gerne dabey und vertiefen uns in Ihre geheimnisvolle und anmuthige Welt."*

An der Vielschichtigkeit und schweren Zugänglichkeit von Runges Werk lag es wohl auch, dass er wenig Bekanntheit erlangte. Zwar korrespondierte er mit den wichtigsten Köpfen der Romantik, doch ein großes Publikum fand der nicht. Runge starb mit nur 33 Jahren am 2. Dezember 1810 in Hamburg, einen Tag vor der Geburt seines vierten Kindes, an den Folgen der Tuberkulose, an der er seit Kindheitstagen gelitten hatte.

Als Maler blieb er auch über seinen Tod hinaus weithin unbekannt, erst der Jugendstil begann um 1900, sich auf die Pflanzenornamentik Runges zu berufen. In den 1920er Jahren waren es dann die Künstler des Bauhauses und die Maler der Neuen Sachlichkeit, die Runges Farbenlehre bzw. seinen nüchternen Malstil für sich entdeckten. So geriet Runges Werk auch endlich in das Blickfeld der Kunstgeschichte, die in ihm den nach *Caspar David Friedrich* wichtigsten Maler der deutschen Romantik erkannte.

Nördlich von Wolgast

Kröslin: Der Ort selbst ist weitgehend unspektakulär. Bemerkenswert ist lediglich die neue, riesige Marina. Sie ist bestens ausgestattet (Tankstelle, Slipanlage, Kräne, Winterlagerhallen, Zubehör etc.) und verfügt über 500 Liegeplätze. Zur Marina gehört auch ein nettes Bistro/Restaurant (außerdem ein Fahrradverleih und ein Schwimmsteg). Eine außergewöhnliche Übernachtungsmöglichkeit bieten *Floating Houses* am Rand des Kröslіner Hafens.

• *Verbindungen* Mehrmals tägl. **Busse** von und nach Wolgast.

Personenfähre nach Usedom (Freest – Peenemünde – Kröslin und zurück) stündlich, erste Fahrt 10.40 Uhr, letzte Fahrt 18.40 Uhr (in der Nebensaison nur alle 2 Stunden, letzte Fahrt 16.40 Uhr), Fahrradtransport möglich. Erw. 3 €, Kinder (5–11 J.) 2 €, Fahrrad 1 €, Hund 1 €. Apollo Fahrgastschifffahrt, Zum Hafen 1, 17449 Peenemünde, ✆ 038371/20829, ℻ 038371/28529, www.schifffahrt-usedom.de.

• *Sporthafen* **Marina Kröslin**, Am Hafen, 17440 Kröselin, ✆ 038370/2510, ℻ 038370/25129, www.marina-kroeslin.de.

• *Übernachten* **Rückenwind Ferien**, topausgestattete schwimmende Ferienhäuser für bis zu 6 Personen, in der Hauptsaison 128 €/Tag, in der Nebensaison deutlich günstiger (im Winter außer Weihnachten 69 €/Tag). Frühe Buchung ratsam. Das Büro befindet sich im Alten Speicher in Wolgast. Rückenwind Ferien, Hafenstraße 4, 17438 Wolgast, www.rueckenwind-ferien.de.

Fischeralltag am Freester Hafen

Freest: Das hübsche alte Fischerdorf liegt am Rand der Lubminer Heide und mitten zwischen zwei riesigen Industrie-Ruinen: Vom Hafen aus sichtbar sind die Gebäudekomplexe der ehemaligen Heeresversuchsanstalt Peenemünde auf Usedom, und in anderer Richtung sind es nur wenige Kilometer zum 1990 abgeschalteten Kernkraftwerk Lubmin, das heute inmitten der Wälder der Lubminer Heide einen recht gespenstischen Eindruck hinterlässt. Ganz anders der Freester Hafen. Das maritime Idyll am Peenestrom teilen sich die Fischer mit den Touristen. Traditionsreich sind hier die Fischräuchereien. Das Verpflegungsangebot ist reichhaltig, wenngleich natürlich fischlastig. Außerdem lassen sich Ausflugsfahrten auf die Inseln Ruden und Greifswalder Oie unternehmen (Voranmeldung und ein wenig Zeit erforderlich).

• *Verbindungen* Mehrmals täglich mit dem **Bus** von und nach Wolgast.

Personenfähre nach Usedom (Freest – Peenemünde – Kröslin und zurück) stündlich, erste Fahrt 10.20 Uhr, letzte Fahrt 18.20 Uhr (in der Nebensaison 16.20 Uhr). Preise siehe oben unter Kröslin/Verbindungen.

• *Ausflugsfahrten* Zur **Insel Ruden** (Dauer 2,5 Stunden, davon 1 Stunde Landgang) in der Hauptsaison 2-mal tägl. (via Peenemünde), in der Nebensaison 1-mal täglich (jeweils nicht Mi und Fr). Erw. 9 €, Kinder (5–11 J.) 6,50 €, Hund 1 € (auf der Insel Leinenzwang). Zur **Greifswalder Oie** (Dauer 4,5 Stunden, davon 2 Stunden Landgang) 1-mal täglich (in der Nebensaison nicht Mi und So). Erw. 16 €, Kinder (5–11 J.) 8 €, keine Hunde. Anmeldung in beiden Fällen erforderlich. Apollo Fahrgastschifffahrt, Zum Hafen 1, 17449 Peenemünde, ✆ 038371/20829, www.schifffahrt-usedom.de.

• *Sporthafen* **Fischerei- und Sportboothafen Freest**, 50 Gastliegeplätze. Am Hafen, 17440 Freest, ✆ 0172/3854544 (mobil).

• *Übernachten/Essen & Trinken* **Hotel Leuchtfeuer**, von Wolgast aus am Ortseingang auf der linken Seite, freundliches Haus mit komfortablen Zimmern, sehr einladende Gaststätte im ersten Stock, im Sommer auch Tische auf dem Balkon, gute Küche bei mittlerem Preisniveau (z. B. gebratener Aal mit Kartoffelpüree und Gurkensalat für 11 €). DZ mit Bad/TV 75 €, EZ 52 €, Appartement 100 €, Hunde 3–6 €, bei längerem Aufenthalt günstiger. Dorfstraße 1, 17440 Freest, ✆ 038370/20710, Fax 038370/20711, www.hotel-leuchtfeuer.de.

An der Waterkant, sympathischer, traditionsreicher Familienbetrieb, das rohrgedeckte Haus ist der „Dorfkrug" von Freest, sehr beliebt, gute Hausmannskost in uriger Atmosphäre, auf der Karte natürlich vor allem Fischgerichte, nicht teuer, Mo und Di Ruhetag, im November geschlossen. Auch Ferienwohnungen (bis zu 4 Pers., 55 €/Tag) und DZ (mit Bad/TV 40 €). Im Ort, ca. 100 m vom Hafen entfernt. Dorfstraße 36, 17440 Freest, ✆ 038370/20291, www.waterkant-freest.de.

Schiffgaststätte Sturmvogel, in einem ehemaligen Personenschiff im Hafen untergebracht, aus der Kombüse kommen teilweise recht ausgefallene Fischgerichte, z. B. Seeteufel, Wels, Steinbeißer, und das sogar zu recht günstigen Preisen. Auch Seniorenteller, nachmittags Kaffee und Kuchen. Alles schon etwas älter. Tägl. 11–22 Uhr. Im Hafen, nicht zu übersehen.

Hafentaverne, maritim eingerichtet, natürlich mit jeder Menge Fisch im Angebot, Hauptgericht zwischen 9 und 12 €. Auch Café, hausgemachte Waffeln, Eis. Am Hafen 2, ✆ 038370/20526, www.hafentaverne.de.

Zwischen Wolgast und Anklam

Es ist eine ruhige Gegend, die sich zwischen Wolgast und Anklam erstreckt: kleine Weiler, die zum Teil nur über holprige Sandpisten zu erreichen sind, weite Felder und schöne Mischwälder, das schilfreiche Ufer des Peenestroms, kleine (Bade-)Seen im Hinterland. Größter Ort ist **Lassan,** der traditionsreiche Hafen gegenüber dem Lieper Winkel. Weithin sichtbar ist der von einer eleganten Haube gekrönte, massige Turm der *St.-Johannis-Kirche* aus dem 13. Jh. Im Mittelalter war Lassan ein Zwischenhafen der Hansestadt Anklam und erhielt Ende des 13. Jh. selbst das Stadtrecht zugesprochen. Noch heute ist Lassan eine Stadt, wenngleich kein städtisches Flair aufkommen will, im Gegenteil. In dem 1600-Einwohner-Ort geht es beschaulich zu. Der überschaubare Rahmen des ländlichen Lebens sind zwei parallel laufende Straßen, die von der alten Kirche zum kleinen Hafen führen.

Wer dem *Schlosshotel/Restaurant Buggenhagen*, von dem immer wieder zu lesen ist, einen Besuch abstattet möchte, sollte sich vorher noch einmal informieren (z. B. bei den Touristen-Informationen in Wolgast, Anklam oder auf der Insel). Das winzige Dorf Buggenhagen ist zwar idyllisch gelegen, das Hotel aber war über Jahre geschlossen, und das verwaiste Schloss verfiel zusehends. Anfang 2006 begannen jedoch Sanierungsarbeiten. Es hieß, es solle wieder ein Hotel/Restaurant in das ehrwürdige Schloss einziehen. Ob und wann dieser Plan realisiert wird, stand zu Redaktionsschluss noch nicht fest. Mit Sicherheit ein Übernachtungstipp hingegen ist das stattliche *Rittergut Bömitz* in herrlich abgeschiedener und ruhiger Lage.

• *Übernachten/Essen & Trinken* **Landhotel Bömitz**, das dreiflüglige Rittergut beherbergt heute ein stilvolles und sympathisches Hotel inmitten einer Parkanlage. Für die kulinarische Versorgung zuständig sind die *Jägerstube* (deftige pommersche Küche aus regionalen Produkten) sowie das Restaurant *Hermann Christoph von Hertell* (edel, Reservierung erforderlich). Die geräumigen Zimmer sind im Landhausstil eingerichtet. Absolut ruhig und idyllisch gelegen. DZ mit Bad, TV und Frühstück 77 €, EZ 53 €, Suite 97 €, Hunde 8 €. Auch Fahrradverleih (5 €/Tag), und das eigene Pferd lässt sich hier ebenfalls unterbringen (15 €/Tag). Landhotel Bömitz, Dorfstraße 14, 17390 Bömitz, ✆ 039724/22540 📠 039724/22541, www.landhotel-boemitz.de.

In Lassan: **Ackerbürgerei**, das freundliche Gasthaus in der Nähe des Hafens ist auch so etwas wie der Kulturtreff von Lassan (hier auch Infos zur Freizeitgestaltung). Vor allem aber gibt es in der Ackerbürgerei gute Küche mit regionalen Gerichten; auch Café, nette Terrasse. Zudem Fahrrad- (4,50 €/Tag) und Kajakverleih (20–25 €). Auch Zimmer und Appartements. DZ mit Bad und TV 37 €, App. ab 48 € (2 Pers.) und 61 € (4 Pers.), Frühstück 4,80 €/Pers. Lange Straße 55/57, 17440 Lassan, ✆ 038374/5111, 📠 038374/5112, www.ackerbuergerei.de.

Anklam

ca. 15.000 Einwohner

Angesichts einer wechselhaften Geschichte, welche Anklam oft genug zwischen die Fronten stellte, hat sich die alte Hansestadt an der Peene viel Charme und Sehenswürdigkeiten bewahrt. Natürlich hat die Heimatstadt eines der bedeutendsten Flugpioniers ihren berühmtesten Sohn nicht vergessen und ehrt Otto Lilienthal unter anderem mit einem Museum.

Das beschauliche, teils kopfsteingepflasterte Zentrum des Städtchens lohnt einen Spaziergang, auch wenn die ansehnlichen historischen Baudenkmäler in einem eher verhalten ästhetischen Stadtbildkontext stehen, sprich inmitten lieblos-zweckdienlicher Nachkriegsarchitektur. Das bemerkenswerteste Gebäude aus alter Anklamer Zeit ist wohl das recht windschiefe *gotische Giebelhaus* aus dem 13. Jh. Die Stadtsilhouette prägen die Türme der *St.-Marien-* und der *St.-Nikolai-Kirche* sowie das *Steintor*, die allesamt über die Dächer der übrigen Gebäude hinausragen. Während St. Marien zwar in Teilen restaurierungsbedürftig, im Großen und Ganzen aber (gottes)diensttauglich ist, kämpfen die Bürger von Anklam einen langen (und kostspieligen) Kampf um den Erhalt der St.-Nikolai-Kirche, die in den letzten Tagen des Zweiten Weltkrieges bis auf die Außenmauern zerstört wurde. Das aus dem 13. Jh. stammende, imposante *Steintor* war einstmals eines von vier Stadttoren und beherbergt heute das Stadtmuseum. Weitere Überreste der ehemaligen Befestigungsanlagen sind der mittelalterliche *Pulverturm*, ehemals Teil der wehrhaften Stadtmauer am südlichen Rand der Altstadt, und der sich etwas außerhalb (heute neben der B 109) erhebende *Hohe Stein*. Von dieser Landwehr aus dem 13. Jh. wurden im Falle des Herannahens von Feinden Feuersignale gesandt, um die Besatzung der Stadttore zu warnen.

Das Anklamer Steintor beherbergt heute ein Museum

Zwischen den beiden großen Kirchen der Stadt erstreckt sich der Marktplatz, von dem aus die Peenestraße zum Fluss hin führt (überqueren kann man ihn auf einer Fußgänger-/Radfahrerbrücke). Der vielleicht schönste Straßenzug der Stadt ist die Wollweberstraße mit ihren hübschen bunten historischen Fassaden. Im ehemaligen Heimatmuseum wurde 1991 das *Otto-Lilienthal-Museum* eingerichtet. Es befindet sich etwas außerhalb der Altstadt in der Nähe des Bahnhofs in der Ellbogenstraße.

Daedalus aus Pommern: Otto Lilienthal

Der Traum vom Fliegen wurde in Anklam geträumt und zu einem nicht unbedeutendem Teil auch realisiert: in Person Otto Lilienthals. Er kam am 23. Mai 1848 als Sohn eines Tuchhändlers zur Welt. Nach dem Besuch des Gymnasiums und einer Ausbildung in Potsdam und Berlin arbeitete Lilienthal sich zum erfolgreichen Unternehmer hoch. Der innovationsfreudige Ingenieur gründete eine Maschinenfabrik, die u. a. aufgrund seiner patentierten Erfindungen erfolgreich war. Seine Arbeiter, bis zu 60 an der Zahl, waren übrigens an der Fabrik zu einem Viertel gewinnbeteiligt, ein damals wie heute bemerkenswertes unternehmerisches Engagement.

Seine Leidenschaft aber, die ihn berühmt machen sollte, gehörte dem Fliegen. Immer an seiner Seite stand sein ein Jahr jüngerer Bruder Gustav, der an den Konstruktionen der Flugapparaturen beteiligt war, allerdings nicht mehr aktiv an den Flugversuchen. Die Brüder Lilienthal waren keine Spinner, die sich selbstgebastelte Flügel anschnallten und von Scheunendächern sprangen. Jahrelang arbeiteten sie an den theoretischen Grundlagen des Fluges. Sie beobachteten den Vogelflug, experimentierten systematisch mit Modellen, Flügelformen und Drachen, erforschten Windverhalten, Auftrieb usw. Als Bilanz ihrer Arbeit veröffentlichte Otto Lilienthal 1889 das Buch *Der Vogelflug als Grundlage der Fliegekunst*, wahrscheinlich das bedeutendste Werk zur Flugtechnik im 19. Jh. Damit war das theoretische Fundament für die ersten Flugversuche gelegt.

Der erste Flugapparat, ein Gleitflieger aus Weidenholz und Baumwolltragflächen mit einer Spannweite von über 6 m, trug Otto Lilienthal immerhin 25 m weit. Akribisch dokumentierte Lilienthal diesen sowie zahllose weitere Flugversuche, von denen ihn manche über 200 m weit durch die Luft beförderten, tüftelte und entwickelte seine Konstruktionen weiter. Im Laufe der Jahre konstruierte er mehrere Flugapparate, darunter auch Doppeldecker, Flügelschlagapparate (die den Piloten durch mechanische Kraft in der Luft halten sollte) und sogar motorbetriebene Flieger. Seinen Normalsegelapparat begann er sogar in Serie zu produzieren.

Doch aller experimentellen Gewissenhaftigkeit, die Lilienthal an den Tag legte, zum Trotz wurde ihm seine Leidenschaft zum Verhängnis. Am 9. August 1896 stürzte Otto Lilienthal während eines Flugversuchs aus großer Höhe ab, ein Tag später erlag er seinen schweren Verletzungen. Seine Arbeit wurde fortgesetzt. Auf den Grundlagen, welche die Brüder Lilienthal entwickelt hatten, gelang es schließlich den Brüdern Wright, den Traum vom Fliegen Wirklichkeit werden zu lassen.

Geschichte: Der Ort nahe der Mündung der Peene in den Peenestrom befand sich in slawischer Zeit ein wenig abseits der damaligen Handelsrouten. Erst mit dem Zuzug deutscher Siedler begann Anklam (damals *Tanklem* oder *Tanchlym* genannt, was möglicherweise „am Wasser" bedeutet) zu wachsen. 1264 erhielt der Ort am Peenestrom das Stadtrecht, 1283 wurde die Stadt in die Hanse aufgenommen. Es begann eine Zeit der Blüte, von der heute noch einige Backsteinbauten zeugen. Unter dem Dreißigjährigen Krieg hatte auch Anklam zu leiden, diverse Male wurde die Stadt besetzt und schließlich geplündert und zerstört. Am Ende des langen Krieges fand sich Anklam, wie ganz Vorpommern, unter schwedischer Flagge wieder. Nach dem Großen Nordischen Krieg aber wurde es zu einer geteilten Stadt, denn die Peene wurde zur Grenze zwischen dem erstarkten Preußen und den unterlegenen Schweden erklärt. Die Altstadt südlich der Peene wurde preußisch, der Stadtteil auf der anderen Flussseite blieb ein Teil von Schwedisch-Pommern. Erst nach dem nächsten großen Krieg und der darauf folgenden Neuordnung Europas im Jahr 1815 wurde auch das Gebiet nördlich der Peene bis hinauf nach Rügen preußisch.

Wie so viele andere mitteleuropäische Städte hatte Anklam also im Laufe der Geschichte unter Kriegen und Besatzungen zu leiden; ein Übriges taten Stadtbrände (v. a. 1377 und 1659) und Epidemien (die Pest wütete am verheerendsten 1565, als ein Drittel der Bevölkerung zu Tode kam, das letzte Mal suchte sie Anklam 1710 heim, 1866 brach eine schwere Cholera-Epidemie aus). Die dunkelsten Jahre der Stadtgeschichte aber kamen im Zweiten Weltkrieg auf Anklam zu. Drei schwere alliierte Fliegerangriffe suchten die Stadt in den letzten beiden Kriegsjahren heim. Ziel waren vor allem die Anklamer Flugzeugwerke. Als schließlich die Rote Armee in Anklam eingerückt war, bombardierten die zurückweichenden deutschen Truppen die „verlorene" Stadt. Am Ende des Krieges lagen über 70 % der Stadt in Schutt und Asche.

• *Information* **Anklam Information**, im Rathaus am Marktplatz, sehr gut ausgestattet, freundlich und hilfsbereit, auch Stadtführungen, geöffnet Mitte Juni bis Mitte September Mo–Fr 9–13 Uhr und 13.30–18 Uhr, Sa 10–14 Uhr, So geschlossen; während des restlichen Jahres werktags nur bis 17 Uhr, Sa/So geschlossen. Am Markt 3, 17389 Anklam, ✆ 03971/835154, 📠 03971/835175, www.anklam.de.

• *Verbindungen* Etwa stündlich mit dem **Zug** nach Greifswald und weiter nach Stralsund bzw. in anderer Richtung nach Berlin. Die **Busverbindungen** in Usedoms Süden und zu den Kaiserbädern eher überschaubar – werktags 7-mal täglich, Sa/So 5-mal täglich (Linie 201).

• *Bootsausflüge* Die **Kanustation Anklam** veranstaltet diverse Bootsfahrten auf dem „Amazonas des Nordens" (das ist die Peene) – von der Nachmittagstour (etwa 2,5 Stunden, 15 €/Person) bis zu Mehrtagestouren (z. B. eine Woche, 570 €/Person inkl. Übernachtung). Werftstraße 6, 17389 Anklam, ✆ 03971/242839 oder 0172/3285000 (mobil), www.kanustation-anklam.de.

• *Bootsverleih* Ebenfalls bei der **Kanustation Anklam**, Preisbeispiele: 2er-Canadier 5 €/Stunde, 21 €/Tag; 2er-Kayak 6 €/Stunde, 26 €/Tag; Ruderboot 5 €/Stunde, 21 €/Tag; Motorboot 13 €/Stunde, 47 €/Tag (auch mehrtägiger Verleih möglich).

Kanu- und Kajakverleih Menzlin, dieser Kanu- und Kajakverleih befindet sich etwas außerhalb in – wie der Name schon sagt – Menzlin (auf der B 109 nach Norden, bei Ziethen links abbiegen, Beschilderung *Altes Lager*). Preisbeispiele: 3er-Kanadier 5 €/Stunde bis 24 €/Tag; Kajak 4 €/Stunde, 20 €/Tag (auch übers Wochenende oder eine ganze Woche möglich). Auch Zeltverleih, Tagestouren, Bring- und Holservice etc. Dorfstraße 65, 17390 Menzlin, ✆ 03971/213273 oder 0160/5400390 (mobil), www.kanuverleih-menzlin.de.

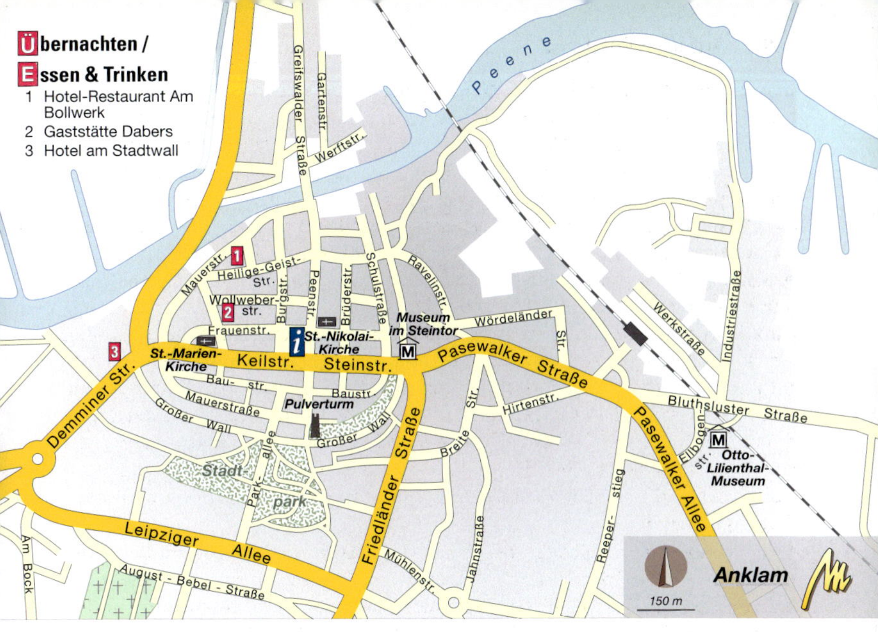

• *Feste* Kulturell ist in Anklam einiges geboten, für fast jeden Geschmack dürfte etwas dabei sein: Ende Mai ist **Trabitreffen**; Mitte Juni **Flugplatzfest**; Juni–September werden **Konzerte für den Wiederaufbau der St.-Nikolai-Kirche** veranstaltet; Ende August steigt das **Hansefest**; Anfang September heißt es: **„Die Peene brennt"** (Theater und Spektakel rund um die Schwedenzeit).

• *Rundflüge* Man fliegt über Anklam, die Peenemündung usw., ein 15-Minuten-Rundflug kostet 75 € (für drei Personen), eine Stunde (225 €), auch Hubschrauberflüge und Flugausbildung. Infos unter Anklamer Flugplatz, Flugplatz 1, 17389 Anklam, ✆ 03971/210051, 📠 03971/833106, www.flugplatz-anklam.de.

• *Übernachten/Essen & Trinken* **Hotel-Restaurant Am Bollwerk (1)**, ruhig am Rand der Altstadt und nahe der Peene gelegen, im Restaurant gibt es gute Hausmannskost, mittleres Preisniveau, urgemütlich ist der „Weingarten" im Innenhof, hier lässt es sich bei einem Schoppen aushalten. Mo–Do 14–22 Uhr, Fr–So 11–22 Uhr. DZ mit Bad, TV und Frühstück 70 €, nur wenige Zimmer (aber alle mit Peeneblick), daher Reservierung ratsam. Neue Torstraße 5, 17389 Anklam, ✆ 03971/242524, 📠 03971/242611, www.ambollwerk.de.

Gaststätte Dabers (2), in einem gelb verputzten Gebäude ganz in der Nähe des Giebelhauses, traditionsreich: Bereits im 19. Jh. befand sich hier ein Gasthof, innen gemütlich, mit Biergarten, saisonal geprägte Küche mit regionalen Zutaten, durchschnittliches Preisniveau bei Fischgerichten, Deftiges eher günstig. Geöffnet mittags und abends, So Ruhetag. Mägdestraße 1, 17389 Anklam, ✆ 03971/243173.

Hotel am Stadtwall (3), kleines Garni-Hotel mit typischer Ausstattung, untergebracht in einem historischen Gebäude am Rand der Altstadt (nahe der Peene, aber auch an einer gut befahrenen Straße gelegen), im Sommer ist eine Reservierung ratsam. DZ mit Bad, TV und Frühstücksbuffet 69 €, EZ 49 €, für Hunde kein Aufschlag. Demminer Straße 5, 17389 Anklam, ✆ 03971/833136, 📠 03971/833137, www.hotel-am-stadtwall.de.

Sehenswertes

St.-Marien-Kirche: Sie ist die größte Anklamer Kirche. Der mächtige Backsteinbau stammt in seinem ältesten Kern, der dreischiffigen Basilika, aus dem 13. Jh. Die Ausbauten kamen in der zweiten Hälfte des 15. Jh. hinzu: so der

In der Marienkirche

64 m hohe Turm sowie an Stelle eines ursprünglich geplanten zweiten Turms die Marienkapelle. Hierin befindet sich eine Marienfigur aus dem 15. Jh. Sie ist der letzte Überrest des ehemaligen Hochaltars. Dieser wurde während des Zweiten Weltkrieges in das vermeintlich sicherere Schloss Schwerinsburg ausgelagert. Das Schloss aber brannte ab, nicht jedoch die Marienkirche, die während des Krieges lediglich reparable Schäden davontrug. Sehenswert im Innern sind vor allem die Mitte der 1930er Jahre freigelegten Fresken (wahrscheinlich aus dem 14. Jh.), die ursprünglich Ergänzungen zu den Seitenaltären darstellten, sowie der frühgotische Taufstein (um 1330). Der dahinter liegende Hauptaltar stammt übrigens aus der Nikolaikirche. Seit Jahren befinden sich Teile der Marienkirche in Restaurierung, wann die Arbeiten abgeschlossen sein werden, ist nicht absehbar. Nichtsdestotrotz lohnt sich ein Besuch in diesem schmucken Exemplar norddeutscher Backsteingotik.

St.-Nikolai-Kirche: Das zweite große Gotteshaus der Stadt hatte nicht so viel Glück wie die Schwesterkirche. In den letzten Tagen des Zweiten Weltkrieges wurde St. Nikolai bis auf die Außenmauern zerstört. Dabei war die stattliche Kirche, erstmals um 1300 erwähnt und einst der weithin sichtbare Stolz der Stadt, erst Anfang des 19. Jh. rundum restauriert worden. Bis heute blieb St. Nikolai eine Ruine. Seit Mitte der 1990er Jahre schützt ein Notdach die Reste der Kirche und gleichermaßen den kostspieligen Wiederaufbau, der von Anklamer Bürgern mit Engagement betrieben wird.

Gotisches Giebelhaus: Es steht etwas versteckt zwischen den beiden großen Stadtkirchen. Erbaut wurde das schmucke Backsteingebäude bereits im 13. Jh., erstmals erwähnt im Jahr 1406. Damit ist es nicht nur eines der ältesten Gebäude Anklams, sondern auch das einzig erhaltene mittelalterliche Bürgerhaus der Stadt. Bemerkenswert ist nicht nur die gotische Giebelfassade, sondern auch der Umstand, dass das Haus bedenklich schief und krumm dasteht. Nichtsdestotrotz beherbergt das Giebelhaus seit der Restaurierung 1995 das städtische Standesamt.

Museum im Steintor: Das markante Steintor, das ein außergewöhnliches Beispiel norddeutscher Backsteingotik darstellt, hat eine abwechslungsreiche Karriere hinter sich: Es war Stadttor, später Gefängnis, dann verwaiste das Monument baufällig geworden und stand über Jahrzehnte ungenutzt herum, bevor es restauriert wurde und als Stadtmuseum seine heutige Bestimmung fand. Erbaut wurde das Steintor wahrscheinlich zeitgleich mit der Marienkirche (spätes 13. Jh.). Der Name des befestigten Stadttores lässt darauf schließen, dass zu dieser Zeit Teile der Stadtbefestigung noch aus Holzpalisaden bestanden. Unklar ist, wann das wehrhafte Tor, ursprünglich wohl kaum halb so hoch, zu einer Höhe von 32 m aufgestockt wurde. Unterhalb des Giebels war damals ein hölzerner Wehrgang angebracht, der um den Turm herumführte.

Die Ausstellungsräume verteilen sich auf fünf Stockwerke (insgesamt sind es über hundert Stufen, die bis ganz oben zu erklimmen sind, wofür man dann mit einem schönen Rundblick über Anklam und die Umgebung belohnt wird). Das Museum widmet sich zeitlich weit gefächert der Regionalgeschichte. Das Sammelsurium der Exponate – Münzen und Siegel, Trachten und Truhen, Dokumente und Modelle – besticht nicht zuletzt durch das Ambiente der sorgsam restaurierten Räumlichkeiten.

Schief und krumm: das gotische Giebelhaus

Mai–September Di–Fr 10–17 Uhr, Sa/So 14–17 Uhr, Mo geschlossen, Oktober–April Di–Fr 10–16 Uhr, So 14–17 Uhr, Mo und Sa geschlossen. Erfreulich, und das gilt für beide Museen, das Stadtmuseum im Steintor und das Otto-Lilienthal-Museum (s. u.), sind die günstigen Eintrittspreise: Erw. 2 €, Kinder 1 €, Führung 15 €, Fotoerlaubnis 0,50 €. Museum im Steintor, Schulstraße 1, 17389 Anklam, 03971/245503, 03971/258471, www.museum-im-steintor.de.

Otto-Lilienthal-Museum: Die Ausstellung beginnt beim uralten Traum vom Fliegen als kulturgeschichtlichem Phänomen (und sei es mittels eines Teppichs). Den Schwerpunkt des Museums bilden aber natürlich der „Ikarus aus Vorpommern" und seine Anstrengungen, diesen Traum zu verwirklichen. Bemerkenswert sind vor allem die detailgenauen, materialgetreuen (und teils flugfähigen!) Nachbauten der abenteuerlichen Gleitfluggeräte Lilienthals sowie die kleineren (natürlich flugunfähigen) Modelle. Ein weiteres Thema des Museums sind Leben und Werk des Flugpioniers von seiner Jugend in Anklam bis zum Absturz in Berlin. Hinzu kommen Konstruktionszeichnungen aus der Werkstatt und interessantes Fotomaterial, das die waghalsigen Selbstversuche Lilienthals dokumentiert. Wechselnde Ausstellungen rund um die Geschichte des Fliegens ergänzen die Sammlung. Im Museum sind auch ein Archiv und eine Bibliothek untergebracht (Nutzung nach Voranmeldung). Weiterführende Literatur findet sich im Museumsshop.

Ⓞ Juni–September tägl. 10–17 Uhr, Mai und Oktober Di–Fr 10–17 Uhr, Sa/So 13–17 Uhr, Mo geschlossen, November–April 11–15.30 Uhr, So 13–15.30 Uhr, Sa/Mo/Di geschlossen. Erw. 2 €, Kinder 1 €, Fotoerlaubnis 0,50 €. Führung (15 €) und Bibliotheksnutzung auf Voranmeldung. Otto-Lilienthal-Museum, Ellbogenstraße 1, 17389 Anklam, ✆ 03971/245500, 03971/245580, www.lilienthal-museum.de.

Umgebung von Anklam: Peenetal und Stolpe

Das Peenetal ist ein kleines Naturparadies. Etwas übertrieben wird der Fluss, der es bildet, auch „Amazonas des Nordens" genannt. Geläufig ist auch die Bezeichnung „Europäische Everglades", denn entlang des mäandernden Flusses erstrecken sich weite Wälder, Moore und Feuchtwiesen sowie breite Schilfgürtel. Teile des Peenetals stehen unter Naturschutz, so das östlich von Anklam gelegene *Peenetalmoor.* Eine interessante Möglichkeit der Erkundung bieten geführte Kanutouren, bei denen man mit etwas Glück auch ein paar der scheuen Biber oder zumindest ihre Bauten zu Gesicht bekommt (zum Tourenangebot bzw. Bootsverleih siehe die entsprechenden Stichwörter unter Anklam auf S. 170). Die Peene ist für Kanuten ein dankbares Revier, denn wegen ihres geringen Gefälles ist sie recht strömungsarm, und ihre Ufer sind kaum verbaut.

Standesgemäß: die Allee zum Gutshof Stolpe

Nördlich der Peene stößt man bei **Menzlin** auf das *Alte Lager.* Hier befand sich im 8–10 Jh. ein skandinavischer Handelsplatz. Erst in den 1960er Jahren entdeckte man hier noch ein Gräberfeld aus der Wikingerzeit und legte es frei.

Knapp 10 km westlich von Anklam, aber am südlichen Ufer der Peene liegt das kleine Dorf **Stolpe,** einst Standort eines bedeutenden *Benediktinerklosters.* Gestiftet wurde es 1153 vom Pommerfürsten *Ratibor I.* in Erinnerung an seinen Bruder, Herzog *Wartisalw.* Dieser hatte die Christianisierung Pommerns durch *Otto von Bamberg* unterstützt und war wahrscheinlich deshalb von einem wendischen Adligen in der Nähe von Stolpe ermordet worden. Das zeitweise mächtige Kloster bestand bis

1637, als es im Zuge des Dreißigjährigen Krieges niederbrannte und nicht wieder aufgebaut wurde. An gleicher Stelle wurde später die prächtige *Gutsanlage* errichtet, die nunmehr sorgfältig renoviert ein nobles Hotel beherbergt. Von dem Kloster selbst ist nichts geblieben außer einer pittoresken Ruine. Da es sich bei der Ruine, die bereits den Dichter *Fritz Reuter* inspiriert haben soll, „nur“ um das Tonnengewölbe handelt, auf dem der Westanbau der ehemaligen Klosterkirche errichtet war, lassen sich heute noch die Ausmaße des Gesamtbauwerks erahnen. Nahebei und direkt an der Peene steht der *Fährkrug*. Bereits im 12. Jh. wurde hier ein Gasthaus erwähnt. Das heutige Gebäude wurde vor über 300 Jahren aus den Steinen der Klosterruine errichtet. Es handelt sich dabei um ein Vorlaubenhaus, das reetgedeckte Dach ragt längsseits weit über den Grundriss hinaus, sodass zur Straße eine Laube entsteht. Ebenfalls vorbildlich restauriert, dient das backsteinerne Fachwerkhaus heute wieder als ungemein idyllische Gaststätte. Neben dem *Fährkrug* befinden sich ein Wasserwanderplatz sowie die traditionsreiche kleine Personenfähre, mit der man sich (samt Fahrrad) ans andere Ufer der Peene bringen lassen kann.

Der Fährkrug von Stolpe

• *Übernachten/Essen & Trinken* **Hotel/Restaurant Guthaus Stolpe**, in der prächtigen, sorgsam restaurierten Anlage ist dieses noble, von einem schönen Park umgebene Hotel untergebracht. Freundliche Atmosphäre, es stehen nicht nur stilvoll gestaltete Zimmer zur Verfügung, sondern auch eine Bar mit Bibliothek, ein Salon, eine Kaminecke in der Lounge sowie eine Terrasse. Außerdem: Fahrradverleih, Tennis, Sauna, Fitnessraum, Pferdeboxen. DZ mit Bad und Frühstück zwischen 130 € und 160 €, Suite 170–225 €, Hexenhaus (bis 4 Personen) 320–390 €. Hunde nur in den Nebengebäuden gestattet. Das edle Restaurant, von Michelin mit einem Stern bedacht, bietet feine Küche auf hohem Niveau in kultiviertem Ambiente, Degustationsmenü (4 Gänge) 56 €, inklusive Wein 86 €, natürlich auch à la carte. Abends geöffnet, Mo Ruhetag, November–März auch So geschlossen (Reservierung erforderlich). Gutshaus Stolpe, Dorfstraße 27, 17391 Stolpe bei Anklam, ✆ 039721/5500, 📠 039721/55099, www.gutshaus-stolpe.de.

Stolper Fährkrug, wie der Name schon sagt, direkt bei der Fähre. Das traditionsreiche Gasthaus ist in einem wunderschönen, denkmalgeschützten Backstein-Fachwerk-Gebäude mit tief hinabreichendem Rohrdach untergebracht. Gemütlich kann man im liebevoll hergerichteten Innenraum oder auf der hinten liegenden Terrasse sitzen. In der Gaststube steht die Fritz-Reuter-Bank zu Ehren des Heimatdichters, der hier diverse Male gegessen und geschrieben haben soll. Auf der Karte findet sich sowohl Bodenständiges als auch Raffiniertes zu angemessenen Preisen (kein Hauptgericht über 12 €), wechselnde Tagesempfehlungen, auch Kaffee und Kuchen. Zuvorkommender, freundlicher Service, unser Tipp! Täglich ab 11 Uhr geöffnet, kein Ruhetag (Oktober–April ab 11.30 Uhr, Di Ruhetag, im November Di und Mi). Dorfstraße 25, ✆ 039721/52225, www.gutshaus-stolpe.de.

Bis zu 100 Meter breit: der Sandstrand von Swinemünde

Abstecher nach Polen: Swinemünde und Wollin

Der unmittelbaren Nähe zum Trotz bleibt die größte Stadt Usedoms, das polnische Świnoujście, ehemals Swinemünde, in der Urlauberwahrnehmung außen vor. Die meisten Besucher des deutschen Teils der Insel bleiben kurz hinter der Grenze auf dem Flohmarkt bei Swinemünde hängen. Die Stadt selbst, deren „zweites Standbein" sich bereits auf der Schwesterinsel Usedoms, dem Naturparadies Wollin befindet, steht nur selten auf dem Besucherprogramm. Zu Unrecht.

Die Anreise aber fällt ein wenig beschwerlich aus, da die Grenze zwischen Ahlbeck und Swinemünde nur für Fußgänger und Fahrradfahrer passierbar ist; auch die Bäderbahn endet am Schlagbaum (zur deutsch-polnischen Grenze siehe Seite 63). Hat man diese Hürden (Grenze und Flohmarkt) überwunden, gelangt man in die umtriebige Hafenstadt, die gleichzeitig ein traditionsreiches Seebad ist, sogar das traditionsreichste Usedoms. Auf der anderen Seite der Swine erstreckt sich Wollin, die Nachbarinsel mit dem weitläufigen Nationalpark und dem Seebad Misdroy (Międzyzdroje).

Swinemünde (Świnoujście)

ca. 44.000 Einwohner

Eine Stadt auf zwei Inseln: Zentrum und Kurviertel samt breitem Sandstrand auf Usedom, das große Hafengebiet und der Ortsteil Warszów (Ostswine) auf Wollin: Swindemünde hat viele Gesichter.

Indirekt geht die Entstehung Swinemündes in der zweiten Hälfte des 18. Jh. auf die Schweden zurück. Zwar waren zu dieser Zeit die Preußen die Herren über das Stettiner Haff und die beiden vorgelagerten Inseln Usedom und Wollin, aber das Land westlich des Peenestroms war schwedisch. Dadurch war die bedeutende Wasserstraße von Stettin in die Ostsee von den Schweden im Konfliktfall blockierbar, was wiederum den Preußen zu heikel erschien. Also entschloss man sich, die von zahlreichen Untiefen durchsetzte Swine unter enormem Aufwand schiffbar zu machen (und zu halten) und die beiden kleinen Dörfer an ihrer Ostseemündung zu einem großen Hafen auszubauen: Swinemünde wurde als Vorhafen Stettins gegründet und erlangte 1765 das Stadtrecht. In den folgenden Jahrzehnten entwickelte sich die junge Stadt rasant und wurde bald zur Metropole und zum Verwaltungssitz der Insel. Nachdem auch Schwedisch-Pommern 1815 an Preußen gefallen war, hatte die Swine vielleicht ihre strategische Bedeutung verloren, nicht aber ihren Stellenwert für die Schifffahrt. Gleichzeitig aber blieb der Fluss zwischen Usedom und Wollin aufgrund von Verlandung unzuverlässig und damit kostenintensiv. Daher wurden 1818 an der Mündung zur Ostsee die langen Molen aufgeschüttet. 1875–1880 entledigte man sich endgültig des Problems und baute mit der *Mellin-* und der *Kaiserfahrt* (heute *Kanał Mielinski* und *Kanał Piastowski*) zwei Kanäle, die den Weg vom Stettiner Haff in die Ostsee geradlinig und schiffbar machten.

Hier bleiben die meisten Besucher hängen: der Markt an der Grenze

Unterdessen hatte sich neben das wirtschaftliche Standbein, das Handel und Hafen schufen, ein zweites gesellt: der Tourismus. Bereits 1824 kamen die ersten Badegäste aus Berlin, um den Sommer am Meer zu verbringen. Etwa 25 Jahre waren Swinemünde und Heringsdorf die einzigen Ostseebäder Usedoms, erst in der Mitte des 19. Jh. begannen auch andere Orte, sich am Geschäft mit den Touristen zu beteiligen. In Swinemünde entstand hinter dem Zentrum am Hafen ein Kurviertel samt flanierfähiger Promenade und weitläufigem Kurpark in der Nähe des breiten Strandes, das die zahlreichen und zahlungskräftigen Gäste beherbergte. Mondän ging es hier zu, und sogar der Kaiser war hier zu Gast.

Die dunkelste Stunde schlug der Stadt am 12. März 1945. Swinemünde, das seit 1933 zu einer bedeutenden Marinebasis ausgebaut worden war, wurde zum Ziel alliierter Bomberstaffeln. Die Stadt, zum Zeitpunkt des Angriffs mit Flüchtlingen überfüllt, wurde in Schutt und Asche gelegt. Weit über 20.000

Karte S. 186/187

Prächtige Bädervillen finden sich im Kurviertel

Menschen starben im Bombenhagel und wurden später auf dem Golm (siehe Seite 108) beigesetzt.

Mit dem Potsdamer Abkommen wurde die Stadt Polen zugeschlagen. Langsam begann der Wiederaufbau Swinemündes zu einem der bedeutendsten Hochseehäfen des Landes, und auch der Kurbetrieb wurde wieder aufgenommen. Mit dem Aufschwung und den Arbeitsplätzen kam die Wohnungsnot, sodass neben dem wiedererrichten Zentrum und dem Kurviertel auch die heute recht trist anmutenden Wohnviertel entstanden.

Bis heute lebt die Stadt mit einer Art doppelter Insellage. Der Großteil Swinemündes liegt auf Usedom, ist aber vom Rest der Insel geradezu abgeschnitten. Denn obwohl die Grenze mit dem EU-Beitritt Polens 2004 durchlässiger geworden ist und wegen des touristischen Aufschwungs z. B. in den Kaiserbädern viele Polen dort arbeiten, ist die Durchfahrt für Kraftfahrzeuge geschlossen, und auch die Usedomer Bäderbahn beginnt erst jenseits der Grenze. Um mit dem Auto von Swinemünde auf den deutschen Teil Usedoms zu gelangen (oder umgekehrt) muss man über Stettin und rund um das Haff fahren (oder die Fähre nehmen).

Wenn der riesige Parkplatz an der Grenze dennoch regelmäßig überfüllt ist und zahllose Usedomurlauber nach Swinemünde strömen, so gelangen doch die wenigstens bis ins Zentrum, an den Strand oder ins Kurviertel. Die Mehrzahl wird geschluckt von dem Markt, der sich lang und eng entlang der Wojska Polskiego erstreckt. Jede Menge Nippes, billige Zigaretten und billiger Wodka, Schmuck und Uhren von zweifelhafter Qualität, Kleidung und Parfüm mit fragwürdiger Label-Echtheit, frisch gebrannte DVDs und CDs, kurzum: es findet sich nahezu jede Ware, die sich raubkopieren oder imitieren lässt.

Dazwischen aber kann man auf dem Grenzmarkt auch das eine oder andere echte Schnäppchen machen, seien es handwerkliche Produkte (z. B. Korb- und Lederwaren) oder auch landwirtschaftliche Erzeugnisse wie Wurst und Käse.

Hat man den Markt hinter sich gelassen, gelangt man nach einer Weile zum Stadthafen und ins Zentrum, von dem aus eine Fähre Fußgänger und Fahrradfahrer kostenlos auf die andere Seite der Swine nach Wollin befördert. Nördlich des Stadtzentrums, zum breiten Strand hin, erstreckt sich das Kurviertel mit ein paar sehenswerten Bädervillen und einer beliebten Strandpromenade, die dank der zahlreichen Buden wie eine am Badebetrieb orientierte Außenstelle des Grenzmarktes wirkt. Zur Swine hin erstreckt sich der weitläufige Kurpark, den der große Gartenbaumeister *Peter Josef Lenné* geplant und begonnen, nach einem Streit um die Finanzierung aber nicht fertiggestellt hatte. Hier und auf der anderen Seite der Swine befinden sich auch noch Reste der ehemaligen Festungsbauten aus dem 19. Jh., die einstmals Stadt und Wasserweg schützten.

Kindertage in Swinemünde – Theodor Fontane

Fast fünf Jahre seiner Kindheit verbrachte Theodor Fontane (1819–1898) in Swinemünde, wo sein Vater 1827 die dortige Adler-Apotheke erwarb. Im Juni des gleichen Jahres siedelte die Familie von Neuruppin, dem Geburtsort Fontanes, nach Swinemünde über, der damals Siebenjährige besuchte zunächst für einige Monate die allgemeine Schule der Stadt, wurde aber bald von Hauslehrern und vom Vater selbst unterrichtet. Zu Ostern des Jahres 1832 verließ der älteste Sohn des Apothekers Louis Henri Fontane die Stadt wieder und ging ans Gymnasium in seiner Heimatstadt Neuruppin. Die Insel Usedom besuchte er erst wieder 1863 im Rahmen eines Sommerurlaubs in Ahlbeck und erwog damals sogar, dort ein Haus zu kaufen, was sich allerdings zerschlug.

Die Kinderzeit auf Usedom hat Fontane auch literarisch festgehalten, über Swinemünde hat er u. a. Folgendes zu berichten: *„Die Stadt war sehr häßlich und sehr hübsch, und ein gleicher Gegensatz sprach sich auch, wenigstens auf die moralischen Qualitäten hin angesehen, in ihrer Bevölkerung aus.“* Nicht sehr schmeichelhaft und ausführlich nachzulesen in *Meine Kinderjahre* (1894), erschienen im Aufbau-Verlag.

Reisepraktisches

Vorwahl Polen: 0048, die Null der Ortsvorwahl entfällt, wenn man vom Ausland anruft.

• *Information* Die städtische **Tourist-Information** befindet sich direkt am Hafen (nahe dem Ableger der Stadtfähre), geöffnet Mo–Fr 9–17 Uhr, Sa 10–15 Uhr, So 10–14 Uhr (Okt.–April So geschlossen), deutschsprachig, sehr freundlich und kompetent. Informacja Turystyczna, ul. Wybreże Władysława IV, 72600 Świnoujście, ✆ 091/3224999, 📠 091/3271629, www.swinoujscie.pl.

• *Verbindungen* Die **Stadtfähre** (Fußgänger und Fahrradfahrer) überquert alle zwanzig Minuten die Swine (kostenlos) und bringt Sie auf die Wolliner Seite Swinemündes. Zur Insel Kasibór geht es von dort aus mit dem **Bus** weiter (Linie 5).

Karte S. 186/187

Ein weiterer Weg nach Kasibór führt auf Usedomer Seite zunächst 7 km nach Süden, dann mit der Fähre über die Swine nach Wollin und von dort über die Brücke auf die Insel.

Eine der Wehranlagen von Swinemünde

Bahn: Der Bahnhof befindet sich auf der Wolliner Seite Swinemündes (gegenüber dem Anleger der Stadtfähre), von hier aus mehrmals täglich Verbindungen nach Międzyzdroje/Misdroy und weiter nach Szczecin/Stettin.

• *Ausflugsfahrten* **Fahrgastschiffe** verkehren während der Saison zwischen den großen Seebädern auf Usedom und Wollin: 4-mal täglich von Swinemünde über Ahlbeck und Heringsdorf nach Bansin und zurück (einfach 5 €, hin und zurück 10 €, 4- bis 11-Jährige die Hälfte, Fahrrad 2,50 €); 3-mal täglich geht's nach Misdroy und zurück (hin und zurück 5 €, 4- bis 12-Jährige die Hälfte), ✆ 091/3224288.

Hafenrundfahrt Mi und Sa jeweils 3-mal täglich, Dauer 1 Stunde, Ticket 11 zł (2,80 €), ✆ 091/3270805.

• *Touristenbahn* Der **Świnoujście-Express** kann für Rundfahrten, aber auch als Stadtbus genutzt werden. Von April bis Oktober fährt das Elektro-Bähnchen 5-mal täglich von der deutsch-polnischen Grenze über den Markt (mit einen Abstecher ins Kurviertel) zum Zentrum (Hafen) und weiter durch den Kurpark und über die Strandpromenade zurück zur Grenze. Erw. 20 zł (5,50 €), Kinder bis 12 J. die Hälfte (jeweils für die gesamte Rundfahrt, nur von der Grenze ins Zentrum kostet's die Hälfte). ✆/📠 038378/30033 (Info-Telefon in Ahlbeck).

Wechselkurs

1 EURO = 3,84 Złoty Polski (zł)
(Stand: Mai 2006)

Übernachten/Essen & Trinken

Swarożyc (1), in gelb gehaltene, sehenswert schöne Bäderarchitektur, gerade mal 50 m von Promenade und Strand. Nur 18 Zimmer, die aber keine Wünsche offen lassen, Reservierung in der Hochsaison ratsam. Im Haus befindet sich auch ein gediegenes Café. EZ mit Bad, TV und Frühstück 200 zł (51 €), DZ 270 zł (70 €). Ul. E. Gierczak 1, 72600 Świnoujście, ✆ 091/3212312.

Hotel Atol (2), etwas älteres, rundum restauriertes Haus unweit der Strandpromenade, mit Sauna, Solarium und Fahrradverleih. Dazu gehört das nette Restaurant *Hemingway*. EZ mit Bad, TV und Frühstück 234 zł (60 €), DZ 330 zł (84 €). Ul. Orkana 3, 72600 Świnoujście, ✆ 091/3213010, 📠 091/3213846.

Hotel Polaris (3), mitten im Kurviertel gelegen, mit diversen Wellness- und Kurangeboten, im Haus auch ein Restaurant. EZ mit Bad, TV und Frühstück 156 zł (40 €), DZ 195 zł (50 €), Hunde 27 zł (7,50 €). Ul. Słowackiego 33, 72600 Świnoujście, ✆/📠 091/3224565 oder -66, www.hotelpolaris.pl.

Villa Herkules (4), neben dem Polaris gelegenes, buntes und freundliches Hotel in einer restaurierten Bädervilla, in der 42 komfortable Zimmer zur Verfügung stehen. Mit Restaurant, Bar und Biergarten. EZ mit Bad,

TV und Frühstück 175 zł (45 €), DZ 215 zł (55 €), Hunde 27 zł (7,50 €). Ul. Słowackiego 29, 72600 Świnoujście, ☏/℻ 091/3213528, www.villaherkules.pl.

Café Centrala (6), sehr nett und gemütlich, Café, Restaurant und Jazz-Club in einem, nahe dem Hafen. Stilvoll eingerichtet, sehr freundlich. Ul. Armii Krajowej 3, ☏/℻ 091/3212640.

Camping Relax (5), zwischen Kurviertel und Kurpark befindet sich der strandnahe, etwas in die Jahre gekommene Campingplatz, vermietet werden auch einfache Bungalows. Ganzjährig geöffnet. Erw. 12 zł (3 €), Kinder bis 15 J. 7 zł (2 €), Schüler/Studenten 10 zł (2,50 €), Zelt je nach Größe zwischen 5 und 10 zł (2,50 €), Wohnmobil 20 zł (5 €), Auto 7 zł (2 €), Bungalow (4 Personen) 230 zł (59 €). Ul. Słowackiego 1, 72600 Świnoujście, ☏/℻ 091/3213912, www.camping-relax.com.pl.

Sehenswertes

Museum für Hochseefischerei: Im alten Rathaus (erbaut 1809) am Hafen ist das städtische Museum untergebracht, das sich vor allem der Geschichte der Fischerei widmet. Ausgestellt sind u. a. historische Navigationsgerätschaften

Karte S. 186/187

Markantes Seezeichen am Ende der Mole

und Schiffsmodelle, aber auch interessante Ansichten des alten Swinemünde. Außerdem wechselnde Ausstellungen.

⌚ Di–So 10–18 Uhr, Mo geschlossen, Erw. 5 zł (1,25 €), erm. 3 zł (0,70 €).

Christ-König-Kirche (Kosciól Chrystusa Króla): Die im 19. Jh. erbaute Kirche steht am zentralen Verkehrknotenpunkt von Swinemünde (nahe dem Hafen). Im Inneren ist ein 2 m langes hölzernes Schiffsmodel zu sehen.

Wehranlagen: Drei Festungsbauten aus dem 19. Jh. blieben an beiden Ufern der Swine erhalten. Einstmals schützten die massigen Anlagen den Ausgang des wichtigen Wasserweges. Nahe der Swinemündung duckt sich auf Usdomer Seite die Westbatterie, das *Fort Zachodni,* in die Dünung (zur Saison von 9 Uhr bis Sonnenuntergang geöffnet, 4 zł, erm. 2 zł.; hier finden auch Ausstellungen und Veranstaltungen statt). Direkt gegenüber, auf der anderen Seite der Swine, wacht das *Fort Wschodni,* die restaurierte Ostbatterie (zur Saison bei Tageslicht geöffnet, Eintritt 4 zł). Etwas zurückgesetzt, aber immer noch ufernah steht auf Usedomer Seite das *Fort Aniola,* die Engelsburg, die einst als Kommandostand diente (zur Saison 10–21 Uhr geöffnet, Eintritt 4 zł, erm. 3 zł).

Kasibór: *Kaseburg* war einst ein Teil Usedoms, bis der Bau der *Kaiserfahrt* (1875–80) das Schwemmland von der Insel trennte und zu einer eigenen Insel machte. Ein Teil Kasibórs, das weitgehend aus Feuchtwiesen und Wald besteht, ist Vogelschutzgebiet. Das kleine Inseldorf gleichen Namens ist über eine Brücke über die Swine mit Wollin verbunden.

Baden

Grandios ist der Stadtstrand von Swinemünde. Von der Westmole mit der markanten Windmühle bis zur Grenze erstreckt sich der herrliche, feinsandige, teils über 100 breite Strand, der im Bereich der Kurpromenade überwacht wird. Der Strand ist übrigens immer noch geteilt, wer auf deutscher Seite weiterwandern will, muss den Umweg über den Grenzübergang in Kauf nehmen.

Insel Wollin (Wolin)

Der slalomhafte Lauf der Swine trennt Usedom von der gut halb so großen Nachbarinsel Wollin im Oderdelta – ein Naturparadies mit endlosen Stränden, zwei Seebädern und eigenem Nationalpark. An der Haffseite von Wollin wartet die gleichnamige Stadt auf Entdeckung.

Östlich bildet der Fluss Dievenow (Dziwna) die Grenze zum polnischen Festland. Er mündet in den Camminer Bodden (Zalew Kamieński), um sich dann wieder zu einem Flüsschen zu verengen und bei Berg Dievenow (Dziwnów) am nordöstlichsten Punkt von Wollin schließlich in die Ostsee zu fließen. Dazwischen erstreckt sich die Insel auf rund 265 km^2 mit einer Länge von gut 35 km und einer Breite von 8 bis etwa 18 km. Geprägt werden weite Teile der Insel von unberührter Natur mit Sumpflandschaften, alten Wäldern, satten Wiesen und vielen kleinen Seen mit schilfbewachsenen Ufern (besonders schön: der *Türkissee* bei Lubin). Die Ostseeküste präsentiert sich auch auf Wollin feinsandig und flach, vielfach aber auch mit einer imposanten Steilküste von bis zu 10 m Höhe. Östlich und nordöstlich von Misdroy erstreckt sich der Nationalpark der Insel, der rund ein Fünftel der Landfläche Wollins umfasst.

Vermutlich im 9. Jh. wurde Wollin von Slawen besiedelt. Der Ort, von dem die Insel heute ihren (slawischen) Namen hat, stieg schnell auf zur Handelsmacht mit großem Wohlstand, teilweise geht man sogar davon aus, dass sich hier das sagenumwobene Vineta befunden hat (siehe S. 18). Anfang des 11. Jh. war der Ort ein bedeutendes Zentrum der Christianisierung, *Otto von Bamberg* gründete hier 1124 das Bistum Wollin, das erste seiner Art in Pommern.

Der eigentlich kürzeste Weg nach Wollin führt über Ahlbeck auf Usedom und Swinemünde, zur Erkundung der Insel fehlt dann allerdings das eigene Fahrzeug, da es sich hier – zur Vermeidung endlosen Transitverkehrs – um eine reine Fußgänger- und Radfahrergrenze handelt. Autofahrern bleibt nur der riesige Umweg rund um das Stettiner Haff nach Wollin: Insgesamt sind es 220 (!) km von Usedom/Stadt nach Wollin (Luftlinie ca. 30 km). Der Weg führt aufs Festland nach Anklam und von dort weiter auf der B 109 in südlicher Richtung, dann auf die A 20 Richtung Prenzlau und am Autobahnkreuz Uckermark auf die A 11 Richtung Stettin. Ab der polnischen Grenze auf der E 65 nach Wollin, bei Stettin geht es über die Oder. Wer diesen Aufwand scheut, sollte auf das gut ausgebaute Netz öffentlicher Verkehrsmittel (Bahn, Bus, Taxi) auf der Insel zurückgreifen. Eine kostenlose Fähre (für Fußgänger und Fahrradfahrer) setzt von Swinemünde über die Swine, auf dem Wolliner Teil Swinemündes befindet sich direkt am Hafen der Bahnhof: ca. alle 2–3 Stunden geht's nach Misdroy und Wollin, der Zug fährt in der Regel weiter nach Stettin.

Karte S. 186/187

Wolliner Nationalpark (Woliński Park Narodowy)

Unmittelbar östlich von Misdroy beginnt der fast 11.000 Hektar große Nationalpark, den es hier bereits seit 1960 gibt. 1996 wurden die Schutzzonen auch auf die küstennahen Bereiche der Ostsee nordöstlich von Misdroy ausgedehnt, das erste Meeresschutzgebiet Polens. Vor der steilen Klippenküste mit bis zu 95 m Höhe erstrecken sich einsame Sandstrände, hinter der Küste zunächst Dünen und dann ein teilweise hügeliges Waldgebiet mit Buchen, aber auch Kiefern und Eichen, Letztere teilweise über 300 Jahre alt. Dazu kommen Heidelandschaft und Seen, ganz im Süden fällt wiederum eine Steilküste zum Haff hin ab. Im Park zählt man über 200 Vogelarten, von denen fast 150 hier auch brüten. Berühmteste Bewohner sind sicherlich der Fischadler und das Wappentier des Nationalparks, der Seeadler, der mit einigen Paaren vertreten ist. Hauptsächlich in den unzugänglichen Wäldern des Parks leben Rehe, Hirsche, Wildschweine, Dachse, Marder und andere Nager, außerdem Kauze und Steinkauze sowie die Schleiereulen. Zu den seltenen Tieren des Parks gehören die Graurobben und der Schwarze Milan, rund um die Steilküsten leben die verschiedensten Möwenarten, in den Binnengewässern fühlt sich außerdem auch der Fischotter zu Hause.

Wanderern und Naturliebhabern bietet der Wolliner Nationalpark ganz ausgezeichnete Möglichkeiten: Bislang gibt es schon fünf Naturlehrpfade (weitere sollen folgen), außerdem sind weite Teile des Parks durch Wanderwege erschlossen, von denen einige besonders attraktive in Misdroy starten. Einer zieht sich von Misdroy über den Kaffeeberg (*Góra Kawcza*) an der Steilküste entlang in nordöstlicher Richtung zum Aussichtspunkt Gosnan auf 95 m Höhe und weiter nach Neuendorf (*Wisełka*), ab hier kann man mit dem Bus zurück nach Misdroy fahren. Ein weiterer führt von Misdroy durch schöne Wälder zum Türkissee, dann am Stettiner Haff entlang und schließlich nach Wollin (über 20 km, zurück mit dem Zug). Die wohl beliebteste Strecke beginnt ebenfalls in Misdroy und erreicht in ca. 20–30 Minuten das Wisentreservat des Nationalparks, von dort geht es weiter durch den Wald nach Warnow (*Warnowo*) und zu mehreren Seen (retour auf gleicher Strecke oder mit dem Bus ab Kolzow/ Kołczewo).

Das eben erwähnte, 1976 eröffnete Wisentreservat zählt zu den größten Attraktionen des Parks. Die dickfelligen Tiere lassen sich gerne von den Besuchern begutachten und scheinen sich wirklich durch nichts aus der Ruhe bringen zu lassen. Das Team des hiesigen Wisentreservats war übrigens auch beim Aufbau eines solchen Geheges bei Dargen auf Usedom behilflich (s. S. 106). Das Reservat ist von Mai bis September Di–So zwischen 10 und 18 Uhr geöffnet (im Winter 8–16 Uhr), Eintritt 5 zł, Schüler und Studenten 3 zł.

Wer sich schon vor einem Besuch von Nationalpark und Wisentreservat informieren möchte, findet im Zentrum von Misdroy das Naturkundemuseum des Wolliner Nationalparks mit einer umfassenden Ausstellung zu Geografie, Geologie, Flora und Fauna sowie zur Geschichte der Insel und des Nationalparks. Geöffnet von Mai bis September Di–So 9–17 Uhr, im Winter nur bis 15 Uhr, Eintritt 5 zł (1,25 €), Schüler und Studenten 3 zł (0,70 €). Ul. Niepoleglosci 3a, 72-500 Międzyzdroje, ✆ 091/3280727, www.wolinpn.pl.

Misdroy (Międzyzdroje)

ca. 7000 Einwohner

Beliebtes Seebad mit endlos langer Seebrücke und frisch restaurierten Bädervillen, die auf die herausragende Stellung Misdroys als exklusive Sommerfrische des frühen 20. Jh. hinweisen. Viele Tagestouristen.

Międzyzdroje gilt als einer der schönsten und beliebtesten Badeorte in ganz Polen und ist zweifelsfrei der netteste Ort auf der Insel Wollin, nicht zuletzt dank der 300 m langen Seebrücke und der einladenden Strandpromenade samt Kurgarten und natürlich des herrlichen Sandstrandes, an dem sich die Badegäste im Sommer zu Hunderten räkeln. Aufgrund der geschützten Lage hinter bewaldeten Hügeln werden die kalten Nordostwinde abgehalten, sodass es sich in Misdroy immer ein paar Grad wärmer (und windstiller) badet als in den Nachbarorten. Auch bei Tagestouristen aus dem benachbarten Usedom erfreut sich der Ort großer Beliebtheit, zumal man sich bei der unkomplizierten (Tages-)Anreise mit dem Ausflugsdampfer über etwaige Transportmittel keine Sorgen zu machen braucht.

Misdroy geht auf ein altes Fischerdorf aus dem 13. Jh. zurück, damals war der Ort Station auf dem Handelsweg entlang der Ostsee. Als Badeort machte Misdroy ab 1830 von sich reden, 1835 wurden hier die ersten Badehäuser am Strand errichtet. Stetig kamen neue Unterkünfte hinzu, und Ende des 19. Jh. wurde dann auch die Bahnverbindung nach Berlin ausgebaut, dazu kam die Schiffsverbindung von Stettin. Kurz vor Ausbruch des Ersten Weltkrieges zählte Misdroy etwa 20.000 Sommergäste, und auch in den 1920er Jahren war der Ort besonders bei der städtischen Oberschicht ein beliebtes Ziel. Nach dem Zweiten Weltkrieg ging es bergab mit dem nunmehr sowjetisch besetzten Ort, viel alte Bausubstanz verfiel und/oder wurde durch funktionale Bauten ersetzt. Erst nach 1989 ging man daran, einige der alten Bädervillen zu restaurieren, Mitte der 1990er Jahre entstand die neue Seebrücke. Bekannt ist die Stadt landesweit für ihr Filmfestival, das hier alljährlich im Juli stattfindet und Prominenz aus ganz Polen anzieht.

• *Information* **Viking Tours**, Information und Zimmervermittlung. Ul. Niepodległosci 2a, ✆/℻ 091/3280768.

• *Verbindungen* Von Swinemünde ca. 10-mal tägl. mit dem **Zug** nach Misdroy, nur wenige Minuten Fahrt, der Bahnhof liegt etwas außerhalb. Weiterfahrt der Züge nach Wollin und Stettin.

Von ca. 6 bis 19.30 Uhr etwa stündliche **Busverbindungen** von und nach Swinemünde.

Im Sommer tägl. morgens **Schiffsausflugsfahrten** von Bansin, Heringsdorf und Ahlbeck auf Usedom nach Misdroy (mit Stopover Swinemünde), retour ab ca. 15 Uhr zu den Kaiserbädern. Einfache Fahrt 6 €, hin und zurück 12 €, Kinder die Hälfte, Fahrrad 2,50 € (5 €). Infos bei der Reederei Adler, ✆ 038378/47790 (in Heringsdorf), www.adler-schiffe.de.

• *Übernachten* **** **Hotel Amber Baltic**, großer Kasten und erstes Haus am Platz, am Strand gelegen. 190 Zimmer mit Bad, TV und Balkon (Meerblick), dazu Hallenbad, Sauna, Bowling und Wellnessangebot, schickes Restaurant *Chopin*, Café und ein beliebter Nachtclub. EZ 355 zł (91 €), DZ 499 zł (128 €), Frühstück inbegriffen. Promenada Gwiazd 1, 72-500 Międzyzdroje, ✆ 091/3228500, ℻ 091/3281022, www.hotel-amber-baltic.pl.

*** **Hotel Marina**, direkt im Zentrum bei Post und Krankenhaus, gleich bei der großen Verkehrsinsel. Sympathisches Hotel mit gemütlichem Restaurant, ca. 400 m vom Meer. Zimmer mit Bad und TV. EZ mit Frühstück 230 zł (59 €), DZ 308 zł (79 €). Ganzjährig geöffnet. Ul. Gryfa Pomorskiego 1, 72-500 Międzyzdroje, ✆ 091/3280449, ℻ 091/3282382, www.marinahotel.az.pl.

Karte S. 186/187

*** **Hotel Nautilus**, ehrwürdige Villa aus dem Jahr 1913 an der Strandpromenade, nur 17 Zimmer (alle mit Bad und TV). DZ mit Frühstück 308 zł (79 €). Ganzjährig geöffnet. Promenada Gwiazd 8, 72-500 Międzyzdroje, ✆ 091/3280999, 📠 091/3282327, www.hotel-nautilus.pl.

• *Essen & Trinken* Durchgehend empfehlenswert sind die Restaurants der oben genannten Hotels, besonders schön das im Amber Baltic mit herrlicher Terrasse.

Sehenswertes

Seebrücke: Die neue Seebrücke von rund 300 m Länge befindet sich etwa auf der Mitte der Strandpromenade und entstand in den 1990er Jahren an Stelle eines altersschwachen Vorgängerbaus aus dem Jahr 1906. Auf dem landseitigen Teil der Seebrücke befindet sich eine Einkaufspassage.

Kulturhaus: Das imposante weiße Gebäude im Kurpark hat ein steinreicher belgischer Badegast im Jahr 1860 bauen lassen. Heute gibt es hier ein kleines Café und jede Menge kulturelle Veranstaltungen.

Walk of Fame: Vor dem Hotel Amber Baltic findet sich ein wenig Hollywood in Kleinformat: die Handabdrücke diverser polnischer Filmstars, die hier im Rahmen des alljährlichen Filmfestivals ihren großen Auftritt haben.

Wollin (Wolin)

ca. 4000 Einwohner

Hier soll es angeblich gelegen haben, das sagenumwobene Vineta – ein Anspruch, den neben Wollin aber auch die Städte Barth und Koserow erheben. Geblieben ist hier wie dort von allem nur der Mythos.

Der heute so unspektakuläre Ort ganz im Süden von Wollin – von dem die ganze Insel ihren Namen hat – war im Mittelalter eine der größten Städte Europas. Die Brücke über eine besonders flache Stelle des Dievenow (Dziwna), die hier im 8. oder 9. Jh. angelegt wurde, brachte den ersten Aufschwung, im 11. Jh. zählte die Stadt fast 10.000 Einwohner. Bald wurde Wollin dann auch christianisiert, im Jahr 1124 gründete *Otto von Bamberg* hier das erste Bistum in Pommern, das aber wegen der immer wieder angreifenden Wikinger bald weiter ins Landesinnere nach Kamień verlegt wurde. Fortan machte die Geschichte einen größeren Bogen um die Stadt, deren historische Bausubstanz 1945 bei Bombenangriffen zu rund drei Vierteln zerstört wurde.

Entsprechend nüchtern präsentiert sich Wollin heute. Das Zentrum mit Marktplatz, neogotischem Rathaus und der wiederaufgebauten St.-Nikolaus-Kirche liegt gleich beim Fluss Dievenow. Einmal jährlich, immer Anfang August, erwacht die Stadt zum dreitägigen Wikingerfest aus ihrem Tiefschlaf: ein riesiges Spektakel, zu dem die kleine Insel im Fluss komplett im mittelalterlichen Gewand erscheint – mit Wikinger-Markt, Wikinger-Wettkämpfen und weitgereisten Gästen aus dem gesamten Ostseeraum.

• *Verbindungen* Mit dem **Zug** ca. 10-mal tägl. nach Misdroy und weiter nach Swinemünde, in Gegenrichtung ebenfalls etwa 10-mal tägl. nach Stettin.

• *Übernachten* Es sieht bescheiden aus in Wollin, eine gute Möglichkeit findet sich etwa 5 km außerhalb Richtung Misdroy: **Hotel Dioni**, nettes Hotel mit Pferdehof (auch Kutschfahrten) und Restaurant. 20 Zimmer mit Bad, TV und Balkon oder Terrasse, außerdem 2 Appartements. EZ 179 zł (46 €), DZ 261 zł (67 €), App. 359 zł (92 €), Frühstück jeweils inkl. Ganzjährig geöffnet. Dargobądz 90, 72-510 Wolin, ✆ 091/3220116, 📠 091/3220117, www.dioni.pl.

Sehenswertes

Rathaus und Heimatmuseum: Der auffällige neogotische Bau stammt aus dem Jahr 1881 und wurde als einer der wenigen von den Bombenangriffen von 1945 verschont. Das hier untergebrachte Heimatmuseum zeigt u. a. Funde aus slawischer Zeit, die man bei Grabungen in der Umgebung zu Tage gefördert hat.
🕐 Di–So 9–16 Uhr, Sa nur bis 14 Uhr. Eintritt ca. 8 zł (2 €).

St.-Nikolaus-Kirche: Die gotische Kirche gleich beim Rathausplatz datiert ursprünglich aus dem 14. Jh., wurde bei den Bombenangriffen von 1945 schwer beschädigt und blieb dann lange Zeit als Ruine stehen. Erst vor einigen Jahren wurde sie aufwendig restauriert.

Verlagsprogramm

Ägypten
- Ägypten
- Sinai & Rotes Meer

- **Baltische Länder**

Belgien
- *MM-City* Brüssel

- **Bulgarien** – Schwarzmeerküste

- **Dominikanische Republik**

Deutschland
- Allgäu
- Altmühltal & Fränk. Seenland
- Berlin & Umgebung
- *MM-City* Berlin
- Bodensee
- Franken
- Fränkische Schweiz
- Mainfranken
- Nürnberg, Fürth, Erlangen
- Oberbayerische Seen
- Ostseeküste – von Lübeck bis Kiel
- Ostseeküste – Mecklenburg-Vorpommern
- Rügen, Stralsund, Hiddensee
- Schwäbische Alb
- Usedom

- **Ecuador**

Frankreich
- Bretagne
- Côte d'Azur
- Elsass
- Haute-Provence
- Korsika
- Languedoc-Roussillon
- *MM-City* Paris
- Provence & Côte d'Azur
- Südfrankreich
- Südwestfrankreich

Griechenland
- Athen & Attika
- Chalkidiki
- Griechenland gesamt
- Griechische Inseln
- Karpathos
- Kefalonia & Ithaka
- Korfu
- Kos
- Kreta
- Kykladen
- Lesbos
- Naxos
- Nord- u. Mittelgriechenland
- Peloponnes
- Rhodos
- Samos
- Santorini
- Skiathos, Skopelos, Alonnisos, Skyros – Nördl. Sporaden
- Thassos, Samothraki
- Zakynthos

Großbritannien
- Cornwall & Devon
- England
- *MM-City* London
- Südengland
- Schottland

- **Irland**

- **Island**

Italien
- Abruzzen
- Apulien
- Chianti – Florenz, Siena
- Dolomiten – Südtirol Ost
- Elba
- Friaul-Julisch Venetien
- Gardasee
- Golf von Neapel
- Italien
- Italienische Riviera & Cinque Terre
- Kalabrien & Basilikata
- Liparische Inseln
- Marken
- Mittelitalien
- Oberitalien
- Oberitalienische Seen
- Piemont & Aostatal
- *MM-City* Rom
- Rom & Latium
- Sardinien
- Sizilien
- Südtirol
- Südtoscana
- Toscana
- Umbrien
- *MM-City* Venedig
- Venetien

Kroatien
- Istrien
- Kroatische Inseln & Küste
- Mittel- und Süddalmatien
- Nordkroatien – Kvarner Bucht

- **Malta**, Gozo, Comino

- **Niederlande**
- *MM-City* Amsterdam
- Niederlande

Norwegen
- Norwegen
- Südnorwegen

Österreich
- *MM-City* Wien
- Wachau, Wald- u. Weinviertel
- Salzburg & Salzkammergut

Polen
- Polen
- Polnische Ostseeküste

Portugal
- Algarve
- Azoren
- *MM-City* Lissabon
- Lissabon & Umgebung
- Madeira
- Nordportugal
- Portugal – gesamt

Schweden
- Südschweden

Schweiz
- Genferseeregion
- Graubünden
- Tessin

Serbien und Montenegro
- Montenegro

- **Slowenien**

Spanien
- Andalusien
- *MM-City* Barcelona
- Costa Brava
- Costa de la Luz
- Gomera
- Gran Canaria
- *MM-Touring* Gran Canaria
- Ibiza
- Katalonien
- Lanzarote
- La Palma
- *MM-Touring* La Palma
- Madrid & Umgebung
- Mallorca
- Nordspanien
- Spanien – gesamt
- Teneriffa
- *MM-Touring* Teneriffa

Tschechien
- *MM-City* Prag
- Südböhmen
- Tschechien – gesamt
- Westböhmen & Bäderdreieck

- **Tunesien**

- **Türkei**
- *MM-City* Istanbul
- Türkei – gesamt
- Türkei – Lykische Küste
- Türkei – Mittelmeerküste
- Türkei – Westküste
- Türkische Riviera – Kappadokien

- **Ungarn**

- **Zypern**

Aktuelle Informationen zu allen Reiseführern finden Sie im Internet unter www.michael-mueller-verlag.de

Michael Müller Verlag GmbH, Gerberei 19, 91054 Erlangen, Tel. 0 91 31 / 81 28 08-0; Fax 0 91 31 / 20 75 41; E-Mail: mmv@michael-mueller-verlag.de

Register